U0627321

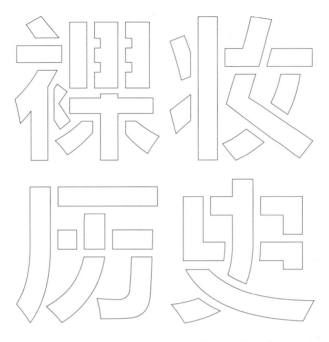

裸妆历史

——历代改革悲情人物新说

罗盘 著

中国青年出版社

（京）新登字083号

图书在版编目（CIP）数据

裸妆历史：历代改革悲情人物新说/罗盘著. —北京：中国青年出版
社，2009.1

ISBN 978-7-5006-8568-5

Ⅰ.裸… Ⅱ.罗… Ⅲ.社会发展史-研究-中国 Ⅳ.K207

中国版本图书馆CIP数据核字（2008）第189531号

责任编辑：黄宾堂 骆 军

中国青年出版社 出版 发行

社址：北京东四12条21号 邮政编码：100708

网址：www.cyp.com.cn

编辑部电话：（010）64034340 营销中心电话：（010）84039659

三河市君旺印装厂印刷 新华书店经销

*

660×970 1/16 16印张 3插页 220千字

2009年1月北京第1版 2009年1月河北第1次印刷

印数：1—10000册 定价：28.00 元

本图书如有印装质量问题,请凭购书发票与质检部联系调换

联系电话：（010）84047104

罗盘，原名罗会文，男，1961年12月出生，湖北仙桃市人，复旦大学新闻系学士，中南财经政法大学硕士，中国作家协会会员，中国报告文学学会会员。长期从事报告文学和散文写作，其长篇报告文学《塔克拉玛干，生命的辉煌》获1991年度中国优秀报告文学奖，长篇报告文学《特别关注，写给中国人民的故事》获正泰杯报告文学奖，列2005年中国报告文学阅读排行榜榜首。近年出版作品有《历史不容许沉默》《血祭金砂》《走过昨天》《生命的辉煌》《特别关注，写给中国人民的故事》《危情时刻——中国历史节点上的人和事》等。

目 录

天地一书生
——《裸妆历史》序
于丹

　　我一直没法确认：罗盘究竟是个文人，还是个武侠。十六年前，他年届而立，文质彬彬，架副斯文的眼镜，一支健笔，却能啸出剑气，纵横捭阖，写出轰动一时的长篇报告文学《塔克拉玛干，生命的辉煌》。白天，他一脸标准书生相，蛰伏在《人民日报》院里一座古朴红楼间，主编他的《时代潮》杂志；到了晚上一喝酒，三巡未过，俨然一个横刀立马笑傲江湖的武侠。这不是形容词，湖北仙桃有尚武古风，罗盘自幼站桩练拳耍剑，倘若不是上了复旦，没准这辈子流连诗酒，按李白的说法："仗剑去国，辞亲远游。"我那时二十多岁，正是任性时节，很是得意身后有这么个文武兼长的哥哥。有一晚为点小事和爸爸怄了气，跑出门散心，站在公用电话前想跟罗盘诉诉苦，哭天抹泪没说两句，罗盘那边已经变了声音："别哭，谁欺负你了？告诉我你在哪儿，我马上过来！"

　　我刚说出个地方，他已经挂了电话。二十分钟后，严冬暗夜之中，罗盘穿着黑皮短夹克，飞着自行车呼啸而至，双手插在兜里，站桩一样立在我面前。"我这个口袋里是五千块钱。"他拍拍左边，"这个口袋里有把短剑。"他拍拍右边，"你说吧，需要我用钱去解决还是用剑去解决！先告诉我，到底谁欺负你了？"我看着他堂吉诃德般一脸凛然，嗫嗫嚅嚅地说："……我爸。"罗盘噎在那儿足有半分钟："嘿！"然后拍拍我，"走走走，吃点宵夜，快回家去吧。"

　　这个武夫娶了个风华绝代的南方大美人儿，也是我的闺密，私底下说起来，罗盘不靠谱儿的事更多。有一回，我这个兰心蕙质的闺密独自听着交响乐，情动衷怀，潜然泪下。罗盘一推门看见，冲上去从录音机里掏出卡带几脚就给踩碎了！他的理由是"这个世界上所有让你流泪的东西我都不允许存在"！那个美女幽幽地跟我说："那是'贝五'啊。"

就是这个罗盘，今天写出了关于改革者这本书。看他的书稿，很难沉静地理出个完整内容，因为总被他的文字裹挟而去，读到风急雨浓气势磅礴处，酣畅得有点儿晕。掩卷沉思，这本书稿让人动情，令人深思。书中展示历代改革者个人命运的悲欢离合，让人感怀落泪；书中描述历次改革中辗转起伏的悲剧结局，让人感慨扼腕；书中总结历代改革时走向挫败的真正原因，让人感叹万千！

我读到他十岁的儿子一谈近代中国史就气得红头涨脸时，心下非常同情我那个美女闺密，这个小子真是他老爸的嫡传，估计再长几年，也会把他那个风花雪月的妈流泪的理由全部打碎。

这本书里的罗盘，武侠的质地大于墨客，谑浪笑傲，立场鲜明，风格强烈。你没有办法评价他的对与错，只需要亮明喜欢还是不喜欢。

我喜欢。因为罗盘是那种可以为你打错架，但不会沉默着不出手的朋友，文如其人。

罗盘是个文人，因为他纵横古今，自以为一副铁肩应该担承些道义。罗盘是个武侠，因为他剑啸长虹，朴素如同绿林，一辈子放不下惩恶扬善的梦想。

很多年来，湖北、上海、北京、山西、河南……罗盘一直在行走，一直在变化着角色和身份，我知道他在进步，知道现在的他似乎是某个级别上很主事的官儿，但是我从来没有真正弄清楚过他的头衔。因为在我心里，无论过去、现在还是将来，罗盘永远凌厉而儒雅，柔软而坚强，他是一介书生，率性肆情的天地一书生。

2008年10月于北京师范大学

自序:改革是唯一出路

为这本书写自序,我不知道说什么好。许多想说、该说和能说的话,均已写在我的书中。诸君见仁见智吧。这本书,我希望是写给关心国家利益、关心民族命运,也同时关心自己的利益和命运的朋友。

我并不是一个职业或者专业的史学家。读史,只是我的爱好,只是我多年养成的习惯。一个读书人,在忙完了养家餬口的营生之后,在难得浮生半日闲的时候,以读史作为消遣,是很正常的事情,就如一个正常人吃饭穿衣一样。看到今天林林总总的历史书,有的正说,有的戏说,还有的干脆邪说歪说,我倒是觉得怪好玩的、怪热闹的。中国的历史,本来就是读不完、说不完的,本来就有许多的遗憾、许多的感慨、许多的疑问、许多的搞笑!

站在 21 世纪的时间高度,回望历史,常常感觉好像看到的是一位浓妆艳抹的女人。只要稍稍细读,你会发现,朝朝代代,都在修饰历史,都在遮掩历史,甚至在篡改历史。古人说,为尊者讳。因此,古人在为尊者遮掩和美化时,也在为失败者扬恶张丑。成王败寇,几千年修饰下来,历史,就成了一个浓妆的女人,你可以看到其轮廓,却难以辨别真伪。这,为今人读史增加了莫大的困难。我们读史,应该尽可能地辨出真来;我们说史,应该尽可能地说出真来。

几千年的中国历史,朝代更替很多,循环往复,常常感觉好像是在做一场蹦床运动,一会儿蹦到繁荣的巅峰,一会儿坠到衰败的谷底。每一个新的朝代都会出现经济和文化的繁荣,但很快会坠入低谷,进入混乱和衰败,进入长久的战争和破坏,然后形成后一个朝代。后一个朝代,与前一个朝代的政治模式、制度建设,相差不大。中国历代的王朝更替循环,都没有对制度进行革命性的创新,只有对原制度细枝末节的修补。这,就像一个运动员高高地跃起,然后又不得不跌到原地,一切归零。为什么这么多的更替始终是一场蹦床运动,却没有演进到一种更合理的制度中? 对此,相信许多关心中国命运也关心个人命运的朋友同样在思考着。

中国的历史上,有许多次变法,也就是改革。审读这些改革和变法,常常感觉好像就是一场焰火的表演。短暂的改革和变法,将当时经济和国力提升到相当的高度,但很快就会烟熄火灭,没有哪一次改革是真正持久的、是完全成功的。历朝改革,面临的一个重要问题,是无法执行和执行困难。好的法律,好的政策,到了中下层官员手里,常常会走了样。但中下层出问题,原因不完全在中下层,根源还是在上面。表面上是执行难问题,实际上是设计问题和国家体制问题。设计一个好的政策(比如说王安石的"青苗法"),同时也应配备一个好的"路线图"。一个好的设计师,要想把他设计的好政策付诸实施,顺利推行,必须首先把各级官员们安顿好。比如在王莽时期,有一段时间,官员们从朝廷中领不到钱,俸禄为零。而在这种情况下,王莽还要推行改革,这不是笑话吗? 既然朝廷不给发薪,他们只好自行解决,正好改革的新政策又为自己提供了借口,大家可以理直气壮地大肆搜刮了。如此,改革怎么会成功? 徒然为我们这些后人留下一些焰火表演之后的怀想而已!

读中国历史,可以得出一个规律:专制的程度越高,其存活的时间就越短。专制,常常就是王朝的恶性肿瘤! 越是专制,肿瘤扩散的速度越快,结局越惨。专制,让政府机器不能具备自我修复功能,不能产生免疫力。黄宗羲曾总结过历代改革的规律。他的大意是说,中华帝国千年以来,都在通过改革解决农民收入和国家收入问题,改革的主要内容,往往是并税式改革。历朝改革,都希望以此解决农民负担。但是,一次又一次的改革实行后,农民的负担非但没有减轻,反倒愈益加重,远远背离了改革家的初衷。这一规律,黄宗羲称为"积累莫返之害"。后来的史学家,有人称之为"黄宗羲定律"。这说明,专制的政治体制,是不可能出现真的有成效的改革的, 这种肌体已经不能完成自我的修复了。中国专制的形成,有人做了研究,将时间推演得很久远,推演到了人类社会的"国家形成的前夜"。据说是在禹的时代,中国的世袭制出现了。世袭制度,往往就是专制。禹,不再如他的前辈们那样,通过部落选举产生一个接班人,而是将王的位置直接传给了自己的儿子。而禹的后代夏启,又借助于编造的上天使命,消灭了不满的部落,成功地实现了世袭,并将世袭制保留了下来。至此,中国历史进入国家形态,同时进入专制社会。这就是所谓中西方同时出现的"国家形成的前夜"。而与此同时,古罗马帝国在雅典选择了民主,选择了贵族之间的选举。从这开始的未来几千年,中国走向了专制高峰,而西方走向了现代民主。这,是史学的一家之言,信不信自便!

每一个王朝,都无可避免地走向了末日。从它们的末日中,几乎可以得出一个数学公式:制度性腐败+政府信用破产=灭亡之日。官员腐败,政府与民争利,加上政府自食其言,说一套做一套,就会失去全民的支持,遭到民众的反对。从大统一之后的汉代开始,我们稍稍地掩卷沉思,这个数学公式,就会跃然脑际!

看待历史,过去的岁月中,有些习惯思维,一是用阶级与阶级的斗争来说历史变化,二是用爱国与卖国来说历史事件。尤其是对晚清之后的历史,充满了爱国与卖国的斗争说。我想,这太教条,太简单。历史如果真的这么简单,那也许是一件好事! 我还想说的是,历史事件的发生,许多时候是有偶然性的,就如黄河九曲十八弯一样,会因为一个偶然的原因而出现拐点。如果不承认这一点,就不是真正的历史唯物主义。

中国历史长河中,有一朵永不消失的浪花,那就是精英治国。精英,就是士大夫们。从有文字的历史以来,中国一直采用的就是士大夫治国,以士大夫作为国家的精英人士。这些人,是在皇权下出身,所以一定会忠于皇权。这些人是皇权、集权政治的受益者,是执行者,所以,他们是不愿意打破这种局面的,只有维持这种局面,才可以维护士大夫治国的方式。这,是不是中国历史循环往复的另一个原因? 士大夫政治,直到清朝,彻底走向绝路。汉朝士大夫可以抗命,唐朝士大夫可以骂皇帝,宋朝士大夫可以暗讽皇权,但是,到元就不可以了,到明代更是要被打死的,到清,更不可以了。士大夫在国家政治生活中的地位,一个朝代比一个朝代低,一直到明清,终于成为一条朝廷的小狗儿!士大夫这种很原始很落后的所谓精英治国尚且不再葆有,那么,王朝就将自己推向了绝路——逼得士大夫们真正地觉醒,逼得士大夫们不再对朝廷的恩赐抱有奢望。于是,他们才有了真正进行政治改革的热情和动力。所以,当士大夫们在政治生活中的地位降到最低时,国家政治生活进行重大改革的机遇也就出现了。正是在此之后,才出现了具有近代意义的《资政新篇》,出现了具有近代政治色彩的康梁变法,出现了具有现代色彩的宋教仁组织的政党政治运动。这一切虽然均归于失败,但对中国的民主革命,无疑起到了最早期的启蒙作用。

客观地说,我们这个民族,是一个非常虚荣的民族。这一点,可以从我们对待历史的态度中找到证据。面对外国人的历史,我们比较喜欢宣扬人家的失败、人家的教训,喜欢找别人的毛病、找别人的失误。反过来,当面对我们自己的历史时,我们比较喜欢宣扬我们过去的成功,总结我们自己所谓的经验。这种搞法,与发达国家,与正在发达的国家,不大一样。西方发达国家,是很重视研究自己过去失误的教训的,同时也更重视研究他人成功的经验。这种做法,与我们恰恰相反。我们这个东方民族,似乎不喜欢谈论祖宗的失误。据资料介绍说,美国的军校,更多的是研究自己战败的教训,而中国的军校,更多的是讲述自己战胜的荣耀。我听说过失败是成功之母,没听说过成功是成功之母!一个不敢于面对自己失误的民族,一个不善于面对自己失误的民族,是会吃亏的!好了伤疤忘记疼,是会增加新伤的!

这个时代,有一种说史的热浪,这个讲坛,那个大师,整天在说历史的旧事,在算历史的旧账。说史并没有什么不好,但是,我们的历史文化,仅仅就像一只出土的青铜器,只有观赏的价值,绝无搬用的可能。试想,古人铸鼎,开始只是为了做饭做菜,或者作为饮食的工具,如果有人现在也照用古人的法子,铸成青铜器,作为做饭饮食的工具,岂不是天大的笑话?! 说史,更多的是扬弃历史的垃圾,放弃历史的包袱和精神的枷锁。我们历史中的文化,经过几千年的烟灼火烤,已经太过陈腐,太过沉重,让人不能喘息。我以为,中国要现代化,要进入世界前列,需要的是创新、再创新!

为此,愚以为,只有改革、只有创新,才是我们民族和我们个人唯一的出路!

战国："美政"令他这般痴狂
—— 屈原终生的追求与惆怅

初夏赴湖北宜昌之南的秭归新县城,看到的几乎是清一色崭新的楼群。曾经远久的传说,曾经悠远的历史,在这个簇新的县城,已经了无踪迹。由于上个世纪的葛洲坝水利工程和三峡大坝水利工程,长江三峡的水位两次抬高,秭归县城两度迁移,每一次的迁移,地势都更高了些,建筑物也更新了些。新县城郊区的凤凰山上,新修的屈原祠,青砖黛瓦,飞檐斗拱,依然苍苍,依稀让我可以看到曾经辉煌过、伟岸过的那个魂魄。

远远地,屈原的青铜像傲立着,苦涩而沧桑的面容,似乎在一次次问天。我突然想到,屈原的铜像,很有些当代愤青的风采。

想到愤青,我想到了屈原出山时的年龄——二十岁。这样的年龄,可不就是当今愤青们的年龄吗!

屈原的辞章,也多有愤青之语。唯因其愤,所以更有惊人的魅力吧!

屈原面前,一首首愤激而悲伤的骚辞,如电光石火,亦如远处的江水,奔流而过!人生如此的短暂,只有后人堆塑的青铜,永远保留了他的执着、他的坚韧、他的愤怒、他的追求!

屈原一生的追求,到底是什么?我觉得可以用两个字说清:美政!

屈原用一生为美政的理想而奋斗,并用生命作为美政的殉葬。

然而,这样一个传载两千多年的历史伟人,却一直有许多人怀疑他的真假,怀疑中国的历史上,是否真的有过屈原这么一个人。对历史的猜度,也许是史学家们的爱好?

我是坚信屈原的,坚信我们的历史上是真的有屈原其人的。可能因为我也是屈原的故乡楚国人的原因吧!

我知道有人怀疑屈原的存在;我也知道有人怀疑包括《离骚》在内的楚辞是屈原所作;我还知道有人怀疑屈原的出生与死亡、婚恋与流放。但是,我更知道,至少到现在,还没有一个人能够准确地找到史实,来证明屈原的不存在! 当你不能证明他的不存在时,我们就可以说他是存在的!

人所共知,记载屈原身世的材料,最早出现在司马迁的《史记·屈原贾生列传》中。在此之前,贾谊,也就是司马迁所说的"贾生",当时也很年轻,也是愤青一类的人物。他在遭贬谪前往长沙王府途中,经过湘水。贾谊从屈原的流放,想到自己的遭贬谪,一时感慨,作赋以吊屈原,并引用屈原《离骚》及《九章》中的一些篇章。和司马迁同时代的东方朔作《七谏》,述说屈原的思想和遭遇,与《史记》所述相接近。可见,司马迁所记载的屈原,当是真实的。

关于屈原的出生年月日,他在所写的《离骚》中自述:"摄提贞于孟陬兮,惟庚寅吾以降。"后人由此推出:屈原于楚威王九年(公元前331年)正月十四日生。

屈原出来做官的时候,才二十岁。年轻的他,是个理想主义者。年轻的理想主义者遇到世俗的矛盾,往往成为愤青。屈原终其一生,都是在愤青状态中度过的。这是他的悲剧,也是那个时代的悲剧。难怪后人给他做的铜像,很有几分愤青的风采!

一个二十岁的人,一出来做官,就提出美政的改革设想,好有胆识,好有气魄,好生无畏!

愤青屈原,好样的!

一、愤青出山

公元前三百多年,战国时期。二十岁的屈原,从鄂西的这片山区走出来,书童挑着他的竹简,仆人捎着他的行装。香溪河岸,一个贵胄子弟,就要到东边的楚都郢做官,去施展他的人生抱负了。

顺着香溪河，青年诗人屈原，一边吟着诗辞，一边看着河山。出香溪，入长江，他乘一叶扁舟，顺流而下，三四天后到达荆州，然后登上两匹马拉的车子，往郢（今江陵县内）而去。那个年代，享受两马拉车，是士大夫和贵胄的礼遇呢。

　　屈原以诗人的浪漫情怀入仕了。怀着浪漫入仕的这个诗人，将诗辞的美丽和华丽，付诸于自己的政治理想，因此也注定了他一生的悲凉。

　　屈原之前的数千年，屈原之后的数千年，政途和官场，本来就凶险而诡诈。可是，诗人屈原，却是偏向虎山行，于荆棘丛中，拿出了他"美政"的主张。今天我们知道，春秋战国，多为无义之战，战无义，君无义，臣无义。彼一时也，群雄并起，个个唯利是图，人人刀枪相向，周礼已废，纲常已乱，末世来临，浪漫与美丽，成为那个时代罕有的奢侈品。屈原来了，就带着这与世俗迥然不同的东西，也带着许多的不合时宜。有时候，许多最美丽的东西，往往就不合时宜，特别是末世之时，所有的腐朽都会疯狂张扬，所有的美丽都会彻底摒弃。

　　屈原出山后的第二年，就当了楚国的左徒，成为楚国的大官。他一出来就可以进入中央机构，绝不仅仅因为他是王家亲戚，不仅仅因为是什么线上的人。当然，出身于什么样的家族，在战国时代，仍然是任用干部的一个很重要的标准。几千年来，中国历朝历代的干部，有几个是干出来的？有几个是学出来的？有几个是拼出来的？历朝历代大多数的干部，都是生出来的，生于什么样的家庭，就会有什么样的官位。出生在高门大家，出来当然要当大官的，世袭，是几千年中国政治生活中的传统嘛，这样的干部，是他妈将他生出来的。还有一种干部，虽然没有出生在高门大族，但因为他在什么高级干部的门下工作过，比如做过宰相的门客秘书什么的，属于某个派系，因此也上升得很快。这种干部，虽然没有生在名门望族，但是，机缘使之有个好出身，相当于有个好后妈，相当于重新生了一次，也相当于是生出来的，是出身于某个门第某个门派之中！封建时代的中国，干部制度基本就是这样，典型的门阀政治，典型的世袭政治！正因为是这样的干部制度，所以，中国经历了几千年的封建朝代，没有什么真正的进步，反而让我们这个民族越来越落后于西方民族。当然，几千年封建朝代，这种生出来的干部中,也有出色的人才,并非全是废物。

屈原能那么快出任大官,我以为有三个原因:

第一个原因,是他的能干。屈原,从根本上说,是干出来的干部,不是生出来的干部。屈原十九岁时,秦兵入境。我们打开中国地图,就不难发现,屈原的家乡,位于湖北西部,那地方离秦国的东部很近,是很容易受到秦兵袭击的。同时,那地方又离楚国的国都较远,是楚国兵力不足的地方。于是,秦兵常常会到那儿打秋风,抢财物,夺奴隶。十九岁那年,愤青屈原,还是一个手握书卷的少年诗人。当然,他也是一个身背长剑的剑客。我们常常看屈原的作品,对于剑,他也是很钟爱的。这一年,秦兵大队来袭,国军不知何在。屈原放下书卷,抽出宝剑,组织民众,抵御秦兵侵略,一连数胜。好消息传到朝廷,朝野为之震动!在咱楚国,在咱楚国的贵族子弟中,居然还有如此奇才!这是屈原出任大官的第一原因。

第二个原因,是他的家族。那个时代,家族是很重要的,屈原也因此受惠。屈氏家族,本来是楚国国姓的分支,是国王的亲戚。而且,自春秋以来,屈姓历世都担任楚国的显要职位,担任高级官职的有屈重、屈完、屈荡、屈到、屈建、屈生等,而且多半是父子相传。屈原一来,就担任了左徒的官职。据现有史料可以考知,战国时期,在楚国担任过左徒的,仅屈原与春申君二人。可见,这是很重要的位置,应当是现在的国务院副总理之类。

第三个原因,是他的文辞。二十岁的屈原,诗辞已十分有名。这样的名人,为什么不能用呢?能诗能文能剑,就是古代用人的标准。这,总比用那些连人话都不会说的干部好吧?总比开屁大个会都要用讲话稿的干部强吧?!

屈原当官后,进行改革。

屈原在政治上的活动主要有:内政方面辅佐怀王,议论国事及应对宾客,起草宪令及变法;外交方面参加合纵派与秦斗争,两度出使于齐。这些活动,一方面是司马迁在《史记》中所记载的,一方面是屈原自己诗作上讲述的。无论内政外交,屈原都提出了自己的改革方案。

担任大任的屈原,面临这样的"国际"形势:

从春秋时期开始,诸侯国家都已自成中心,相互争霸。楚国地处中原,由于地理和政治上的有利条件,发展成新兴大国。到了战国时期,各诸侯国迫于竞争的压力,先后实行改革,壮大实力,互相兼并,形成了七雄并峙的新局面。七雄之中,以秦、楚为最强。

屈原辅佐楚怀王,正在七雄激烈争斗之时。屈原来了,怀王开始十分信任并重用,让他"造为宪令",即主持国家政令的起草、宣布等事项,用"宪令"推行变法之事。

屈原希望怎样变法?如何改革?按屈原的说法,就是实行美政。屈原的作品,处处洋溢着他的"美政"理想,成为这一理想的实录。他说:"举贤而授能兮,循绳墨而不颇。"(《离骚》)"举贤而授能",就是不分贵贱,把真正贤能的人选拔上来,反对世卿世禄,限制旧贵族对权位的垄断。所谓"循绳墨而不颇",就是修明法度,限制旧贵族的种种特权。屈原的"美政"理想反映了他与楚国腐朽贵族集团的尖锐对立,表达了他革除弊政的进步要求,而其最终目的就是要挽救祖国危亡,使楚国走上富强的道路。

屈原对这个美政的理想,始终如一地坚持着,执着着。他明知忠贞耿直会招致祸患,但却始终"忍而不能舍也";他明知自己面临着许许多多的危险,在"楚材晋用"的时代完全可以去别国寻求出路,但他却始终不肯离开楚国一步。其人格和意志,真是"可与日月争光"。屈原对美政的追求,从楚威王到楚怀王,又从楚怀王到顷襄王。然而,太过高洁的理想,往往是会受到太多中伤的。国王烦他,因为国王是人;大臣烦他,因为大臣更是人。你那样的美其政而清其廉,人家还吃什么?人家还贪什么?屈原太多的浪漫和太过美好的愿望,触犯了太多人的利益,剩下的,只能是大伙儿一块儿想策,一块儿想策狠狠地排挤他,远远地流放他。

二、愤青理想

春秋战国时期,各国改革很多,但真正如屈原提出美政理想并进行美政改革的,其他诸侯国还没有过。

愤青屈原,坚持执行自己理想中的美政。他在《离骚》结尾时说:"国无人莫我知兮,又何怀乎故都?既莫足与为美政兮,吾将从彭咸之所居。"

虽然在这一作品中,屈原正式公开提出了"美政"思想,但在写这一作品之前,屈原已为实现"美政"理想而行动了。他,一个出身贵族的青年,为此奋斗了终生,他为美政而生,为美政而死。他一生的全部政治活动,一生的全部文学事业,都是以实现美政理想为最高和最终目标。

屈原美政理想的内容到底是什么呢?

学者游国恩在所著《读骚论微——离骚美政说》中说:"美政者,即合纵以摈秦之政也。"游国恩的意思是说美政的主要内容是合纵抗秦,统一天下。

学者何其芳在所著《楚辞论文集——屈原和他的作品》中说,屈原的"美政就是尧舜禹汤文那样的政治"。

学者褚斌杰在所著《诗人屈原研究》中说:"'美政',不是一个政治术语、固定的政治概念,而是指美好的政治,它的内涵是可以因不同的政治思想而不同的。"

学者聂石樵在所著《屈原论稿——屈原的美政思想》中说:"屈原美政思想的一个重要内容,是对大一统国家的憧憬,对天下一统的追求。""此外,屈原的美政思想,还包括民本主义思想,民本主义是他的理想的核心。他主张'有德在位'、'举贤授能'、'勤俭治国'、'法制观念'等等,正是这种民本思想的表现。"

学者来层林在所著《论屈原思想的渊源》中,认为屈原美政思想的基本内容由三个部分组成:一是民本思想和德政主张;二是法制思想和举贤授能;三是大统一思想和匡定天下。认为屈原的美政思想包含了先秦道、儒、法等诸家学派的思想精华。比如屈原美政理想中提出举贤授能,只讲唯才是举,唯贤是用,不讲出身、门第和族别。这,对当时以门第任用干部的风气,是一个巨大的挑战!

概而言之,屈原美政思想的主要内容表现在五个方面:一是德政惠民,即民本思想;二是修明法度,即法制思想;三是举贤授能,即立国思想;四是主张合纵,即强国思想;五是革新朝政,即兴国思想。这些思想既符合屈原时代的要求,又可以在屈原作品中寻找到例证。

一个愤青而有如此明确的理想,实为难得。更让人感慨的是,屈原的美政理想,超出了他所处的时代,超出了他所处的出身。他处于那样的社会时代,却能提出以民为本的设想,并且希望使之成为国家的法度;他出身贵族,却提出任用干部不能以贵族论,而要以能力论。这些,完全可以看出,作为那个时代伟大的改革设计者,屈原的思想是超前的,是领先的。

问题是,越是超前的理想,越难以实现。现实的阻力,超乎屈原的全部想象。毕竟,他还太年轻!

美政,确实是件美丽的任务。但越是美丽的任务,越是困难啊。尤其当美丽的任务遭遇天敌的时候!

屈原要实现美政,在人事路线上就要"举贤授能",在国家政治建设上就要"修明法度"。然而,做这一切事情,都需要明君贤臣。所以,屈原很痛恨那些奸佞小人。所以,他的变法革新,很重要的一件事情,就是削弱旧贵族的特权。正是这一点,将屈原自己推向了残酷的政治斗争的风头浪尖,推向了所有旧贵族的对立面。旧贵族,旧思维,旧模式,这一切,正是美丽的任务——美政理想的天敌。

有人在几千年后的今天,批评屈原的眼中只有楚国,批评屈原是一个狭隘的民族分子。其实,这些人真的不了解屈原!屈原,有着高远的理想,他渴望楚国能够"一统九州",能够实现天下的太平。当时三个国家都有统率天下的可能,秦、齐、楚,秦强、齐富、楚大,秦国兵强马壮,齐国国力殷富,楚国的版图是最大的。有句话说:横则秦帝,纵则楚王。这是说的"连横"和"合纵"。如果"连横",秦国将称帝,如果"合纵",楚国将成天下之王。屈原是坚持"合纵"的,他的政治敏锐感,使他很早就意识到"秦,虎狼之国也"。所以,他一直主张与齐国联合抵制秦国,但由于上官大夫靳尚、南后郑袖为主的恶势力的阻挠,也由于楚王的优柔寡断,楚国反复地被秦国侮辱嘲弄,并最终亡国。终其一生,屈原的政治抱负也没有实现。屈原尽管政治才华卓尔不群,但他实在不会玩政治手腕,他不能放弃理想,更不愿同流合污,所以一直处在一个两难的境地。而且,由于他行事认真执着而近乎偏执,他的人际关系也一直搞不好,好人坏人都给得罪了,以至于政治道路越走越难,举步维艰,最后寸步难行,愁苦悲绝,走上了自我毁灭的道路。

三、愤青多难

春秋战国时代,各国的改革时时出现。因改革而强大的国家,也多有出现。楚国在悼王时,已有吴起变法的先例,让楚国的政治经济达到相当的高度。楚怀王初年,很想有一番作为,并且争取到了合纵之长的职务,成为中原诸侯之首。正因如此,当屈原提出改革,提出变旧更新的时候,一度得到了怀王的支持。

这是屈原改革时,与国王的蜜月期。

可惜的是,屈原改革的蜜月期太短太短。

屈原二十岁进入政坛,二十一岁被任命为左徒,进入楚国领导高层,在全国开始了变法改革,制定并出台各种法令。他的变法图强,使民心沸腾,国势渐强。

可是,改革又谈何容易啊!楚国的政权,主要掌握在贵族重臣手中,为了保持个人的禄位,为了反对出身低下的干部上台,他们一定会大力反对变法的。

屈原也是运气不好的改革家之一。他推行改革的时候,楚国朝廷中佞臣充斥,与屈原同列的有上官大夫。此人心怀嫉妒,时时与屈原争宠。据《史记》所讲的故事,有一次,怀王让屈原起草宪令,文稿未定,上官大夫就想抢过去。屈原当然不给。于是,上官大夫就跑到怀王面前说:"王使屈平为令,众莫不知。每一令出,平伐其功,曰以为非我莫能为也。"怀王庸懦昏聩,不加辨明,就怒疏屈原。屈原的被疏远,根本原因在于他的政治改革计划触犯了贵族利益,遭到旧贵族们的中伤打击。

仅仅五六年时间,楚怀王就听信谗言,疏远了力主改革的屈原。屈原二十六岁时,被降职处理,担任三闾大夫。这个职务,几乎与国家大事再无直接关系。由此,屈原的政治生涯开始衰落,再无转机。他的改革,也基本结束。

在屈原的改革过程中,旧贵族集团对屈原的所有政策,全面进攻。在对外政策上,屈原分析了当时形势,坚决主张联合齐国、抗击秦国的策略,这是对楚国有利的正确策略,怀王曾采纳他的主张,并派他出使齐国。屈原被疏远后,秦国派张仪出使楚国,以土地诱惑楚怀王。目光短浅的怀王就改变了对外政策,采取绝齐亲秦方针,结果使楚国在政治上、外交上吃了大亏。怀王恼怒,又轻率出兵伐秦。由于没有齐国的支援,被秦国打得大败,还丧失了汉中之地。在危殆的形势下,屈原曾被怀王再次派往齐国,以图修复两国交好。但不久,秦昭王又提出秦楚两国联姻,要与楚王会面。屈原谏阻说:“秦,虎狼之国,不可信,不如无行!”怀王之子子兰却劝怀王去秦,说:“奈何绝秦欢?”怀王终于去了秦国,果然被扣留,最后客死于秦。

因为痛苦,屈原热烈颂扬古代的圣君,如尧、舜、禹、汤、后稷、文王以及齐桓、晋文和楚之三后等,热烈颂扬古代的贤臣如伊尹、傅说、吕望、周公、宁戚、箕子、介子、比干、伯夷、叔齐、伍子胥及楚之子文等。他还用对比的方法讲一些非圣之君如桀、纣、羿、寒浞、浇等。他想通过对比来说明圣君贤相的重要,并借以说明楚无圣君贤相的危险性,这些都是针对现实而发的。“彼尧舜之耿介兮,既遵道而得路”(《离骚》),耿介,意即光明正大,是屈原对国君的最高要求。所谓贤臣,则以伊、傅、吕、宁为楷模,而不以贵胄为对象。这就是主张任人唯贤,反对任人唯亲的意思。屈原在讲到贤臣时,往往用忠贞、忠诚、忠信这些语辞。屈原本人就是在忠君爱国的思想支配下,敢于坚持真理,不向邪恶势力低头:“亦余心之所善兮,虽九死其犹未悔。”(《离骚》)古代贤臣“忠”的美德在他身上有充分的表现。

屈原曾两度被流放。两度流放,都是因为他太坚持自己的美政思想,虽然这思想是正确的。他的坚持,为君所不容,为臣所不容。第一次流放是怀王二十五年(公元前 304 年),秦说客张仪由秦至楚之后,瓦解齐楚联盟,结成秦楚黄棘之盟,楚国彻底投入了秦的怀抱,屈原亦被逐出郢,到了汉北。

怀王三十年(公元前 299 年),屈原回到郢。同年,秦约怀王武关相会,怀王被秦扣留,最终客死秦国。楚怀王死后,长子顷襄王继位,以其弟子兰为令尹。当时,楚国人都责怪子兰劝怀王入秦的过错,所以,屈原受到广泛的同情。但子兰非但不思其过,反而唆使上官大夫向顷襄王诽谤屈原。顷襄王一怒之下,再次把屈原流放到江南地区。他只得去故乡而就远,辗转流离在沅、湘一带大概有九年之久。他远离故国,又无职位,对于国家、宗族之事只有悲叹而已。于是,他又慢慢地顺着沅江,向长沙走去。屈原回楚都既不可能,远游、求贤又不成,这时他"被发行吟泽畔,颜色憔悴,形容枯槁"。

顷襄王二十一年(公元前278年),秦将白起攻破郢,屈原悲愤难挨,完全绝望,要么放弃理想,要么为理想而殉葬,他选择了后者。最后,在无可奈何之际,他自沉于汨罗江中,以明其忠贞爱国之怀。

屈原是为了自己的美政理想而抱石投江的。他没法子将理想付诸现实,只好用生命作为理想的祭祀!

大体上,屈原的美政改革,可以说是这样的三个阶段:青年时代为官,力推美政;中年时代不得其志,只好宣扬美政;中年之后流放边地,用生命为美政理想殉葬,并留下不朽之作!

美政,一个不可能完成的任务,却贯穿了他的一生。

四、愤青坚韧

为了推进改革,屈原,远不是后人所说的那样脆弱。他很坚强,他很忍耐。为了改革,还有什么不能做的呢?为了国家,还有什么不能忍的呢?

楚怀王是屈原的第一个知遇者,是重用屈原的第一个也是唯一一个国王。

屈原很清楚,只有国王的支持,改革,美政,才有可能推行。

然而,怀王又是一个什么样的人呢?屈原与怀王,几乎一个是天上的神仙,一个是地上的蛤蟆!

楚怀王本人年纪大屈原很多,而且形体肥胖。不仅仅外表难看,还有皮肤病——鱼鳞斑,而且还有口臭!天!天天和一个有口臭的人在一起讨论国家大事,那是很难受的哦!

而屈原呢,相貌清高,又有洁癖。他在自己的诗文中,多次表示自己喜欢的是披明月、食宝璐,就是说,他的衣服如明月一样的干净,食物如美玉一样的清净!有一个故事说,屈原有"一日三濯缨"的习惯,很多女孩子为了看屈原,每天跑到河里洗三次衣服,把河水都弄浑浊了。

这样一个有洁癖的人,偏偏时时要面对一个这样的家伙,真的很恶心!可是,为了改革,为了美政,屈原没有将此当一回事。

楚怀王是同性恋,在宫中,这已是公开的秘密。

屈原少年时曾在香溪结识一个叫昭碧霞的女子,并在十八岁时与之成婚。这说明屈原是有着正常的男女情爱观的。一个正常的男人,却要面对一个不正常的男人谈工作,屈原也没有什么怨言。为了改革,为了美政,这算什么!

早期,楚怀王对屈原是知遇的,是信任的。有这么多毛病的楚怀王,还是想强国的,所以,他全力支持屈原变法革新。

但是,楚怀王作为国王,有着致命的性格弱点。国王的弱点,决定国家的成败,决定改革的成败。没有办法,当政治体制不能改革的时候,一个最高领导人的性格及才能,就会决定一个国家一个民族的命运和生死!这是中国几千年改革不成的原因。屈原没有办法,我们也没有办法。

对国王的弱点,往往是那些身为奸臣的人才能够明白。他们明白国王的弱点,是为了利用这些弱点。他们利用这些弱点,是为了给自己谋好处。他们给自己谋好处,全然不顾国家受伤害!

比如与屈原同朝为官的靳尚,就很明白楚怀王的弱点,就很会利用楚怀王的性格弱点而且进退自如!这家伙在楚怀王面前进谗,常常一说一个准!他说屈原居功自傲,说怀王"有志无才,耳根子软,无主见,贪酒色",这些话屈原是没有说过的,是靳尚编的假话,但也正是靳尚自己对怀王的认识。正是这些话,说中了怀王的痛处,使怀王勃然大怒,从此疏远屈原。

屈原的左徒职务被贬后,担任的是"三闾大夫"一职。政治改革告吹,屈原希望在教育改革上有所作为。三闾即楚宗室昭、屈、景三姓聚居之所,也就是国王和他的直系亲族所居之地。三闾大夫这个官,就是春秋战国以来晋、鲁等国的公族大夫,主要工作是管理宗族事务,教育贵族子弟,相当于是皇家教育局局长。屈原上任三闾大夫,肩负着教育宗族胄子的重任。他在《离骚》中这样写道:"余既滋兰之九畹兮,又树蕙之百亩,畦留夷与揭车兮,杂杜衡与芳芷,冀枝叶之峻茂兮,愿竢时乎吾将刈。"屈原真的决定在此培养改革的后备人才,培养楚国的后备干部,将这儿办成一所中央党校。为此,他付出了大量心血。

可是,这些贵族子弟,与屈原大不相同,这些人文采倒也不错,也继承了屈原的一些文采,但是,却没有几人热衷改革,更少有人关心国家大事。贵族子弟,真的关心国家大事的人,历来不多吧?他们更关心的,是自己的官职有多大,钱财有多少,女人有多美!屈原失望之余,写道:"兰芷变而不芳,荃蕙化而为茅。"他辛勤培育的这么一批贵族子弟,一个个变成了反对改革的高级干部,变成了改革和美政的敌人!为此,屈原痛苦不堪。

再说楚怀王此人吧。这个人的本心,还是希望楚国壮大强盛的,他后来被囚禁于秦国,也没有如南唐后主李煜那样摇尾乞怜。但是,他是一个真正平庸的君王。在战国如此残酷竞争的环境中,一个平庸的国王,就只有被淘汰的命!"楚王好细腰,宫中多饿死",这个国人尽知的故事,就是这位平庸国王的杰作。当时他的爱妃魏美人和郑袖,为了他的喜好狠勒自己的腰,不吃饭,天天搞什么减肥。她们这么做,搞得好多宫女照样学样,饿死不少。

屈原改革的时间很短。但他用一生坚守自己的理想。

世间最苦最难的,莫过于坚守一份理想,莫过于坚持一份情操。古往今来,有多少人没有过这道坎?生的诱惑太多,死的决断太难!而只有执着于一份理想和情操的人,才会于死中不死,于毁灭中永生,这个人是屈原。记得我年轻的时候,同当时同样年轻的北京师范大学教授于丹谈论诗文,于教授说,屈原之后无诗人。听到这话,我真的从心底赞同。

文如其人,而且人、文如一,只有屈原做到了。看看他流放途中的《涉江》,就知道他是何等的高洁,"披明月兮食宝璐",何其清雅高贵;

看那首为将士壮行的《国殇》，就能知道他是何等的坚定，"首身异兮为鬼雄"，何其果敢与无悔；看那首期许中的《渔父》，就能知道他是何等的坚韧与执着，"举世皆浊我独清，众人皆醉我独醒"，何等的清高自傲。屈原之为屈原，由此可见一斑。

太多的执着，就会有太多的磨难。昏君的呵斥，小人的谗害，流放的凄苦，风雨的侵蚀，也许对屈原这样的伟人算不了什么，可是，理想的陷落，抱负的东流，那是何等地折磨着他的灵魂！屈原没有采取迂回，没有选择大智若愚，没有隐其锋芒改为阿谀奉承以待时机。他选择迎难而上，明知不可为而为之，悲于此，亦壮于此，烈于此。这也成就了屈原的伟岸与高洁。

所有的高洁，来自于最卑鄙的衬托；所有的伟岸，来自于最鄙夷的烘托。当屈原的高洁与伟岸彪炳青史的时候，昏君和小人的寡廉鲜耻，也永远钉在了历史的耻辱柱上。"了却君王天下事，赢得生前身后名"，千年后辛弃疾的《破阵子》，写着自己，依稀写照了屈原，因为那时的辛弃疾，正好也在湘中的飞虎营，正好也怀着不能报国的郁闷。据说辛弃疾曾船到秭归，他遥望屈祠，因不能上岸拜谒而抱憾不已。历史浩浩，成败如烟云过眼，成败中留下的人格，却永如磐石，屹立不倒，伟者愈伟，伪者愈伪。这是亘古不变的真理。

回首我们这些芸芸众生，看看我们这个纷繁的俗世，只有屈原的青铜像，依然那样凛然，那样凄苦，那样不屈地问天。

五、愤青高洁

作为愤青改革者，作为美政思想创始人，屈原是个十分高洁的人，是个十分自傲的人。也许，只有自傲的人，才会提出美政这样前无古人后无来者的理想，才能为了美政而做出前无古人后无来者的殉道！

屈原有着王室的血统，这一点无可怀疑。他在《离骚》里写道，自己是古帝高阳氏的直系后裔，自己的远祖是楚国的一个王子。后来自己的祖先被赐姓屈。到屈原自己这一代，家族地位已不如从前，但自己有着与生俱来的高贵血统。正是这种高贵的出身，让屈原从始至终有一种极大的优越感。

屈原相信命运,相信天命,他自称是"三寅之人"。原因是他生于寅年寅月寅日,字原名平。原者地也,平者天也,天地人三统一,大吉大利之相。出生时辰的巧合,加之家族血统的高贵,使屈原从小就认为自己是天命之人,是负有崇高的使命来到楚国的,是为楚国的兴旺而来的,是为实现美政而来的。一个人,无论你长到多大,无论你位置多高,无论你成就多显,他的灵魂深处蠕动着的原生命,也许就来自童年的某些记忆!屈原就是如此。

成长中的屈原,他的高傲得到进一步的张扬和培育。作为贵族家中的男孩,屈原是在赞誉和夸奖中成长的。简言之,他成长在顺境中,因此,他也有资格一直信心满满!据说,屈原小时候长得很帅,是个小帅哥。七岁时的一天,小屈原用荷花荷叶做了一件衣服,穿在身上,又将兰花编成一个花环,佩戴于胸前。他的这种打扮,后来在他的诗中曾经出现过。这说明他这个小帅哥是很爱酷。如此酷酷的小帅哥,当然惹人喜欢。这天,屈原的姐姐看到他这种衣着,直夸他比巫山女神还要美丽。这一夸不要紧,让屈原高兴得不得了,从此以后,他天天跑到水边照自己,那时候没有镜子啊,只好用水照自己了。可是,池塘里的水,有时不那么干净,于是,他独自跑到深山里挖了一口井来自我观赏。屈原长到十七岁时,已经是方圆百里闻名的美男子了。

高洁之士,多在乎外表美。屈原的作品中,多有这样的描述。他首先喜欢华丽的服饰,奇丽的装扮。他在《涉江》中就直言:"余幼好此奇服兮!"他在《离骚》中,说得更多,"制芰荷以为衣兮,集芙蓉以为裳","佩缤纷其繁饰兮,芳菲菲其弥章","扈江离与辟芷兮,纫秋兰以为佩"。

高洁之士,更在乎内在的美,尤其如屈原这样的完美主义者。比如,他喜欢香草,喜欢美人。他的笔下有许多香花香草:木兰、秋菊、江离、辟芷、秋兰、芙蓉等。屈原是见不得腥臭恶腐的,他甚至还要"朝饮木兰之坠露兮,夕餐秋菊之落英",近乎仙人。因为如此爱美,所以也忠贞高洁。因为忠贞高洁,所以对世间污染不能容忍。他叹道:"世溷浊而不分兮"、"国无人莫我知兮"、"举世皆浊我独清,众人皆醉我独醒"，"世溷浊而莫余知兮，吾方高驰而不顾"，"与天地兮同寿，与日月兮同光"。

作为美政思想的创始人，屈原的这些高洁，都是无可非议的。但是，作为一种理想的执行者，太多的高洁，会让他在执行时困难重重，难以找到自己的同志和战友。改革，无疑是对新思维的践行。但是践行一种新思维，可能真的需要许多旧手段！这，恰恰是屈原最缺少的，最不愿意为之的。

屈原的性格，在很大程度上影响了他的人际关系，损害了他的政治事业。屈原在强化自我的高洁时，排斥了他人和朋友。而更要命的是，屈原不厌其烦地描绘着这一形象，表现出强烈的自我关注倾向和自我认同心理。作为文人诗人，这是很棒的，作为政治家，则是不成熟的。在他的《涉江》中，出现了大段的自我赞美的诗句，将自我理想化，表现出强烈的自我良好感和天生优越感；同时将自己置于美丽、孤危、哀怨的境地而描述，突出自己的美丽、清高和孤独，透露出一种清高孤傲、洁身自好的自我感和愤世不平的激情。以屈原愤世嫉俗、恃才傲物、完美主义的个性，他是无论如何得不到靳尚等群小的亲和的，而最初信任、重用屈原的怀王，也因屈原的缺乏体察君王政治平衡的内心感受而疏远他。屈原的自恋人格倾向，成为他难以实现美政抱负的一个重要羁绊。屈原之后的所有改革者，只要还有一份自恋或者自赏，都很难完成其政治理想的行走。

高贵的出身，高洁的个性，令屈原更多地具备大文人的特质，而缺少政治家改革家的特性。屈原这样的人，是非常以自我为中心的。以自我为中心，对大文人大诗人的创作，是一种源源不尽的力量；以自我为中心，对大改革家大政治家，则是绵绵不尽的伤害。从个人性格和个人所要担当的角色上看，屈原错位了！

诗人，文人，对于改革这样的政治大事，担当起来都是困难的，他们可以作为改革的先行者，但很难以操作者的身份来完成这一事业。毕竟，身体力行比大声呼喊要更加困难。

屈原的自我，与后来李白的自我，与后来王勃的自我，与后来王安石的自我，有相同相似之处，却又很不一样。屈原的自我，是大我，是以国为我,是以国家的悲伤为个人的悲伤。他,更多地深化了这种悲剧情结。由于自我,由于恋愤,屈原的辞赋,终于成为一个时代的巅峰。他的作品,恢弘,奇伟,奇幻,成为千秋万代追慕的巨"星"。

但是,这样的诗人,行走在世间,行走在官场,行走在改革的路上,却会诸事不顺。世间事,不如意者,十之七八,怎么能够完美?于是,屈原就一而再、再而三地遭受排挤和打击。于上,国君不容;于中,同事不容;于下,人民不知。举目无亲,进退无依。屈原在朝廷上失去了政治地位,他要推行的美政,就失去了主流意识和媒体的认同。加上人际关系上的四面楚歌,加上自己受到的围攻、诽谤、打击和孤立,屈原真正成了一个无依无靠的人,一个无法作为的人。于是,改革也好,美政也好,终成为天方夜谭,终极理想完全幻灭!

尽管如此,作为诗人,作为改革家,屈原的可贵,更多地在性格,在精神的层面,他执着,他固拗,他专一,他决不为任何困难所动摇。屈原注定做不了庄子,他不会如庄子那样,舍下一切,在绝对精神的世界里自由翱翔;他不会像孔子那样,退出政治舞台,专心教育学生。他绝对做不了李斯商鞅,放下身段,曲意迎合,在世俗的激流中完成自己的计划。这些人,这些事,他做不来,他不愿意做!

屈原选择的,是一个人的孤军奋战。他明知自己的志向、操守与时世不合,但决不放弃自己的理想和人格,最终以生命作为代价,以身体投向大江。在他处的那个时代,他无疑是楚国政治的弃儿。但同时,他的选择,却让他成为历史的宠儿。屈原寂寞地死了,后人却再也不寂寞。因为前面有屈原的影子与天地共存!

六、愤青不死

我们在今天的互联网上,常常可以看到愤青的作品。这些很年轻很可爱的人们,是不是一个新时代的开始?

对于这些80后90后的愤青,我觉得,我们这些年纪较大的人,应该用更多的赞许来看他们。不管怎么样,明天的世界是他们的。在明天的世界,他们会按他们的方式生活、生存、生衍!他们是明天,他们是未来,他们是我们的生命和世界的延续!他们的想法,他们的做法,我们不懂,我们不解,但这是我们的错,我们不能指责,也无权指责。何况,他们在今天已经做得很好,他们比我们有更多的勇气,有更多的智慧,有更多的责任,有更多的务实。2008年的上半年,当奥运圣火在海外传递时,当四川发生八级地震时,都有他们可爱可敬的身影。80后90后的"愤青"们,我喜欢他们。我只遗憾没有他们那么年轻,没有他们那样愤青!

愤青的精神不死,中国就会有改革的希望,就会有改革的种子。愤青的鼻祖屈原,就是改革的先祖啊!

两千多年后秭归的天空,湛蓝而圣洁。秭归位于湖北的神农架山脉,这儿是一片神山圣水。上古的炎帝,就是在这儿尝百草,治百病,强大了他的部落,后与黄帝并称为中华文化的始祖。

出生在这片土地上的屈原,力主改革而时间短暂,力主改革而失败很惨。为什么?

屈原改革失败,第一个原因,可能是来自他的自身。屈原本身是帝王之后,血统高贵,性格也就高傲,他与孔、孟出自社会底层不同,他的贵族血统和白璧般的心灵,使他无法与世俗苟合,也使他难以与人合作。任何一种性格,都具有两面性,都是一把双刃剑。

屈原改革失败的第二个原因,仍然是他的性格。屈原与其他的贵族不同,他具有高贵的善性,具有极大的同情心。这些在人间的倾轧中,在仇恨和嫉妒的利剑中被搅得粉碎。阳春白雪的屈原,失宠于帝王,落魄于官场,又要抗拒堕落。结果,太过执着的他挫败了。

屈原改革失败的第三个原因,是对改革的急于求成。旧贵族权力分配已成定局,屈原要重新分配这种权力,让谁也不想放弃啊!这种选择,只会增加改革的阻力,使那些不愿意放弃权力的贵族们群起反对。最后,屈原真的成了孤单一人。改革一旦失去了同盟军,就一定会宣告失败的。

屈原改革失败的第四个原因,是没有一个明智的国王。在那个专制专权的时代,国王就是一切,就是成败。失去国王的支持,再好的主张,也没有办法实现。这,是几千年专制制度的病,是几千年中国的病!

从屈原以及屈原之后的改革家失败的教训中,我们可以得出唯一同一的原因:专制,是一切改革的天敌。

屈原改革失败的原因,也许正在于此?

农历五月,行走在秭归山区,鸟语花香,扑面而来。百鸟之中,一种名叫秭归鸟的声音,高亢而凄凉。

"我哥回哟……我哥回哟……"

秭归鸟千百回不停地呼喊,尽管往事跨越了两千年,可它的呼喊依然这般执着。当地人说,自屈原死后,每到五月屈原的祭日前后,这种鸟便一次次高喊。"我哥"屈原永远不能回来了,回来的是他的魂魄,是他不死的精神。古往今来,无数成功的英雄,用功绩温暖了中华大地,屈原作为一个失败的英雄,用玉碎的生命,抚慰着中华人的灵魂。

屈原故里,如今大部分已经被水淹没,只有少许的耕地,可以种作。乡间,一名老者讲述这儿的一奇:黄牛水牛,均不系绳,无论耕地,无论拉车,无论放牧,用不着主人拉扯和鞭打,它们完全会按主人的意图行动,完成一切工作。这一奇景,世界罕有。据说当年屈原领着书童出游,途中捆系书简的绳子断了,屈原走进田中,解下耕牛的绳子,捆好书简。此后,屈原故里的牛儿们,便通了人性,再也不用系牛绳了。你看,受着屈原的影响,牛儿们也会如此的执着。

也许我们就是凡人,也许屈原的时代已经太过遥远。处在一片繁华的屈原故里,我们禁不住自省。少年时多少远大的理想,中年时多么宏阔的抱负,许多已经放弃了,星移斗转,销蚀的是曾经激荡的热血,是曾经坚韧的意志。也许我们是俗人,是凡人,为了生,为了生活,为了生活的舒适,我们如动物一样调整着自己适应风雨,顺应寒暑,附应荣华。于是,早先的高洁,早年的恢弘,成为纸醉金迷,成为所谓的现实主义。屈原死了,执着的灵魂在汨罗江沉沦,尽管我们用粽子和米酒呼唤了千百年、千百回,却总不能回返。

屈原的改革,屈原的美政,全部失败了,但他却给我们留下了执着,留下了坚持!我喜欢屈原,最喜欢的,也就是这一点。这是屈原的性格,是他的品格!

执着是一种气节,气节是屈原生命的全部。执着是一种情怀,情怀是屈原生命的歌谣。如果没有气节和执着,所谓的文人,要么无聊,要么无耻。屈原诗写生命,气节贯长虹;屈原生命写诗,诗篇传古今。诗化生命,生命化诗,唯屈原而已。

站在屈原祠前,思绪飞越了千年,飞越了楚地的关山。南来北往的车辆,西去东来的游人,多少的物欲在这儿横流,多少的热情在这儿飞扬。一个时代过去,一个时代兴起,潮起潮落。也许屈原想象中的楚国的繁荣盛世已经到来,而盛世的人们,物欲恐怕早已淹没求索,还有谁记得"路漫漫其修远兮,吾将上下而求索"?我们无法再执着什么了,但庆幸的是,楚地的后人们,起码执着了一点:在江水上涨时,执着地让屈原祠一同上涨。当我们带不走伟人的精神和人格时,我们至少带走了他的青铜像,带走了他的楚辞,带走了他祠中的砖和瓦。宽容些,这已经够了。

人生最苦的不是挫折,人生最难的不是挫折。最苦最难的,是一次次在挫折后坚持如一,怀玉不变。这个人是屈原。

最苦最难是执着。不信你试试!

西汉：强势中央为何输给弱势地方
——景帝"削藩"政治行动失败前后

　　汉，真是一个让人感慨的王朝。第一是它的时间之长。西汉东汉，加起来四百多年，自汉以后，历代王朝，没有超过这个寿命的。第二是它的大统一。在它之前，秦王朝第一次统一了中国，但时间非常短暂，并没有来得及实行统一的治理，更没有由统一的治理而达到高峰。汉，从这个意义上说，是中国第一个统一的王朝。第三是它的强大。汉王朝成为中国历史上第一个统一而又强大的王朝，因为有了汉朝，所以才有了我们这些汉人、汉族、汉语、汉文化。所有与汉有关的东西几乎都是这个王朝留下的标记。

　　然而，统一和强大的汉王朝，也并不是一开始就以其统一和强大呈现在历史面前的。真正的大统一之前，西汉王朝也曾有过它艰难的岁月，那些日子，应该就是从汉高祖刘邦到汉武帝刘彻这一段岁月。正是这段时间，西汉王朝真正实现它的大一统。而实施这一改革并为之献身的，是书生晁错。

　　历史名人录这样介绍这个人：晁错（公元前 200 年—公元前 154 年），西汉政治家、散文家，颍川（今河南禹州市）人。汉文帝时任太常掌故，奉命从伏生受今文《尚书》。后任博士、太子家令，深受太子（景帝）的宠信，被称为"智囊"。他主张重农，又力主削弱诸王势力。景帝即位以后，晁错迁为内史，后升任御史大夫，位列三公。他因向景帝进《削藩策》而被藩王怨恨，是故七国借口"诛晁错，清君侧"，发动叛乱。在内外压力下，景帝将晁错斩于长安东市。其主要论文有：《言兵事疏》《守边劝农疏》《募民实塞疏》《论贵粟疏》等。

这就是晁错。

一、绝密诱杀,皇帝怎么这么干

公元前 154 年的某天。正午。

晁错似乎正在睡他的午觉。这时候,首都卫戍司令兼公安部长陈嘉,带着车马军人,来到晁错家门口,拍门大呼:"晁大人,皇上呼你,有要事相商!"首都卫戍司令兼公安部长陈嘉,按当时的说法,他的职务是"中尉"。

晁错并没多想,自己位列三公,担任着相当于国务院副总理这样的职务,加上叛乱的军队正在向国都进攻,皇帝呼我,必是有要事相商。没有办法,中午觉就别睡了,还是走吧。

晁错很快穿上朝服,跟着中尉上车而去。

马车来到长安东市。西汉的国都,就在今天的陕西西安。东市,正是到皇宫的必经之路。

然而,马车突然停下来了。中尉,也就是公安部部长陈嘉,忽然喝令晁错下车。晁错还以为自己听错了。

这时,几名兵士,拉下晁错,按在地上。陈嘉拿出诏书,宣布西汉皇帝景帝的密令:立即腰斩!

晁错来不及申辩,来不及写下遗书,来不及问个为什么。大刀挥过,大才子晁错被拦腰斩断,血洒长安东市!

自夏商周到民国,没有一个官员被判罪后,是穿着朝廷官服被斩杀的。千古以来,晁错,是身着官服而被腰斩的唯一一个人。

晁错死了,死于西汉景帝的密杀令之下。到了汉武帝时,司马迁写史,他写道:"上(皇帝)令晁错衣朝衣斩东市。"好像西汉景帝在晁错死时,给了晁错很大的面子,享受了"特殊待遇"。其实,这仅仅是因为皇帝下的是密杀令,为的是不让晁错起怀疑之心。到班固写史的时候,他就写道:"绐载行市。"绐,就是诳骗。就是说,大才子晁错,是被皇帝骗到刑场的。奉旨前去执行命令的陈嘉,并没有事先告诉晁错朝廷要杀他。

晁错被腰斩后，西汉景帝又下命令，不同的是，这一次不再下达密杀令，而是公开的命令，杀掉晁错全家！晁错的父母、妻子、家人，凡是没有另立家业，凡是住在晁错家一个大院子的，统统杀头。

皇帝为什么要对晁错下密杀令？

皇帝为什么又要杀晁错的全家？

晁错，并不是一般的平民。此时，晁错是朝中大臣，是官居一品的御史大夫。御史大夫，相当于国务院副总理兼监察部长。

杀这么大一个官，而且用的是密杀令，情况看来非同一般！要么是有什么事情非杀晁错不可，要么就是皇帝痛恨此人，已无法容忍，要么就是晁错犯了天大的罪！

晁错真的犯了什么天大的罪吗？他的罪，就是他提出并执行了"削藩"这一景帝时期最著名的改革计划！而且这一计划面临全面的失败！

你出的主意，你没有办好事情，那么，只有杀你！唯有杀你，才可以谢天下！这是皇帝的逻辑。在这个逻辑下，晁错只有认命！

皇帝就要这么干，你不是皇帝，你能怎么办？！

西汉早年，虽然国家正走在一路向上的通道上，但，许多的冤案，也为历史留下了遗憾。文帝时代，青年政治家、文学家贾谊被流放到长沙而抑郁死去；景帝时代，青年政治家、文学家晁错又被密杀，真的是中国政治舞台的大悲剧！

二、秦亡汉兴，国家体制怎么整

秦，是中国王朝政治制度演变的一个分水岭。秦实施政治体制的改革，就是为了防止地方政权坐大。

秦之前，中国出现了三个大的王朝——夏、商、周。这三个王朝所实行的国家体制，是几乎一样的，就是封国制度。以周王朝为例吧，周天子，是周王朝的主人，是天下的共主。周天子之下，没有行省单位，只有一个一个的封国，就是诸侯。周王朝，实际是各诸侯国的联合体，而周天子，则是这个联合体的秘书长。

因为周天子的国家处于各诸侯国的中心,所以,各诸侯国称周天子的国家为中国,即中央之国的意思。

在中央之国的周边,是许多的诸侯国。这些诸侯国,每个国都有自己的元首,就是由周天子封的诸侯。诸侯国内,拥有完全独立的军事权、人事权、立法权、行政权、税收权、外交权。就像现在的那个独立国家联合体。联合体是虚的,而各国才是真正的实体!虽然周王朝对各诸侯国搞思想政治教育,说是"普天之下,莫非王土;率土之滨,莫非王臣",但是,天子,不过是名义上的,他的土地已经分封下去;他的权力已经下放下去。一个天下,许多国家;一个天子,许多诸侯。许多诸侯之下,又是大夫。大夫也有自己的封地,也是国中之国。这,就是中国历史上第一次成规模的政治体制——封建制。封与建这两个字,本来是指可耕土地的边界,周天子以耕地的边界作为各诸侯国的边界,于是就有了后人给这种政治体制的总结——封建制。

秦统一中国,总结了周王朝灭亡的教训,认为就是这种封建体制,让地方诸侯坐大,结果灭亡了周天子的中国。于是,他们进行国家政治体制的重大改革。

秦始皇兼并六国,统一天下,彻底废除封建制度。他的政治发明,是搞郡县制。原来诸侯们的地盘,统统改名为郡;原来大夫的地盘,统统改名为县。中央政府管各郡各县,郡和县都直属中央政府,天下从此不再分封。这种政治体制,在中国是第一次出现。这种政治体制,真正实现了全中国的大一统。具体的特征,就是秦王朝只有一个领导人,只有一个中央政府、一个主权持有者。军事权、人事权、立法权、行政权、税收权、外交权,全部属于中央政府。

可惜的是,秦始皇实行这一政治体制,只有十几年时间。天下群雄并起,秦灭亡了。汉,代之而起。

刘邦建立大汉王朝,成立了中央政府。中央政府成立之后,国家实行什么样的政治体制呢?是启用周朝的封建制,还是沿用秦朝的郡县制?各方建议很多。

汉高祖刘邦,虽然没有读过几天圣贤书,虽然没有打过几次漂亮仗,但是,人家是大政治家,是政治大佬,一般人玩不过他。关于国家的政治体制问题嘛,老刘头摸着花白的胡子,拿定了主意。

最后,刘邦作为新王朝的创始人,一锤定音:两个办法都用!搞封建制加郡县制。首都长安周围地区,实行秦朝的郡县制;在边远地方,实行周朝的封建制。在对长安周边派出行政长官的同时,向较远点的诸侯国派出国王。国王,不再称诸侯了,而是换了一个名字——藩国的国王。这些分封出去的王国,持有自己的政权,享有自己的主权,拥有自己的财权,蓄有自己的军权。刘邦同时作出规定,并为这一规定搞了个斩白马共同联誓的活动,君臣对天起誓:非刘氏而王者,天下共诛之!也就是说,只能封同姓王,不能封异姓王。其他的功臣,只能封侯。

刘邦这么定体制,有他的考虑。坐在美女们中间,刘邦在想:周王朝那么强大,怎么会灭亡?是不是亡于单一的封建体制?是不是这个搞法让诸侯国坐大,成了中央政治的天敌?那么秦王朝怎么也灭亡了?是不是亡于单一的郡县体制,让地方问题搞大,失去了皇家的全面控制?想到这,刘邦一阵高兴!看来啊,这两种体制,有利有害。咱两种体制都用,一方面搞郡县,让地方王爷们不能坐大;一方面搞封建,让地方官员们害怕。两种力量互相牵制,这,不就是政治吗?这种政治体制之下,大汉王朝还怕什么?

就这么办!秦亡汉兴,新国家的政治体制,就这么定下来了。

刘邦,在秦王朝的政治体制上,开了一次倒车,部分恢复了周王朝的封建体制。为此,他也给自己的后代留下了祸根!而前面被密杀令杀害的晁错,就是这一政治体制倒退的直接牺牲品!

三、地方坐大,中央咋就这么烦

割地封王,必然造成王国坐大,必然造成国家之祸。在刘邦之前的周王朝,这种事情,已经大规模地上演过了。在刘邦之后的汉王朝,这种事情即将上演。在汉王朝之后,这种故事,上演更多。晋朝封子孙到各地为王,结果造成了八王之乱,硬是将一个西晋王朝彻底乱垮了;明王朝封子孙到边地为王,结果造成了朱棣造反和后来的几次王爷造反,让明王朝大伤元气。唐王朝李世民聪明,只封王爷,不给你封地上的独立大权,你没办法坐大;宋王朝赵家兄弟聪明,只封王爷,不给你王爷的单独地盘,你还是没有法子坐大;清王朝更聪明,只封王爷,根本就不让你离开北京半步,根本不给你一寸封地,你想坐大也难! 嘿嘿,这些个聪明的王朝,还真的就没有什么王爷们的窝里反!

但是,刘邦封王,给地给兵给权。王爷们不坐大也难!能不反也难!

到了西汉文帝时,王爷们就坐大了。到了西汉景帝时,王爷们坐得更大了!

于是就有了晁错这个人物。就有了晁错这个人物的历史舞台。就有了晁错在这个历史舞台上的悲剧改革和悲剧故事。

刘家的王爷们,是怎样坐大的? 是怎样引起中央政权的不安的?

早在西汉景帝的父亲汉文帝时,藩王势力壮大,中央政府已感到不安。那时候,就有朝中大臣提出削藩策,也就是对刘邦定下的政治体制进行一些改革。文帝,是个信奉老子庄子的人,相信的是无为而治,坚守的是多一事不如少一事。于是,这事搁置一边,不作考虑。事实上,王爷们已经不断壮大实力,渐成尾大不掉之势。

最典型的,就是吴王。

吴王刘濞,是刘邦哥哥刘仲的儿子,也就是刘邦的侄子。刘仲,在老刘家排行老二,既无雄心,也无大志,给个王爷,好好享受,该吃吃,该喝喝,该嫖嫖。这种人,当多大的官,对国家,特别是对中央政权,没有什么危害,没有什么破坏!皇帝,就是怕你这个王爷不会腐败!你不腐败,肯定是心中有什么想法,搞不好就是想自己出来当皇帝,那还了得!

但是,刘仲生了个能干的儿子,就是刘濞。这小子很能干,很勇敢,很善战。那阵子,中央政府刚刚打下了吴楚那一大片地方。新地方,新政权,面对旧势力和残余势力,很多事不那么好办啊!非得有个能人才行!刘邦想,刘濞这小侄儿还不错,他不是能干吗?那好,就让你去收拾这个烂摊子! 就封你做吴王!

封了吴王,刘邦后悔。刘濞这小子,我怎么看他都有"反相",这小子这么能干,将来要是造反,谁人可敌啊?可是,任命已经发出去了,不能收回啊!吴王上任之前,刘邦决定好好地吓唬一下这小子,让他不敢反。于是，他摸着刘濞后背，说：侄儿啊，有人告诉我，五十年之后，东南方向会有人造反作乱。你是刘家的骨肉，不会做这种蠢事吧？刘濞还真的吓出一身大汗，跪在地上，大气不敢出，半天才说：臣不敢！

不是不敢反，是反的时机未到。政治家的表态和誓言，有几句能信的？

到了自己的封国，吴王一心一意地壮大力量，开辟财源。

吴国地处长江中下游，富饶之国，鱼米之乡。司马迁在《史记》上说："煎矿得钱，煮水得盐。"当时用的是铜钱，而现在安徽省的铜陵市，就在吴王的封国之内，那地方有的是铜啊！吴王就找来工程师，自己开起铜矿来。开了铜矿，产了铜，他就直接铸钱。这么一来，吴国就成了一个巨大的印钞机。

同时，吴王还在壮大实力。吴国的边境，就是大海。他又请来工程师，用海水晒盐。盐，这东西可不得了啊！在当时是一个国家专卖产品，很赚钱的。尤其是边远的地方没有盐——人不吃盐是不能活的——盐可以卖大价钱。

在汉朝之前，在汉朝之后，铜和盐，都是历代王朝的战略物资！你吴王拥有这么多的战略物资，那你想干什么呀？！

有了战略物资还不算，吴王还要人心！封建帝王，最怕的就是有人收买人心！得人心者得天下嘛，你收买人心，就是想得天下！

吴王真的在收买人心，有事实为证。

有了盐，有了钱，吴王就对封国内的百姓说：大伙儿以后别交税了啊，你们要上缴给朝廷的税收，我都替你们给垫付了！以后大伙儿有了钱，该吃就吃，该喝就喝，该玩就玩，该泡女人就泡女人，该打麻将就打麻将！哦，对不起，我说错了，西汉那会儿，全中国还真的没有发明麻将这个玩意儿！

老百姓就是认钱啊，没有办法，咱挣点钱不易！吴王给咱交税金，那可是再生父母啊！他，比那个年年要咱们缴税金的皇帝强多了！民间就这么传开了，公共媒体就这么说话了，社会人心就这么被收买了！

有了战略物资，有了社会人心，吴王不满足。要做大事，还得干！于是，他专门收买亡命之徒，不管什么地方犯了罪的人，只要你跑到了吴国,吴王统统接待,视为上宾。《水浒》里面的那个小旋风柴进,就是跟吴王学的。他建造了一个大庄园,专门用来收容犯罪分子。这叫做收养异士和死士。收养这种人,你想干什么呀?那不就是要造反吗?

吴王做这些时,其他的王爷们,也在偷偷地学呢!

中央政权真的很烦!你们明目张胆地这么干,我还不好说什么。因为高祖刘邦规定了,你们有这个自主权!

据说,吴王和景帝还有大仇。当年吴王的太子进京,和文帝的太子——后来的汉景帝——两人下棋。两个孩子下着下着不知怎么一下火了,汉景帝拿起棋盘砸过去,结果把吴王的太子砸死了。后来文帝就把吴王太子的尸体弄车给运到吴国,说给拿回来埋葬。吴王就发脾气了,什么意思嘛,在那儿死的,为什么不能就地埋葬呢,非要给我送回来?他就又把尸体给送回去了。两家从此翻脸。吴王说,我生病了,气病了,再不上朝了。

连朝都不上,这不是想反吗?!

地方坐大,中央害怕!中央政府,咋就这么难呢!

四、痴心为公,忠臣应该怎么当

马上就有人站出来出主意了。这个人是晁错。

早在景帝当太子时,太子的东宫之中,有个小管家,官职不高,但聪明能干,很有文采,他就是晁错,来自河南许昌的晁错。当然,那时候许昌还不叫许昌,叫许县,许昌其名,当是东汉之后的曹操之子、改汉为魏的那个人感念“魏基昌于许”,起的一个名字。晁错才能挺不错,大家把他叫做“智囊”。太子当了皇帝,成为汉景帝,于是起用旧人,提升晁错为御史大夫。

晁错眼看着皇帝烦,中央政府烦,就出主意了。其实,这主意在他的心中,已经想了很久!

找个机会,他对汉景帝拿出一册竹卷,上面写的是他的大作《削藩策》。这个方案,就是对汉高祖刘邦的政治体制来一次认真的改革,将封建制的做法,改革到郡县制上去!可以说,晁错的削藩策略,就是一次对国家政治体制的改革方案。

任何改革方案都不能纸上谈兵，都要付诸实践。

那么，削藩，先拿谁开刀？

晁错说了："从吴王开刀！他吴王这么久不来朝见，按理早该把他'双规'了。虽然先帝(指文帝)在世时对他很宽大，可他不知恩报恩，反倒越来越狂妄自大。他还私自开铜山铸钱，煮海水产盐，招兵买马，准备叛乱。不如趁早削减他的封地。"

汉景帝有点害怕，有点犹豫，说："此法甚好，只怕激变啊。"激变，就是搞得他们造反。

晁错年轻气盛，说："诸侯如果存心造反，咱们削他地盘他要反，不削他地盘，他将来也要造反。现在造反，祸患还小；将来他们势力雄厚了，再反起来，祸患就更大了。"

"言之有理！"汉景帝说。于是，汉景帝决心削减诸侯的封地，将那些大诸侯变成小诸侯。

于是，晁错开始行动，开始推行他的削藩政治体制上的改革。

要改革就得找到理由和借口。这个好办啊，诸侯王爷们，要么是荒淫无度，要么是横行不法，搞几封举报信，那是很容易的事情。

晁错还真的搞到了好多的举报信。凭着这些举报信，晁错找到了王爷们的罪恶，并以此作为削减封地的理由。过了不久，那些诸侯王爷们，有的被削去一个郡，有的被削掉几个县。为了壮大中央政权的实力，为了减少地方王爷的实力，朝廷的办法，就是今天切一点，明天再切一点，一点一点把王爷们的地方切小。这，就是削藩的具体行动。

晁错的父亲听到儿子力主削藩，十分吃惊。老人家从家乡颍川(今河南禹州市)特地赶到京城长安。他对儿子说："儿啊，你当了御史大夫，地位已经够高的了。怎么不安分守己，硬管闲事？儿啊，那些诸侯王都是皇室的骨肉至亲，你管得着？你把他们的封地削了，他们哪一个不怨你，恨你？你这样做究竟是为的什么？"

晁错说："不这样做，皇上就没法行使权力，国家也一定要乱起来。"这是忠臣之言，大忠之言。

老父亲听了，知道无法劝阻儿子，叹了口气说："你这样做，刘家的天下安定,我们晁家却危险了。我老了,不愿意看到大祸临头。"

晁错又劝了他父亲一阵。可是老人不体贴晁错的心意,回到颖川老家,服毒自杀了。

这是晁家为这次国家政治体制改革而死的第一个人。

晁错提出削藩,同事们也反对。

正当晁错着手"以法削诸侯"时,他与朝中保守派人士的矛盾开始恶化。景帝二年,申屠嘉就揪晁错的小辫子,向皇上打小报告,企图达到诛灭晁错的目的。那年晁错正逢得势,先发制人向景帝说明原因,使景帝认定他无罪,活活气得申屠嘉吐血而死。紧接着一年,景帝三年,晁错提出"削吴"时,窦婴出来反驳,于是晁错又与窦婴结上怨仇。

总之,为了国家的政治体制改革,晁错与许多人搞坏了关系。这,是大忠之人才能做出来的事情。

五、应急无方,你的脑子怎么转

削藩,就中央政府而言,是改革体制,是减少地方坐大的威胁。而换位思考,对那些藩王们来说,则是直接伤害他们的利益。天下是咱们刘家的,咱们刘家人打天下容易吗?咱就这么些既得利益,你朝廷不能说拿走就拿走!

别说地盘这么大的利益,就是一只猫,如果嘴巴里咬着了一条鱼,你让它放弃,它会吗?就是一条狗,如果嘴巴里咬着了一块肉,你让它放弃,它愿意吗?

决不!利益就是不能让人拿走!

地方的藩王,可不是一般人啊。这些王国的藩王,不是皇帝的兄弟,就是皇帝的子侄。这些凤子龙孙岂能心甘情愿束手就擒?所以,削藩令下达之后,汉王朝最强大的两个王国就跳了起来。

一个是吴国,一个是楚国。

吴王刘濞和楚王刘戊,两人决定起兵造反。这两个跳跳打着一面旗帜:"惩办奸臣晁错,救护刘氏天下"。这个旗帜,对其他的诸侯王爷们,有很大的煽动作用。

吴跳跳和楚跳跳怕自己的力量不够强大，于是又联合赵王刘遂、胶西王刘卬、济南王刘辟光、淄川王刘贤、胶东王刘雄渠。两个跳跳，再加上五个跳跳，一共是七个跳跳。七个跳跳，组成七国联军，浩浩荡荡，跳跳跃跃，杀向京师长安，这就是历史上有名的"七国之乱"，也叫"吴楚之乱"。

　　吴楚叛乱，打出共同的旗帜："诛晁错，清君侧"；又喊出口号："存亡继绝，振弱伐暴，以安刘氏"。

　　吴楚之乱，就是冲着晁错的政治体制改革而来的。因改革而引发刀兵相向，可见政治改革的成本有多大！

　　叛军声势很大，汉景帝有点害怕了。他想起汉文帝临终的嘱咐，拜善于治军的周亚夫为太尉，统率三十六名将军去讨伐叛军。

　　前方在打仗，后方则要有人出主意啊。特别是战事吃紧的时候，朝廷上下，一片紧张。汉景帝吓坏了，这可怎么办？我可从来没有打过仗啊！如果这些王爷们杀到京城，要杀我，怎么办？不行，得有人帮忙尽快消灭他们！

　　于是，汉景帝三天两头召开军事会议，请大家出主意。晁错，当然也是出主意的人物了。

　　但是，大文人、大忠臣晁错，却真的不懂政治术。他出的主意，就是个歪主意。

　　他向皇帝建议：御驾亲征！

　　听到晁错的这个主意，景帝几乎晕倒。

　　御驾亲征？你不知道我没有打过仗吗？我当太子的时候，你就是我的管家，你不知道我那点儿底细吗？你让我御驾亲征，我一不会用兵，二不会遣将，三不会舞大刀片子。打了败仗怎么办？那我还有命吗？

　　景帝那个恨呀！

　　于是，景帝问他："小晁啊，我御驾亲征，你干什么呢？"

　　小晁正在得意劲上，顺口就说："皇帝您御驾亲征，我呢，就坐守长安！"

　　晁错提议一出，大批忠臣不满。晁错，你简直就是奸臣！有谁敢把皇帝推向第一线，而自己却躲在家中？好一个馊主意！

景帝的脸,也一下子拉了下来。我亲征,你守城,这算什么事啊? 是不是想让我战死前线,你小晁就好当皇帝了?你小晁,是不是有异心啊?!

关键时刻,小晁应对无方,脑子也不灵光。如果他没有什么退敌之法,只要大表忠心,对景帝说:皇帝啊,削藩这个改革,是我提出来的,这次他们造反,也是因为削藩而闹起来的。现在呢,我虽然是一个书生,但我愿意承担一切后果,愿意到前线去作战,请皇帝安守京城长安。我如果战死了,算是对皇帝尽忠;如果托皇帝的福,打了胜仗,那就是咱们大汉朝的命好,是皇帝的命好,是皇帝的全部功劳!

如果,如果这小子这么说,会不会让景帝流着眼泪鼓励一番呢?

我想会的。忠嘛,不一定真有什么才能。帝王,专制制度,要的就是一个忠字,哪怕你是一头猪,只要有个忠字,保管你一生平安,享受不尽!

这时候的晁错,似乎忘记了最重要的事情。

晁错,毕竟是个文化人,是个能提出改革但不能执行改革的人。

晁错没有想到退敌之计,但是,别人想到了。不管是不是歪主意,至少,比晁错出的主意更实用些,对景帝的风险更小些!

这个主意,就是要晁错的命!

六、急难时刻,才子命运哪堪叹

吴楚七国兴乱,朝野上下,为之震惊,社会舆论,一片哗然。

西汉景帝和大臣一面调兵遣将,一面商量对策。

可是,晁错,这个景帝最喜欢的人,却出了个让景帝无法接受的主意。那么,大伙还有什么别的主意没有?

众目之下,当然没有人出主意。众人走了,出主意的人就来了。这个人是袁盎。

袁盎与晁错,是多年的敌手。两人同在官场,但是,只要晁错在场,袁盎就会回避;同样,只要袁盎在场,晁错也会回避。晁错厌恶袁盎,也是出于忠心。据说,袁盎经常收受吴王财物,在皇上面前隐瞒吴王密谋造反一事,歌颂太平。本来晁错当上了御史大夫时,就有心要除掉袁盎,他"使吏按盎受吴王财物,抵罪",本来有机会杀了干净,却偏偏"诏赦以为庶人",因为袁盎好歹也是二朝老臣,也曾与皇帝讨论国家大事。可此时袁盎留下了小命却成为晁错的后患。

吴楚造反之后,晁错再次向丞、史告发:"袁盎多受吴王金钱,专为蔽匿,言不反,今果反,欲请治盎,宜知其计谋。"丞、史却说:"事未发,治理有绝,今兵西向,治之何益!且盎不宜有谋。"晁错想想也是,于是没有杀此人。袁盎听说此事,十分惧怕,狗急跳墙,要见皇帝,然而他被贬为庶人不能直接面圣。

这时,窦婴就赶快找到汉景帝,说你应该把袁盎找来问一问,因为袁盎曾经是吴国的丞相,他比较熟悉吴国的情况,我们现在既然要对付吴国造反,应该请袁盎来讨论一下。

汉景帝觉得有道理,就召见袁盎——他召见袁盎的时候晁错就在旁边——汉景帝就问,袁盎,你曾经是吴国的丞相,你熟悉吴国的情况,你觉得吴国的造反能成还是不能成气候啊?袁盎说,他们不能成气候。

此人来到皇帝面前,以替国家对付诸侯造反献策为幌子,实际仅是针对晁错。袁盎示意皇上,屏蔽左右,故意支开晁错。晁错不得已而离开。他知道袁盎是冲自己而来,自己这一次肯定凶多吉少。

袁盎见四周无人,说:"今诸侯反叛,皆因贼臣擅谪诸侯,削夺之地,以故反名为西共诛错,复故地而罢。方今计,独有斩错,发使赦吴、楚七国,复其故地,则兵可毋血刃而俱罢。"

袁盎意思是说,吴楚两国,其实是没有能力造反的。他们财大气粗不假,人多势众也不假,但他们高价收买的,不过是一些见利忘义的亡命之徒,哪里成得了气候?之所以贸然造反,只因为晁错怂恿陛下削藩。因此,只要杀了晁错,退还削去的领地,兵不血刃就能平定叛乱。袁盎是做过吴国丞相的,说话的分量就比较重一点。何况这时景帝大约也方寸已乱。

景帝听后,默然良久,才说了一句话:"顾诚何如,吾不爱一人谢天下。"

景帝心里没底,不敢下这个决心。

这时候,又有三个人联名打报告,要诛杀晁错。这三个人是丞相庄青翟、中尉陈嘉、廷尉张欧。这三个人的职务,用现在话来说,分别是:政府总理、公安部长、司法部长,三个人联名弹劾晁错,这个分量可是很重的。拟定的罪名也很大,叫做"亡臣子礼,大逆无道"。按此罪状,应当腰斩。

于是,景帝下了决心,接受袁盎和这三个人的意见,并在报告上批示表示同意,但必须秘密处死。于是,晁错被杀,满门诛杀。事发之前,晁错自己毫不知情,忽然被人拖出东门斩首,工作服还穿在身上,死时五十四岁。

晁错被杀,景帝任命袁盎为太常(主管宗庙礼仪和教育的部长),出使吴国,到七国联军那儿劝退。可是,七国并未退兵,作为汉使的袁盎反倒被吴王扣了起来。袁盎给汉景帝出了诛杀晁错的主意后,满心以为吴王的目的既已达到,应该见好就收的。谁知道吴王的胃口已经吊起来了,根本不把袁盎和朝廷放在眼里,不但连面都不见,还丢下一句话:要么投降,要么去死。这下子袁盎可就哑巴吃黄连了。虽然后来他总算从吴营中逃了出来,却也从此背上了一个恶名:挑拨离间,公报私仇,谗言误国,冤杀功臣。

到这个份儿上,景帝才想,只有用兵才行。当政治改革面临困难时,只好用兵。枪杆子里面出政权嘛!

景帝派周亚夫出征。周亚夫者,汉初大将周勃之子也。周亚夫很会打仗。他的军队人数不如七国联军多,不好正面作战,于是,他专门派出轻骑兵,到敌人后方去烧粮草,打游击。结果,吴国和楚国的军队,真让他给打垮了!吴国与楚国,是为首的两个国家,为首的军队已垮,其他的人,咱大汉也就不怕了!

几乎吴楚之乱的时候,汉景帝派谒者仆射邓公到汉匈前线去打仗。当邓公从前线回来,向汉景帝汇报军情时,汉景帝就问了他一个问题,说这个晁错现在已经被朕杀了,吴楚两国应该退兵了吧?

邓公说,他们怎么可能会退兵呢?吴王想造反,已经准备几十年了,好容易逮着一个机会,你杀了晁错他就退兵了?邓公还说,反倒是我认为天底下的人都会因此把自己的嘴巴闭起来。汉景帝就问他，为什么呢？邓公说，陛下想一想，晁错是为什么死的？晁错主张削藩，也就是主张加强中央集权，巩固中央政权，这是我们大汉王朝的千秋大业。但是，他的计划刚刚实行的时候，自己却被冤杀了，像这样以后还有人说话吗？还有人说真话吗？还有人愿意向朝廷提建议吗？汉景帝听了这个话以后，默然良久，然后叹了一口气说，朕也是后悔莫及呀！

七、恢复原状，学者为何不能干

周亚夫出战，吴楚七国之乱，算是平定了。可是，朝廷也伤了元气。于是，中央政府和地方诸侯们谈了谈，互相作出让步，各自收兵，各回封地，各行其是。中央政府对其他的诸侯们也不再追究，更不再削藩王们的领地。

一切又回到了从前。一场轰轰烈烈的政治体制改革，草草收场。只有那个晁错，白白送了性命！

景帝死后，汉武帝上台。这位天子重用一帮比晁错更有执行能力的干部，有效地实行"推恩令"和"附益之法"，彻底削弱诸侯势力。这时候，已经没有哪个王国还有能力有勇气敢说个不字了。

为什么同样的政治体制改革，晁错和景帝没有能力推行，而到了汉武帝手中，却能执行顺利？我以为，任何一项事关大局的改革，都需要时机，都需要成熟的条件，都需要领导者非同一般的大智慧！任何一场事关大局的改革，都需要几代人的努力，绝不是一代人就可以完成的。几代人的接力，才是改革事业逐步完成的必由之路。

除了以上这些，西汉景帝的失败，还有必要从晁错身上找原因。晁错是提出并推行削藩这台大戏的节目主持人。一台好戏，还真得有个好主持人。

对于晁错，鲁迅先生有过评论："为西汉鸿文，沾溉后人，其泽甚远。"

也就是说，晁错具备治理国家的文采，这种文采，包括文章与经济能力。鲁迅先生的评价，仅在于此。

文人学者，从事政治改革大事，会很困难的。而晁错，就是一个文人学者，一个经济学家。早在文帝时候，晁错在太子府中，就已号称"智囊"。他上疏言兵事，分析北方汉匈形势，认为发动战争的利少弊多，不如用外交手段解决问题，那就是以夷制夷。之后，他又上疏，提出募民迁徙塞上，熟悉匈奴地形，然后进攻。晁错在经济建设上也有些办法，他建议汉文帝"广蓄积，以实仓廪，备水旱"，重农抑商，拜爵入粟于边者，而后又建议文帝减民税以勤农。这一系列政治主张体现在他的政论《论募民徙塞下疏》、《论贵粟疏》里。他当时虽然提出了这些建议，但并没有实际操作。实际操作，文帝交给了有实际能力的干部。这，让早年的晁错失去了增强实战经验的机会。

　　可见，晁错是个文人加经济学家，是属于进行理论研究的人才。

　　因为有思想，因为有办法，因为不甘寂寞，所以，就命中注定了他会来蹚朝政这汪"浑水"——削藩！他以一个经济学家的才能，参加到政治体制改革的大事中。

　　削藩，在当时是国家的政治大问题。而此前晁错提出的事项，均不能与这个大问题相比。与此相比，他以前提出的改革设想，不过是经济领域的、文化领域的，绝不是政治层面的。面对政治体制改革这么大的事情，晁错也许有些力不从心！

　　后人说了，晁错虽然有学问、有才华、有思想、有能力，但是他只适合做一个政论家，不适合做一个政治家，更不适合做一个政治改革家。

　　作为政治改革家，晁错有许多性格和方式上的问题。

　　第一个问题，是不善于处理人际关系。他还在太子府的时候，和朝中的大臣关系就不好。司马迁在《史记·袁盎晁错列传》里面说，袁盎及诸大功臣都很不喜欢晁错。那会儿，晁错只是一个很小很小的官，大官们用不着跟你生气，可是，大官就是不喜欢你，那一定是你让人家不高兴！汉文帝驾崩，汉景帝继位，重用晁错——因为汉景帝觉得晁错是一个智囊，所以他一上台，第一件事就是任命晁错为内史，内史负责的是京城地区所有的行政工作，相当于现在一个首都的市长——所以晁错是越过了副部级，直升正部级。这样一来，晁错仗着汉景帝信任他，不停地提意见，不停地提建议，今天要改这个，明天要改那个……汉景帝是言听计从，一一采纳他的意见，这一下弄得朝中的其他大臣就不太高兴了。

第二个问题，是喜欢惹是生非。汉初，一大批的高级官员，不是贵族就是功臣，虽然是些大老粗，虽然会念些错别字，虽然能力不一定很强，但人家是熬年头慢慢熬上来的，凭功劳慢慢干上来的。你晁错一下子破格提拔了，就要对大家好一点。可是，他不。他像根"搅屎棍子"，搅得朝廷上下不得安宁。第一个被晁错惹毛的人是当时的丞相申屠嘉。申屠嘉被惹毛了以后，找了个碴儿就要杀晁错。申屠嘉并非小人，而是一个非常廉洁的清官。由于晁错的一气再气，这个大好人被气死了！而这个大好人，官居丞相。

晁错得罪了申屠嘉，就同时得罪了一批正人君子。后来联名上书要杀晁错的司法部长兼最高法院院长张欧等人，都是晁错得罪过的人。你没有朋友，那谁帮你啊？

第三个问题，是性格问题。关于晁错的性格问题，《史记》和《汉书》都有记载，都用了四个相同的字："峭"、"直"、"刻"、"深"。峭，是严厉；直，是刚直；刻，是苛刻；深，是心狠。这样的人，谁会喜欢？这样的人，谁敢交为朋友？

第四个问题，是有些偏执，有些认死理。一个学者、一个科学家，一定要执着，一定要认死理儿。但是，政治家要会妥协，就如列宁说的那样，原则性与灵活性相结合。有时候，学会妥协，比学会坚持更重要。政治，就是妥协的结果。晁错执着、坚持、认死理、只看一步——削藩就是对的，就是要做的，能不能做他不考虑，现在就做还是将来再做他也不考虑。

汉文帝时，晁错一再向汉文帝上疏削藩，汉文帝不采纳。后来晁错给汉文帝上疏的时候写了这样一句话："狂夫之言，而明主择焉。"意思是说，我说了一些狂话，请英明的皇上来作出决策。汉文帝批示说："言者不狂，而择者不明，国之大患，故在于此。"就是说一个国家最糟糕的是什么？能够提意见的人其实并不狂，但是如果作决策的人糊涂，这就糟糕了。所以说汉文帝是政治家，这个道理文帝懂，但景帝不懂。景帝不懂的结果是什么呢？他采纳了晁错的削藩策，而且还让晁错自己来主持这项工作——这一下麻烦就大了。

第五个问题，是他个人英雄主义。这种孤军奋战，是既无后援——朝廷的大臣不帮他，也无后盾——最后皇帝也不帮他，舍弃了他，汉景帝实际上是用其计、杀其人。

八、政体改革，选贤用能咋就难

晁错提出了削藩这样的改革主张，是不是就该让他来主持？事实证明，他不是一个合适人选。政治体制改革，要选好干部，真的很难。除了人品，除了信仰，除了知识结构等等之外，担任改革大任的干部，至少要有苏东坡说的那几条。

苏东坡先生是北宋人。有些天，苏先生无事可做，就写关于古人的文章，于是写了一篇《晁错论》，于是又十分有名了，《古文观止》上也有收录。苏东坡在他的文章中，借晁错之败说事。他在北宋时代，是仁宗和神宗时期改革家们的对立派。苏东坡那时反对改革，可能主要是看不惯那些改革派们的个人毛病，看不上改革派们的那点个人能力，特别是对王安石改革，他很不喜欢其人其行。一个对人才吹毛求疵的人物，谈论干部问题，是有几分理论上的见地的。

苏东坡在《晁错论》中提出：一个国家最困难的事情、最难做的事情是什么呢？是看起来天下太平而实际上埋藏着隐患。这样的事情，就是最最难办的事情，因为你不知道怎么办才好。要怎么办好这样的难事？只有那些特别的、杰出的、优秀的人才可以担当。而晁错不是这样一个人！也就是说削藩其事是其事，晁错其人非其人——削藩这件事情做是该做的，但是让晁错来做是不对的。

苏东坡在文章中进而提出了自己的观点，认为从事政治改革、国家大事的人，要具备三个条件："前知其当然，事至不惧，而徐为之图。"

第一个条件是"前知其当然"。就是在动作之前，先把事情想得清清楚楚，研究此事的来龙去脉和利害关系，就是要搞好前期的调查研究，我如果做的话可能会怎么样，我如果要做的话应该怎么样。而晁错呢，他并没有把削藩的事想清楚，没有做太多的调查研究，也没有做什么可行性研究，没有提出可操作的方案，他只是觉得应该这样做，其他的一切准备都是没有的，所以说晁错不具备第一个条件。

第二个条件是"事至不惧"。就是突发事情出现，你别害怕，别往后退，要稳住神。晁错不具备这个条件。当吴楚叛乱以后，造反的军队不断进攻时，晁错自己也蒙了，可以说是景帝和晁错君臣俩都蒙了，他没有什么好主意，没有什么退兵之计。他的主意，是让皇帝到前线去打仗，让自己在家看家。这，显然是慌不择法了。

第三个条件是"徐为之图"。就是说到了事情的紧要关头，你别着急，要有足够的智慧和办法，慢慢地、不动声色地来处理问题。晁错也不具备这个条件。

政治上的事情，该让政治人才来干。懂点经济，懂点文学，那还真的不够用。政治，让职业政治家们去玩吧，咱们有点时间，还是读读史，聊聊天，再不济了上上网也行。

到了汉武帝时，大臣们多要求为晁错平反，并且纷纷继承晁错生前的政治主张，"务摧抑诸侯王"，不断上奏，揭露诸侯王的过错。其实诸侯造反失败，已经元气大伤，况且到了武帝朝，中央政府的统治更为巩固，那些盘踞天下一隅的诸侯王很难再与中央抗衡，此时朝中大臣再无得罪诸侯引起诸侯公愤的顾虑，当然可以跑到皇帝面前畅所欲言，以博皇上看重。而景帝朝的时候，又有几个人能像晁错一样直言天下利弊呢？后来武帝采用主父偃的建议，实行"推恩令"，用一种更可行的办法来进行政治体制的改革，这才根本解决了开国以来威胁汉王朝中央政府的诸侯坐大问题。

中国从来不缺人，但水货人才太多，这些家伙个个自以为是，成事不足，败事有余。

中国从来不缺人，但中国却很缺少真正能干事的人才，缺少能成事的人才！

新朝：书呆子的梦想与失败

——两汉之间王莽的那场"托古改制"运动

许多次，我从王莽岭下路过。这片峻峭的山峦，每每让人遐想绵绵。此山此岭，位于晋豫两省的交界处，山体大部分在山西的晋城境内。远远望去，山体上，王莽岭几个硕大的汉字，告诉来往的人们：这，就是中国历史上最著名的篡位皇帝王莽历经之地。

许多次，我在王莽岭下徘徊。这片高耸的山峦，每每让人揣摩久久。此山此岭，位于太行山脉的南端处，山体陡峭，山石裸露，山势狰狞，山身单薄。从传统风水学来看，能承载人杰，不一定可以抚育天子，不是太平天子的摇篮。作为王莽的故地，是有几分贴切的。

夕阳西下的时候，在晋焦高速公路（晋城到焦作）边停下汽车，回望王莽岭。暮气沉沉，山峰独耸，巨大的阴影由西向东，倾倒在大地上，就像王莽穿越历史的影子。

王莽，一个飘荡在两汉之间的影子，一个散落在尘埃之中的儒生，一个定格在耻辱柱上的怪物，一个被嘲笑被辱骂了两千多年的呆子，一个创立了新朝而又从来不被承认的伪皇帝！王莽，我们如何对你说？我们又如何对后人说？！

在中国历史上，他创造了许多个唯一。如果当时有什么吉尼斯世界纪录，我相信，他的那些唯一，都是可以毫不费力地记载上去的。

——他是唯一一个将儒家理论全盘运用到政治，运用到治理国家上的皇帝。

——他是唯一一个用行动，用一切方法恢复周礼的皇帝。

——他是唯一一个当了全中国的皇帝而不被历史承认的皇帝。

——他是唯一一个成立了新的朝代而他的朝代偏偏不被后人承认的皇帝。

历史上的西汉和东汉之间，似乎是一个空白，只有起义，只有暴乱，只有……他和他的新朝，在史书中的待遇，连两晋南北朝和残唐五代的短命天子都不如！

这一切的奇异现象，来自他在位时的改革。他的改革，是一场从文化到经济到政治的全面改革。他的彻底失败的改革，祸了国，害了己，毁了民，灭了朝。改革而造成如此"祸害毁灭"，他的运气，也真的太差了！

失败的历史，是一把让人辛酸的眼泪，是一本让人回味许久的书卷！

一、孝廉操守：圣人做得很彻底

应该说，王莽是个苦孩子出身。他的父亲死得很早，家中很穷，经常吃不上饭，四季的衣服全是破旧的，有的还是亲戚们施舍的。虽然穷，王莽仍然坚持学业，尤其对儒家学说，花了很大的工夫钻研。

作为王家的男丁，他是不应该这么艰苦的，他的家也不应该这么穷的。在西汉时期，从高祖刘邦起，就出现了外戚专权，也就是皇帝老婆家的人主持朝政，皇帝老婆家的人当大官发大财。王莽出生的时候，王家也是外戚，也当着大官，也发着大财。无奈啊，自己的老爹死得太早，没有赶上好时候。这，让王莽常常郁闷得很。不过，郁闷是一回事，不爽是一回事，他，决不对人说起这些。一个学习儒学的人，怎么可以在乎这些事呢？研修儒学的人，讲的是修身养性齐家治国平天下。

王莽孝顺母亲，生活俭朴，喜爱学习，为人谦虚谨慎，很有礼貌。汉朝时，中国还没有搞什么科举考试，战时用人，靠的是战功，平时用人，靠的是社会推荐，也就是老百姓的口碑。所以，在汉成帝这样一个和平的环境中，要进步，首先要有好的口碑。

王莽本身的操守，是过得硬的，经得起中央组织部门的考察，也经得起中央纪检部门的调查。

他孝敬老人。王莽有位伯父,名王凤,是当朝大将军。听到伯父王凤病重的消息,王莽放下手中的书卷,对老婆孩子说:"这些天我不回来了,你们自己管自己吧。"说完,他就跑到了伯父的家中。

伯父王凤看到王莽进来,问他:"莽儿啊,你的学习那么忙,功课作业那么多,平时很少到我这儿来,今天怎么有空跑到我这儿来了?"

王莽说:"伯父,平时我是只顾学习,很少来看您。可是,今天我听说您病得不轻,所以,放下学业,专门来照顾您的啊。"

王凤听了,还真有些感动。这个侄儿,总听人说他人品好,讲孝顺,看来不虚。

从当天开始,王莽放下一切学业,专心照顾伯父。病中的老人,麻烦事儿多,吃饭要人喂,如厕要人背,洗澡要人帮,衣服要人换,这一切,王莽全部包下来了。非但有如此的耐心,还得要有细心,王凤的汤药煮好之后,王莽都要先试一下温度,看看是否适中,然后才敢喂给老人喝;王凤的大便拉出之后,王莽都要先细看几遍,看看病情有无好转;王凤睡着之后,王莽都要细细查看被子盖好没有,看看是否温暖适中。王莽无怨无悔地做着这一切,一连好几个月,自己没换过衣服,没回过家,没吃过一口热饭。这样的细心,这样的耐心,这样的仁心,让王凤一家人好生感动。这个侄儿,真的是古之圣贤啊!

王莽的个人生活,也完全经得起检验。他生活很简单,吃点粗粮,穿些布衣,布衣上还时常有补丁。自己的家人,也与他一样,很简朴。有一次王莽母亲生病,朋友前来看望。王莽的妻子衣衫破烂,亲自倒水上茶搞接待,人们还以为是家奴。

与许多所谓大谋私利、大饱私囊的改革家不同,王莽的操守,无可挑剔。他,简直可以说是位圣人,一位清清爽爽的圣人。

王莽的简朴,一直到他做了皇帝,仍然没有改变过。

二、站准队伍:官运一直很顺利

当然啰,圣人,也要会选择机会的。王莽有一姑母,名王政君。此时，王政君是汉元帝的皇后，汉成帝的母亲。儿子已做了皇帝，那么，母亲的家人，当然是要大大封赏的。到了汉成帝时，王家有九人封侯，五人做大司马。

王莽坚决地站在了王家一边。站对了阶级队伍，才有进步的可能哦。

好了，有本人的德行作为基础，有本人的血统作为依据，有本人站对了阶级队伍作为保证，那就具备了三个基本点，那就是最好的接班人的人选了。接班人嘛，有这三个条件，就是德才兼备。王家，作为大官之家，就对他进行推荐。

首先是王凤的推荐。王莽照顾伯父王凤，一直到他临死。直到伯父临死，王莽并没有向伯父提什么要求，一次也没有提过。这，让伯父王凤更加感动。于是，死前，王凤请求太后王政君照顾他，提拔他。

有了太后的提拔，王莽才当了个黄门郎，后来又升为射声校尉。

公元前十六年，王莽的叔父、成都侯王商，知道他品德很好，向皇帝提出将自己的户邑封给王莽。这时，又有许多社会名人，一起写信给皇帝，说王莽人品如何好，能力如何强。汉成帝收到这么多的联名信，就同意了，封王莽为新都侯，食邑一千五百户，还晋升为光禄大夫侍中。

公元前八年，也就是又过了八年。同样是王家人的司马大将军王根，推荐王莽代替自己的位置。这个位置可了不得，是当朝最重要的位置，即摄政大臣，是当朝大司马（管理全部军队和政务）。汉成帝同意了。

这时，王莽才三十八岁。这个职位，至少是国务院总理的位置。

先皇帝死后，因为他没有儿子，王莽带着众官员，迎接中山王的儿子来到长安，就任新皇帝，这就是汉平帝。

新皇帝时年九岁，本来就是王莽迎立的。太皇太后，就是王莽的姑姑，推荐自己的好侄儿。新皇帝太小，也不知道什么事，就是成年了，就是知道什么事了，面对全社会对王莽的表扬，那也只能同意啊。于是，王莽又当上了安汉公，当上了首辅大臣。

这时，国家的领导人，实际上是太皇太后王政君。有人说了，太皇太后年事已高,要保重身体,要准备长命百岁。具体小事,就让王莽干吧,他又年轻,又是王家人,社会评价又好。于是,大权给了王莽。

王莽做官时,虽然也曾被迫下台过,但时间很短,而且因为下台,搞得天下人都写信,要求他上台主政,更加抬高了他的名声。

因为站对了立场,王莽的官运,真的顺顺利利。

三、贤能举措:首辅确实很称职

作为国家的总理级干部,王莽是称职的,是敬业的,是爱民的。即使像对人对物十分苛刻的鲁迅先生,对王莽的评价,也没有多少指责,他认为,王莽从来不搞钱,不指使自己的老婆搞珠宝搞公司,不指使自己的子女搞工程搞特权。非但不让家人搞钱,而且还将自己从朝廷得到的工资捐助给穷人。在首辅的位置上,他,是古今以来少有的积德行善的首辅。

史书,是在王莽倒台之后的人所写的。虽然史书对他百般批评,但是,却也无可争议地记录了他所做的好事。我们一件件看看吧。

——王莽做了官,有了点钱。但是,他没有用这些钱去吃鲍鱼去喝路易十三,他用这些钱接济天下读书人。只要是个读书人,只要你找到了王莽,只要你真的很穷,王莽就从家中拿银子出来,给你拿回家买米买柴买书,养家糊口上学。有时候,穷酸的读书人找上门了,可是,王莽家的钱,刚好已经给了别人,刚好自己银行的工资卡上又没有了钱,那怎么办啊?总不能让乘兴而来的读书人败兴而归吧?王莽对家人说,拿我的衣服出来分给大家用;拿我的马车出来,卖掉后,将钱分给大家用。他这么说,也真的这么做,搞得有好几次到朝廷上班,只好走路去。

——王莽做了官,有了点钱。但是,天下穷人多啊,西汉末年,灾难也多。王朝的末年,好像总是天灾不断,老天爷不知道怎么搞的,不是出了水灾,就是出了大火,要不就是出个雨雪冰灾什么的,或者出来一群蝗虫到处吃庄稼。有灾了,王莽一边安排政府救灾,一边自己出钱。有一年夏天,全国大旱,发生蝗灾,他带头不吃荤,而且出钱一百万,出田三十顷,给国家用于救灾。官员互相说:要学王大人的样子,咱也出点血吧。

——王莽做了官，手上有了点权，但他严于律己。他的儿子杀了一个奴隶，王莽令他自杀了。对这个案子，王莽一查到底，查到谁处分谁，一点也不客气，管你送金子送银子，一律依法论处。结果凡是有关联的人，都受到了纪律处分。

——王莽做了官，手上有了权，他不是用权照顾自己和家里，而是照顾他人。他当上首辅后，对老刘家的人很是照顾。老刘家，是皇家，皇家人，对搞革命得江山作了贡献，他们是用鲜血换来了革命成功的啊，当然要照顾的。皇族中以前被处分的人，王莽都给他们恢复待遇，别让人家没饭吃没衣穿的。西汉初年的功臣，也是为打江山作了贡献的，有的还献出了宝贵的生命，他们是老一代的革命家啊，他们的后代，怎么能不照顾呢？吃水不忘挖井人嘛。于是，王莽给这些功臣后代许多补偿，给他们钱修房子。还有一些退休的官员，回家之后，按朝廷的惯例没有了工资，钱不够用，乐子也少了，好无聊啊！王莽说，大伙儿别着急，我给想想办法，这样吧，给大家保留三分之一的工资，作为养老金。于是，皆大欢喜。

——王莽做了官，手上有了点权，根据周礼行仁政，下令对老人、儿童不加刑罚，女子非重罪不逮捕。

王莽做首辅，一片叫好声。

四、登基为帝：篡位全靠两手硬

人哪，尤其是在高位的人，好事做得太多，也会有麻烦。古人说了，功高震主啊。王莽的主，是皇帝，是那个年轻的皇帝。

皇帝对他，有些不满意。你那么能干，那么做好人，那我怎么办？天下只知有王大人，不知有刘皇帝，怎么行啊？

王莽也感觉到了这种威胁。这怎么行啊，天下的好事，都是我做的，我这么辛苦，还不是为了你们刘家？还不是为了天下人？你这么怀疑我，哪一天，你杀了我怎么办？杀了我不打紧，那谁来主持大事，谁来恢复周礼啊！不行，坚决不行！

王莽开始想办法了。

当然，天下人也在替他着急。

天下人为什么替他着急？前面说了，他王莽会做好事啊。我们所知道的，他不仅仅会做好事，而且还会作秀。据说他看到流民受冷，会脱下衣服给他，看到流民受饿，他会流泪，看到流民的孩子，他会抱过来亲一下。

做了好事，又会作秀，那天下人是一定会被他所骗、为他着急、替他想办法的。这么好的首辅，怎么也得留下他！

王莽能够顺利晋位到皇帝的宝座，得益于他的"两手硬"。第一手是天的声音。天的声音，是人人都不会怀疑的。第二手是他的以退为进，好像是天下人逼他，他才当皇帝。他做皇帝，也是分成两步走的，每一步都做得很到位，每一步走得都很顺利。

第一手硬，当然是搞出天的声音来。天的声音，即使在我们这个时代，也是会有人信的。于是，天的声音，真的来了。

西周要讨伐商纣，就让姜尚弄出个"凤鸣岐山有文王出焉"的神话，让百姓相信并听从；陈胜要起兵抗暴秦，就让吴广弄出个"狐鸣呼曰大楚兴陈胜王"的神话，让众人相信并听从；高祖起兵争夺天下，就让兵士们造出个斩杀白蛇必得天下的神话，让将士相信并听从。这样的故事，前人已经演了很多次，咱王莽也不妨搞几下吧。

公元五年十二月，十四岁的汉平帝死了。同月，武功县县长孟通，在井中得到一块白石，上有红字："告安汉公莽为皇帝。"这个地方官背着这块大白石跑到长安，献给国家。问他从何处得到此物，他很神秘地说："俺是从水井中得到的！这是块天生的神物呢！"

有此神话，真皇帝又死了，王政君老太后决定，立王莽为摄皇帝，即代理皇帝的意思，又称为"假皇帝"。这样，王莽当了假皇帝，每天穿着龙袍子，戴着天子帽，如天子一样地面南而坐，开始办公了。这第一步，顺利到位。

当假皇帝后，王莽拥立两岁的刘婴为皇太子。

又很快，有齐郡临淄县亭长辛当，夜里梦见天使对他说："摄皇帝当为真皇帝，如若不信，亭中发现新井，便是确证。"第二天早晨辛当起来,见亭中果然有一口深百尺新井。巴郡也有石牛出现,上有红色的文字,大体都是上天命王莽为帝之类的话。

又很快,有地方官员拿着一块大大的白布条,跑到长安,上面写着字:上天说了,王莽当皇帝国家就太平。问他从何处得到此物,他也很神秘地说:"俺是看到天降大风,大风中飘来这块布,上面就写有这几行字呢!"

又很快,又很快⋯⋯

此类事情,一连出现了好多次!

尽管天的声音很强大了,但是,作为当事人,在政治上一定得以退为进,这才是稳妥的办法。

他的第二手,也很硬的,那就是以退为进。

天下人纷纷造势,王莽却一再推辞。

天下人急呀! 他们不断送来天降的神物,要求王莽称真皇帝。

天都已经说话了,咱不得不听啊!

天下人已经急了,咱不得不遵从民意呀!

于是,王莽晋位为皇帝,改名为新朝。至于小孩子刘婴,封为定安公就可以了,给他一百里地就可以了。二百一十多年的西汉,就此结束。

王莽在两手硬的同时,人民群众对他的德政是很拥护的,是很希望他当皇帝的。本来嘛,汉朝刘家,也不是什么帝王种子啊,你高祖爷刘邦,还是个小无赖呢,比同时代的项羽的血统,差远了呢! 现在,人家王莽表现这么好,为什么咱们老百姓不能搞一次民主选举,选他当一回皇帝?

王莽篡位,那是历史的必然,他不篡位,也许还会有许多人民群众不答应呢!

五、固执儒学:治国岂能照搬书

篡位的皇帝,工作起来都很拼命,怕干得不好挨后人的骂。王莽如此,唐朝的李世民如此,明朝的朱棣如此,清朝的雍正如此。

但王莽虽然使劲干活,却发生了方向性错误。方向错了,越使劲错得越远。

王莽称帝后,开始改革。他的错,也是从改革开始的。如果没有那么多不切实际的改革,也许他还真的开创了一代王朝的几百年基业。

但他没有开创百年基业,这一半是他的改革不切实际,只知道照搬书本;另一半是他的运气不太好。运气不好这个评价,是鲁迅先生说的,可不是我个人说的哦。

他下诏改制,命令全部以《周礼》为根据。后人因此说他是托古改制。

说王莽,不得不说他的改革。如果不说他的改革,那几乎无话可说。

当了皇帝,王莽决定实现自己的理想。他的理想是什么? 是周礼,是孔子先生反复推崇的周朝的制度。如果实行周礼,那么,国家现在面临的许多问题,就要有一个解决的办法。

他先后宣布的改革,有这么几条——

一是官制改革,将传说的上古官制拿来和汉朝官制结合,就成了新朝的官制。中央设置了四辅、四将、三公、九卿和六监。地方上则将全国分为九州,一百二十五郡。州设州牧,郡的长官按照爵位的不同分为卒正、连率和大尹。县则设县宰。

二是土地改革。土地问题,是国家的根本,农民的根本。王莽号令全国,实行"王田制",这一年是始建国元年(公元 9 年),他下达诏令宣布:天下的土地,一律改称王田。

西汉以来,贾谊、董仲舒等人一致认为,土地私有是产生土地兼并、贫富悬殊和社会不安的根源。经学大师董仲舒就说过,如今的大汉天下出现了一种危险现象,就是"富者田连阡陌,贫者无立锥之地"。为什么会这样? 原因就是商鞅变法,废除井田制度,这么一来,允许了土地私有化。秦灭亡后,汉沿用了商鞅之法,所以才有这个结果。董先生当时就提出,解决方案就是恢复西周的井田制度。但是,井田由于不合时宜,早已退出历史舞台,要恢复它无异于痴人说梦。董仲舒退而求其次,提出一个折中方案:"限民名田"——限制人民占田超过一定数量。

王莽的改革比董仲舒的设想更加雄心勃勃,不仅要"限田",而且要恢复西周的井田制度。他郑重其事地以诏令的形式向全国宣布:把全国的私有土地收归国有,实行土地国有化,按照《周礼》记载的井田模式,实行土地改革,按人口平均分配,人均不得超过一百亩。男口不足八人而土地超过一井(九百亩)的人家,把多出的土地分给九族、邻里乡党,无田者按一夫百亩的制度受田。

　　这纯粹是经济学家闭门造车的空想。且不说按照人均一百亩的标准,全国的耕地根本不够分配;更何况土地的私有和买卖,早已成为蓬勃发展的小农经济的基础,不是一个命令就可以改变的。

　　三是人权改革,或曰生产力的改革。按马克思的说法,人,是生产力中最活跃的因素。中国的皇帝们,是不关心人权和民权的,但王莽是个例外。他下令宣布:禁止买卖奴婢。他提出反对把私奴婢同牛马一样去买卖,认为这是"逆天心,悖人伦"。他下令称"奴婢曰'私属'","皆不得买卖",天下的奴婢,一律改称私属,都不许买卖。

　　汉朝,是中国刚刚从奴隶社会向封建社会的转型时期,在这个特定的时代,人,特别是奴隶,是没有任何人权的。对他们,不仅可以买卖,而且可以随意杀之。据少许的史料,汉朝时,富商和达官之家,还可以饲养"菜人"。"菜人",是连奴隶都不如的人,是供富商和达官用来食用的人,就像今天农家养猪养狗之后,杀而食之一样!

　　所以在汉代,残忍是难以想象的,与刚刚走过的奴隶社会,其实没有什么区别。

　　对此,王莽从儒家的思想出发,决意进行改革。他要限制富人迫害奴隶的权力,不许买卖奴隶,更不许杀害奴隶。王莽明令:有敢违抗者,流放四夷。

　　四是商业和税收改革。王莽下诏实行五均六筦。五均,是在长安以及洛阳、邯郸、临淄、宛、成都等大都市设立五均司市师,管理市场。六筦是由国家掌握盐、铁、酒、铸钱、五均赊贷五项事业,不许私人经营;同时控制名山大泽,而对在名山大泽中采取众物的人课税。新政策目的在于遏制对农民过度盘剥,制止高利贷者的猖獗活动,并使封建国家获得经济效益。然而,王莽无力控制用来推行五均六筦的大商贾,这些人与郡县作弊,盘剥人民,损公肥私,与王莽的初衷背道而驰。

王莽的"六筅"制,在某些具体做法上,如对造酒、征税和收售货物都注意计算成本和利润,并把每季第二个月的商品平均价格定为"市平",作为政府收集市场余缺商品的标准等,比之旧制更为详细。但在对工、商、虞各业管理的经济思想上,并没有什么新的发展。

五是金融改革。王莽决定对货币进行改革,也就是现在的金融改革。他完全停止使用汉朝的五铢钱,启用新钱。他的货币改制,从公元7—14年,连续四次改变币制。他附会"周钱有子母相权",大量发行不足值的"大钱"。他以"辅刘延期"的神秘理由发行"契刀"和"错刀",又以"废刘而兴王"的同样理由,废除契刀、错刀和汉五铢钱。最荒诞的是他以金、银、龟、贝、铜五种币材,发行了六种名称、二十八个品级的钱币,制造了社会经济生活的极大混乱,致使"农商失业,食货俱废,民涕泣于市道"(《食货志·下》)。王莽屡改钱币,都是以小易大,废旧币而不予兑换,收缴黄金"而不与值",利用王权,任意发行钱币和规定币值,不取信于民,"其货不行",且造成币制混乱、盗铸成风、触法犯禁者不可胜数的局面。在货币问题上集中暴露了王莽对经济问题的无知和他的专恣的性格。他荒唐的货币改制,给了他的政权以致命的打击。

六是政治改革。在政治制度方面,王莽把中央和地方的官名、官制、郡县名和行政区划都加以改变,还恢复五等爵,滥加封赏。官吏俸禄无着,就想方法扰民。

王莽执政时间不长,改革真多。

六、触犯众烦:败局已定难回首

王莽的改革政令发布下去,各地开始操作。可是,大家拿着红头文件看来看去,总觉得很难实行。

比如说官职吧。王莽按照周礼的要求,给地方官改换名称。大家开个会什么的,对新名称很不适应。等过了几天,大家熟悉新的官名了,朝廷又下了红头文件,官名又改变了。唉,怎么这么烦啊?咱不就是当个知县吗?今天叫这个名字,明天又换那个名字,公章来回地刻,真不知道怎么办才好。大伙儿一肚子的牢骚!

还有那个王田制。红头文件规定了,所有土地均为国有,每个男人的土地不能超过一百亩,咱要扩大点生产,却不能买地,好烦。王田制规定九百亩为一井,那多出的怎么算?税怎么交?算起来好麻烦啊!许许多多的地方,拿着钱不能买地;许许多多的农民,想到城里就业,看着地不能出卖,也好烦!

还有那个不准买卖奴隶的红头文件,规定更死板。你家想雇几个民工做长工,那不行,因为你不能买卖,否则就是犯罪,就得流放!真烦啊!

官员烦,地主烦,农民也烦。

以上两方面的改革,实行三年就取消了。

烦人的事还多着呢!

钱币,是每人每天都要面对的东西。没有钱不行,钱不好使也不行,钱让你没法子使更不行!王莽禁止使用汉代的五铢钱,谁用,就流放谁。那新朝的新钱呢?大伙拿在手上,基本上分不出大小来。各种各样的钱币,好几十种,有金做的,有银做的,有铜做的,有帛做的,不像五铢钱那么简单好使。你要用新钱,搞不好就弄错了,搞不好就赔了本!这是什么玩意儿啊,真烦!

百姓婚嫁,也要按他的新规矩来办,不按规矩也是犯法。真烦人!

市场上的税收,也是林林总总,数不清,说不明。当官的想怎么收,都有新的红头文件作为依据。商人们也烦!

可笑而又无用的新的红头文件,让天下人全烦了。

不但如此,这些规定,还阻碍了生产,不利于经济发展。农民种田没有积极性,商人经商没有利益,干部当官也没什么好处。国家一天比一天更困难,人民一天比一天更烦!

于是,流民开始造反了。绿林、赤眉,两支主要的造反力量开始壮大,开始到处攻打杀人。流民们造反了,天下大乱了!

然后是刘家的人起来作对。你王莽,就是篡了刘家江山的。现在,请你还给咱家!刘秀,汉高祖刘邦的一个不知道哪个小老婆生的子孙辈,跟着别人,领着大军造反了!

"还我江山!"刘秀高声喊!刘秀真的这样喊过吗?我不知道。

听到喊声,王莽领兵攻打,一直追过了河南,追到了山西,追到了王莽岭,还是没法子追着。罢了,咱在此休息一晚吧。王莽安下了营寨,结果,这地方就叫了王莽岭。

王莽岭,是不是王莽走向失败的一座山峰?

王莽连年挑起战事,入不敷出,只有课重税于民间:盐税、酒税、铁税、山泽采办税、赊贷税、铜冶税等多如牛毛。贫民无法谋生,富人也朝不保夕。揭竿造反的流民,四处攻城略地。

有一年,全国发生蝗、旱灾,饥荒四起,王莽叫百姓煮草根以代粮,赤眉、绿林军相继揭竿而起。更始帝刘玄在绿林军支持下即位,派刘秀等人进攻昆阳等地。王莽的军队一触即溃,在昆阳之战以四十余万军不敌万余兵力的刘秀。

败局已定,他想回首重来。但已晚了。他是个迷信的人,于是想办法解决问题。

有人说,汉家气数未尽,要破坏他们家的祖坟才行,于是,他马上让人去干;有人对他说,农民军打仗厉害,那是咱们没有哭天求天,于是他领着文武百官到外面大哭求天……除此以外,整天整天的,王莽在家看兵书,等待天兵相救。结果,等到的是农民军打进了京城!

皇帝,是不能败的,普通人可以败,败了可以重来,可以找个主子重新做人,当叛徒也好,去变节也好,只要能活条命,管那么多干什么呢。但皇帝不行,不可能,败,你就得死,那没有办法!

天怒人烦,造反的人将其杀死了。王莽的新朝,前后才十五年时间。

过去有出京剧,名字是《剐王莽》,在我的老家唱过的。不知道这出戏现在还有没有,我记得很小的时候,看这出京剧,对王莽的印象很差,也很为他感到悲凉。做了皇帝,结果人家打上门了,毫无还手之力,毫无自卫之法,只好让人家捉住,一刀刀来活剐,剐到后来,竟是一条大蟒蛇!王莽,真的是一条蛇吗?或者真的有过蛇心?

王莽改革失败后,天下大乱,百姓受苦不堪。

西汉末年这么一闹,人口大大减少,杀死的,饿死的,病死的,穷死的,吓死的,多极了。公元二年的时候,全国有人口五千九百五十九万。战争结束,东汉建立后,公元 57 年,朝廷对全国人口进行统计,只有二千一百万,减少百分之六十五。

七、回眸历史:高危职业是皇帝

中国古代,职业分为三教九流,唯独没有人将皇帝作为一种职业。当然啦,皇帝,按传统的说法是受命于天的,人家既然受命于天,那就是一生下来就要当皇帝的,是个职业皇帝!

在中国古代,职业皇帝恰恰是一个高危行业,死亡率非常之高。有人做了大致的统计,中国历史上的皇帝有多少?如果只从秦始皇开始算起,秦朝两位,汉朝三十一位,三国十一位,晋朝十六位,五胡十六国七十八位,南北朝五十九位,隋朝两位,唐朝二十二位,五代十国五十五位,宋朝十八位,金辽西夏三十五位,元朝十五位,明朝十六位,清朝十二位,还有南明、北元,其他诸如李自成、张献忠,以及太平天国洪秀全父子,甚至称洪宪帝仅两个月的袁世凯,加起来一共四百零八位。这些皇帝中,共有六十一位是被杀的,被杀害率为百分之三十一。以"凶手"为主线,死于非命的皇帝的"杀法"有:近臣杀、宦官杀、子杀、叔杀、父杀、母杀、妻杀、兄弟杀、祖母杀、外公杀、岳父杀、兵杀、俘杀等。

还有,百分之五十的皇帝活不到四十岁,而且大多数直系皇族的最后命运都非常惨,或满门抄斩断子绝孙,或者隐姓埋名沦为奴仆。

同时,中国古代的皇帝,是很容易被后人骂的。就说新朝吧,因为新朝时间太短,自己没有什么记录,一切只好由后人写。而他的后任皇帝,是曾经被他篡位过的汉的后代!当然了,人家一定不会客气的,也一定不会手下留情的。

史家骂他是伪君子,史家骂他有蛇心,他,已经没有办法了。

我们先来看看王莽改革失败的教训吧。

王莽以帝王之尊,以全民拥戴,推行改革,应该说是十拿九稳的事情,应该说搞成身败名裂的下场是出乎全体人的意料的。一切客观的因素全部具备了,为什么还会失败?王莽改革之败,只有一个原因,那就是改革的内容,改革的方案,改革的设计,出了根本性的错误。一个完全错误的改革方案,一个完全错误的改革内容,一个完全错误的改革设计,大家不愿意接受,而你王莽却一定要以皇帝的权势和国家的权威来推行。这,与施行暴政又有什么区别?

这,是他失败的唯一原因。

有人说,王莽后来与周边少数民族关系不好,四处挑事打仗,是失败原因之一;有人说,农民四处起义四面出击,是失败原因之一;还有人说,人民与官员反对,令他失去政治和社会基础,是失败原因之一。所有这些之一,源头又在哪里呢?源头,就在于改革内容、改革设计、改革方案的全部和完全的错误!

失败后的王莽,尽受千夫所指。

王莽是古今以来将儒家学说全面用于治国的唯一皇帝。孔子搞出儒家学说,本来是一心一意想用来治国的,孔子生前,也一直在到处宣扬自己的学说可以治国兴邦,搞得自己好辛苦,就是没有人买账。好了,到了王莽当政,孔子的学说有了一块试验田。结果,一旦运用,却招来失败。这是王莽个人的失败,还是儒家理论的失败?也许就是一次双败吧!

当了十五年新朝皇帝的王莽王巨君,是两千年来中国历史上争议最多的人物之一。有人称他是改革家,有人骂他为复古狂。有人说他仿佛"周公再世",是忠臣孝子的楷模,有人说他就是"曹瞒前身",是奸雄贼子的榜首。有人赞扬他是那个时代人民的救世主,有人骂他是那个时代朝廷的野心家。有人说他坦荡无比无私至高,有人说他虚伪至极奸诈透顶。近代著名的胡适之先生,封他为一千九百年前的"社会主义者";古代著名的白居易诗人,说他"向使当初身便死,一生真伪复谁知"!

王莽本人,作为一个改革家,一个国家元首,他本人并不太坏。你看看,他在公开捐出工资给社会的时候,并没有偷偷地伸出手捞一把国家的钱财;他在捐出土地给国家的时候,并没有偷偷地让老婆孩子办公司捞银子。他的清廉,是谁也不能否认的。即使东汉的史说家,在帮助复辟了的刘家人痛骂王莽篡汉时,也没有对他的清廉提出不同的意见。

而且，在他当皇帝之前，人们是将他当做圣人来传颂的，而且是很真诚的。这说明什么？说明他确实是个不错的人。当然，我们仅仅从做人来说，不是从做皇帝来说。做人不行，当然做不了好皇帝，但是，仅仅是个不错的人，未必就能做个好皇帝。做皇帝，是要治国的，是要对千千万万的人民负责的。你不想负责，那你就是隋朝的杨广，千夫所指；你想负责但没有办法负责，那你就是王莽，还是千夫所指！

鲁迅先生一生，骂人无数，是民国时期的天下第一骂，也可能是中国空前绝后的第一骂。鲁迅对历史的一些总结，让人常读常新。先生曾经表达过这样一个观点：一个朝代越短，史书上它往往越黑暗。因为它还来不及为自己写历史，只能等到下一个王朝——往往是它的敌人（如秦和汉）来为其修史，"黑暗"自是难免。

从鲁迅先生的这个总结来看王莽，很显然，王莽是被人家给"黑暗"了。其实，王莽篡汉不具备道德的是非，平心而论，把王莽搁在两汉皇帝之间，也算得上一位有作为的贤君，只不过运气差一点。

历史已经成为了历史，王莽早已作古。但是，我们从王莽岭下经过，我们从时间的年轮下走过，总会有一些感慨，一些教训。王莽为什么做大臣是个好大臣，可是当了皇帝却搞得国破家亡？看来，皇帝，可不是人人有本事当的。从王莽的教训看，有几种人，是不能当皇帝的，更是不能主事改革大业的。

凡是太固执于某个学说，以学者自居的人，都绝对不适合当皇帝。这样太自以为是的人，如此太自我感觉良好的人，明明做错了，也不愿意改正。这种人，失败是必然的。

凡是很愿意作秀很会作秀的人，绝对不适合当皇帝，这种人，面子比什么都重要，必然也会失败，而且会败得很惨。

凡是太理想化的人，绝对不适合当皇帝。无论多么美好的愿望，只要脱离了社会的实际，都很难成功。而强行推动不切实际的想法，只会加快社会的撕裂，激起社会的动荡。所以，他的失败，是犯了方向性错误。

凡是运气很差的人，更不能当皇帝。帝运，也是国运。同样一个地方,比如一个省,一个国,其他人当领导,虽然没多大本事,但风调雨顺。换了一个看上去有些本事的人,结果灾难百出,这是你的运气不好,那没有办法。王莽就是这样的人,明朝的崇祯皇帝也是这样的人。这样的人上来,也没法子搞好。

不是皇帝那块料,不是皇帝那种命,还是别干,免得家破人亡。

皇帝,是古往今来第一高危职业。

哈哈,哈哈。

北魏：美少妇与小帅哥的连环拳
——一次最成功的改革与一种悲剧性的文明

周末，从鄂尔多斯往北，一路行走，草原与沙漠，交错连绵。白云蓝天，沙丘旷野，浑然天成，别是一种风情，另有一番风味。沙漠草原中，草原上最伟大的英雄成吉思汗的陵墓巍然屹立。阳光和风，似乎讲述着他不朽的传奇。金戈铁马，依稀记载着他盖世的功绩。从这儿往东，广袤的肥沃草原数千里；从这儿往西，浩瀚的沙漠草原也有数千里。这片数千里绵延不尽的土地，是不是传说中历史上无数个北方民族崛起的地方？那么，兴建北魏王朝的那个鲜卑民族，是不是也发祥于这片阔大的土地？

行走在荒原上，思绪随风飘荡。一千六百多年前，后来建立北魏政权的那个鲜卑民族，从草原开始不断南下，到云中大同，到河南洛阳。一千六百多年后，我则从河南一路北行，到云中，到鄂尔多斯，到荒漠草原中心的七星湖。

今夜星空如洗，蒙古包前花草正旺。湖畔，成群的青蛙，在草丛中穿行。

一千六百年前，一个马背上的民族，一路南迁，一路洗去征尘，一路向中原的汉民族和汉文化靠近，最终完全汉化，终于成为中原文化的组成部分之一。那条漫长而悠远的道路，是怎样完成的？

他们在南迁的时候，在大同留下了云冈石窟，从此，大同有了一份世界文化遗产；他们继续南迁，在洛阳留下龙门石窟，从此，洛阳有了一份世界文化遗产。与此同时，他们的脚步所能到达的地方，还留下了麦积山石窟等一大批作品,成为后人享受不尽的财富。

一个时间并不太长的北方王朝,竟能留下如此之多的文化财富,让人惊叹!

北魏王朝,一个传奇,一个神话。

一、靓女俊男的天作之巧

西晋王朝的时候,北方地区的鲜卑民族开始强大了。在此之前,历史对他们很少记载。很简单的,哪一位史官,会记载一个并不强大的民族?何况,那个时代,交通不便,通信不畅。这个长期在内蒙古和山西北部一带游牧的民族,如果不曾强大,如果不曾入主中原,是很有可能在历史的烟海中永远淹没的。

然而,他们强大了。于是,公元310年,西晋王朝作出一个决定,对鲜卑族进行加封,加封拓跋猗卢为代公。四年后,西晋王朝又作出一个决定,晋封其为代王。这,就是北魏的前身。

当中原汉室王朝西晋忙于在自己家杀来杀去的时候,北方的这个民族继续长大。公元338年,拓跋什翼犍在繁(今山西浑源西南)建立代国。公元376年,代国为前秦所灭。公元386年,拓跋珪重建代国,称王,同年改国号为魏,史称北魏。公元398年,拓跋珪即皇帝位(道武帝),定都平城(今山西大同东北)。

但是,北魏真正强大并且成为历史上文化灿烂的一个王朝,是从一个美女和一个帅哥开始的。这两个人的联手行动,演绎了北魏王朝的巅峰之路。

汉室灭亡之后,天下大乱,先是三国大战,后是西、东两晋,而后是南北朝、十六国。历史所说的五胡乱中华,也正在此时。那会儿,天下事,只有一个字:杀!今天你杀过来,明天我杀过去,诸侯纷拥称帝。而所谓的皇帝,基本上也就传过一两代,然后消失。

美女冯妙莲(公元441—490年),曾是皇家之女。她的祖父是北燕昭成帝冯弘,因为北魏太武帝进逼北燕,冯弘被迫逃往高丽,并最终死在那里。冯弘死后,诸子星散,大部分投降了北魏。冯美女妙莲也成了北魏人。

后来,冯妙莲父母双亡,沦为女奴,人生跌入谷底。才几岁的小姑娘冯妙莲,哭哭啼啼地入宫为奴。

北魏后宫,美女万千,一个几岁的女奴,怎么可能有出头之日!如果美女冯妙莲永无出头之日,北魏,可能也如历史烟云中的许多个短暂王朝一样,不会为后人留下片砖只瓦!

然而,命运给冯美人作出了特别的安排。不,应该说,是命运给北魏王朝作出了特殊的安排。

冯美女入宫为奴不久,被带进了皇帝拓跋焘的宠妃左昭仪的宫中。这个左昭仪,正好是冯弘的女儿,也就是冯小美女的姑妈。现在,姑妈正在得宠。

看到自己的侄女来到宫中,又天生丽质,姑妈喜不自禁。虎口余生,亲人相见,是不是别有一种亲近和依靠?

接下来的几年中,北魏,这个远远没有走上正轨的小王朝,接二连三地发生着宫廷政变。先是中常侍宗爱谋叛,史称太武帝的拓跋焘被杀。之后,继立的拓跋余也被宗爱所杀,拓跋焘的孙子拓跋濬被拥立为皇帝。新帝拓跋濬,时值少年,却有着成年人的老成和青年人的勇气,他以自己的机智和魄力,诛灭了许多蠢蠢欲动的宗室和权臣,将朝政安定了下来。拓跋濬,终于成为让北魏走向强大的第一个皇帝,即文成帝。

当政变和更替在眼前发生时,身为先帝妃嫔的冯昭仪,在政变中学会了生存,在变更中明白了道理。这个道理,就是对权力的把握和延续。这个道理的理论总结,是不是就是一门后宫政治学?

当政变不停地发生时,她只专心地做着一件事情:亲手调教自己的侄女,教她后宫的生存和竞争之道,教她怎样得到男人的欢心和喜爱,教她怎样得到权力和把握权力。她对自己美丽的侄女说:"孩子啊,你得记住,在后宫中,只有得到皇帝的喜欢,得到皇后的地位,得到全部的权力,咱们才能好好地活下去啊!"总之,姑妈一心一意地对侄女教授着这门特别的后宫政治学。

政变停息之后,冯小美女的后宫政治学也可以毕业了。我估计,这时候,在姑妈的亲手调教之下,冯小美女后宫的理论知识和实践能力,大约可以拿到博士学位了吧。

拿到后宫政治学博士学位的美丽小姑娘冯氏,被姑妈送到了新皇帝面前。

冯小美女的姑妈导师冯昭仪,先为北燕公主,后为北魏宠妃,美丽多艺,又深谙在残酷宫廷的生存之道。有这样高水平的导师,那还错得了?经她一手教育出来的冯美女,很快得到了拓跋濬的宠爱,被封为贵人。

这一年拓跋濬十三岁,冯氏十一岁。十一岁女孩获得后宫政治学博士学位,可以到北京大学的少年班了。

仅仅三年之后,皇帝决定立皇后,选出五个候选人。冯氏就在其中。看来,这个博士生不负师望。

在北魏后宫做皇后,是件很烦人的事情,有一样本事,非得学会不可。《资治通鉴》注中说:"魏人立后,皆铸像以卜之……胡人铸像以卜君,其来尚矣。"北魏规矩,宫中嫔妃要想当皇后,必须先要亲手铸成金人。如果铸造成功,就是吉祥如意,有可能成为皇后。如果铸而不成,就别做皇后的美梦了。

北魏后宫的这个规定,前无古人,后无来者。先前的汉宫之中,卫子夫长得美可以做皇后,王政君能生儿子可以做皇后,赵飞燕跳舞跳得好可以做皇后,邓绥懂得打了左脸给右脸也能做皇后。后来的西晋王朝,贾南风有父亲的帮忙也可以做皇后。可是,北魏的这个规定,非得靠你自己的本事不可。

还好,冯小美女有这个本事。早在姑妈让她读后宫政治学博士时,就已将铸金人这门必修课教给了她。当她成为皇后的五个候选人之一时,唯有她一个亲手铸成了金人。因此,她成功戴上了后冠。

北魏王朝还有一个家规:皇子一旦成为太子,母亲就得被处死,怕的是母系干政,乱了朝纲。正好,皇帝的另一个小老婆李夫人,生有一子,冯后立刻游说拓跋濬早立太子。于是在冯氏被封为皇后不到一个月,李夫人所生的长子拓跋弘被立为太子,李夫人也被一杯毒酒执行了祖制家规。

冯美女的第二个博士导师,则是她的丈夫、皇帝拓跋濬。拓跋濬文武兼备。武功方面,他亲自率兵开疆拓土,从阴山到大漠,所向无敌,征服了不少部落。文治方面,他重用汉臣,兴利除弊。丈夫的政治方向,深深影响了冯后。十三年夫妻,十三年如影随形,皇帝将许多治国的理论和实践,教给了冯美女。冯美女从后宫政治学博士,转而成为朝廷政治学博士了。

　　冯美女二十四岁时,皇帝丈夫因病去世,十二岁的皇太子拓跋弘即位。冯后被尊为皇太后。

　　本来依照祖制,冯太后是不能插手朝政的。但是,有个不知死活的大臣乙浑想谋反,冯太后周密安排,发出命令,将其一网打尽,斩杀乙浑及其同党,殪灭三族。有了平叛之功,冯太后也不客气,当场宣布:"皇帝太年轻了,还没有能力管理朝政!为了杜绝权臣欺皇帝年幼的事情,我只好勉为其难,临朝称制,代掌国政!"

　　六年后,新皇帝十八岁。他不满太后的干预,公然挑战却又完全失败。冯太后干脆让刚刚十八岁的拓跋弘当太上皇,让年仅五岁的拓跋宏成为新皇帝,三十岁的冯太后升格为太皇太后。五岁的皇帝,就是历史上大名鼎鼎的孝文帝,也就是我们要讲述的小帅哥皇帝元宏。

　　从此之后,祖孙两人,一个美少妇,一个小帅哥,连环出拳,将北魏短暂的历史演绎得无比辉煌。

　　冯太后,也就是当年的美女冯妙莲,曾历经两任博士导师的精心教导,深知教育的重要性。于是,她决定亲自担任小皇帝的生活保姆和博士导师。小拓跋宏的一切一切,均由冯太后自己亲手安排。每天在朝廷上处理完公务,她都会与小皇帝说说话,或者讲讲童话故事,或者说说治国的道理,或者玩玩杠子老虎鸡的游戏。果然,拓跋宏对祖母的一切一切,从心中佩服,日后真的是又听话又能干,让美少妇冯太皇太后极为称心满意。这一切,是不是天作之巧?

　　历史记载说,冯太后好色。这,似乎是这位改革家的一个生活污点。其实历史上,男人好色的还少吗?为什么可以允许男人好色,就不可以允许女人好色呢?何况,人家冯太后,冯美妇,这会儿也才三十多岁,正是风华正茂的年龄,正是需要爱情喜欢异性的年龄。喜欢和需要这些，是一个正常的人；一个正常的人，才有可能作出顺应历史潮流的大决策。如果不喜欢这些，那说明她有些变态。一个变态的人，没准就会坏事做尽！还好，冯太后不变态。

冯太后丈夫先逝，又因为当着太皇太后，不能再嫁，所以只能找男朋友。她主要的男朋友有两个人：王叡和李弈。此两人均为朝廷高官，要模样有模样，要能力有能力，绝不是吃干饭的主儿。两个男朋友认真辅佐冯太后，使冯太后得以展开一系列改革，史称"太和改制"。她的改革，成为后来北魏孝文帝改革的前奏。冯太后在男朋友帮助下进行的一系列改革，促进了北魏由鲜卑族落后的生产方式向汉族先进的封建生产方式的过渡。尤其是冯太后颁布的"均田令"，历经北齐、北周，到隋唐约三百年，不仅使北魏社会经济得到发展，而且为后来隋唐社会的经济繁荣奠定了坚实基础。冯太后还大兴教育，尊崇儒法，禁断卜筮、谶纬之学，从而开始了鲜卑族的汉化过程。

《北史》记载了文明太后冯妙莲的本事。她天生聪明练达，能够很利索地处理极为繁杂的国家大事。她严厉而又明察秋毫，能行大事而又恩威并用。她当权时，对有功劳的干部马上奖励，对有过失的干部马上处罚。处罚了有过失的人之后，她不会将这些人一棍子打死，第二天仍然会给这些人委以重任。因此，她手下的干部，人人玩命地工作。她，培养了一支不错的干部队伍。

《北史》还记载了文明太后冯妙莲的品格。冯太后十分俭素，不喜欢华丽的饰物，穿衣服只穿那些没有绣花的衣服，比一般的贵族的衣服还要简单便宜。她更不喜欢山珍海味，每天只吃很简单的食物。她还规定自己的饭桌的大小，要求饭桌不过一尺多宽，用这么小的饭桌，就是为了少放些食物，减少国家的支出。她很早就作出政治交代：自己死后，不要搞什么陪葬品，越简单越好，千万不要浪费国家的钱财！

冯太后的这些做法，表现的是人品，是政治家的品格和气派。她，比起大清朝那个临朝听政的慈禧，胜过万千倍。慈禧，为了个人的奢侈生活，可以将本该给海军买军舰的军费，拿到北京旁边的颐和园建一个永远不能开动的石头船，而后，眼睁睁地看着自己国家的海军在老外入侵时全军完蛋。慈禧这种人，为了个人的喜好和利益，是绝对可以毫不犹豫地损害国家利益的，是绝对可以毫不犹豫地牺牲人民利益的。这种人，在中国，在中国的历史上，是太多太多了。正是这些人长久地盘踞在权力的巅峰，长久地决策着国家的走向，才造成了中华民族长久的衰败！

《北史》还记载了文明太后冯妙莲的亲民。有一次，冯太后身体不太舒服，生病的人，总是想吃点特别的东西好开开胃口。于是，她要吃腌闾子，大约就是一种北方人腌制的野生食物，或者是什么中草药之类的玩意儿，总之是造价很便宜的那种东西。黄昏的时候，宫廷服务员端上腌闾子，同时端上了一碗粥。也许灯光太暗，也许厨师大意，也许送饭路上不小心，当服务员将那碗粥放到冯太后小小的饭桌上时，粥碗中竟然有一只壁虎！送给太后的饮食中居然有这种东西，那可是死罪呀！皇帝元宏大怒，立即就要杀掉厨师和送饭的服务员。然而，冯太后笑了笑，用勺子将粥碗中的壁虎捞出来扔掉，又让皇帝放掉那些工作人员，说："算了算了，这些小事，别为难他们，谁都不容易啊，还是放了他们吧。"冯太后冯妙莲，对下层人民群众，是很体贴很照顾的。

冯妙莲身为太后，处于临朝的位置，是真正的国家第一号领导人。作为国家第一号领导人，冯太后能干而又节省，敬业而又克己，爱民而又善良。这样的国家领导人，你哪儿去找啊?!

公元490年，未满五十岁的文明太后冯妙莲突然薨逝。

坏人活百岁，好人不长命。贪官污吏乐逍遥，贤君好官多磨难。世上事，就是这么不公平！谁说上帝是公平的啊？起码在这个问题上，上帝就闭上了眼睛！

冯太后死后，二十四岁的孝文帝开始亲理朝政。

《北史》的《魏本纪》中，如此记载元宏："洁白有异姿"，用现代的语言来说，就是皮肤很白，如美玉一般，外表高大，不同凡响。又记载："长而弘裕仁孝，卓然有人君之表。"意思是说，这位元宏，是帅呆了的。

帅哥元宏掌权后，在政治上是其祖母的肖孙，完全继续祖母的改革，迁都洛阳，推行大规模的汉化措施。祖孙两人，在改革的观念上完全吻合，在改革的做法上连环出拳，真乃天作之合！

冯太后和元宏，因此而成为中国历史上少有的好搭档。

二、北魏王朝的草莽习性

如果没有冯美人和小帅哥的连环改革拳,北魏,这个草莽英雄,是断然不会成什么大器的,是断然不会存活那么长时间的,更断然不会留下如此众多的文化财富。以南北朝天下之乱,以五胡乱中华时强人之多,北魏,要在众人的虎视中生存那么多年,是很困难的事情。好在有了祖孙两人的政治改革。

政治改革,是一个王朝、一个民族唯一的生存发展之道,此外别无他法。

北魏建立初期,基本上处于落后的部族状态,基本上没有政治管理,基本上是个草莽英雄。

先说他们的统治方式。北魏,当宣布立国的时候,它实行的还是奴隶制度,是部落管理。各个部落一切独立行事,只在战争中听命于国王或者后来的皇帝。皇帝,实际上更像是多个部落的酋长联席会议主席。战争,是他们全部的生活和全部的政治。战争中征服的所有民族,北魏的做法是,女人全部抢为自己的小老婆,男人全部作为奴隶,或者出卖,或者留用,或者杀而食之。

再说他们的干部管理。北魏,当宣布称帝的时候,它使用的干部制度,还是部落制和酋长制度,干部基本上就是酋长担任。各级官员,国家是不给你工资的,你的收入,全凭自己的征战和抢掠。国家对干部的奖励,就是将战争中掳掠的人口没为奴婢,赏赐给诸王贵族和有战功者。

再说财政管理吧。北魏,当正式立国的时候,它宣布的赋税制度非常落后。国家规定,平均每户每年的户调是帛二匹,絮二斤,丝一斤,粟二十石,外加地方征收的调外之费帛一匹二丈。但同时,他们可以任意增加临时征调,动辄每户要交三十、五十石粟。由于官吏没有正式俸禄,贪污、贿赂、高利贷横行无阻。太武帝统治期间,大将公孙轨到上党(今山西长治北),去时单马执鞭,回来则从车百辆,每辆车上拉的都是金银财宝和美人。你看看,全国性的腐败,制度性的腐败,到了什么程度啊！一个这样的王朝,怎么能够在诸侯竞争中求胜呢?!

再说战争模式吧。历史上,那些落后的民族,往往在战争中有着特别的优势。长期大规模征战胜利,让北魏贵族集团感到了巨大的优越。落后民族一旦感到了优越,那种落后的本性会更加张扬。他们除了野蛮的屠杀外,还将大量的汉族和其他各族人民变为奴隶。每次作战,北魏的将军们,驱赶着汉族和其他各族的人员充当步兵在阵前冲锋,鲜卑骑兵则在后督阵,并且任意纵马践踏。这样的战争模式,那些走在前面的战士和民族,会真的为你卖命吗?

落后的北魏,更缺少政治管理和政治经验。鲜卑贵族对汉族地主处处压制,常对汉族地主横加屠杀。他们,在自己的土地上没有同盟军。

这一切的一切,带来的后果,是各族人民连绵不断的反抗斗争。其中规模最大的,是太平真君六年九月,杂居在今陕西、山西等地的汉、氐、羌、屠等各族人民在卢水胡人盖吴领导下,于杏城(今陕西黄陵西南)爆发的起义。诸少数民族和汉族被压迫人民争相响应,起义军很快发展到十余万人,东起潼关,西至陇(今陕西、甘肃交界处)。从北魏统一到孝文帝改革前,仅五十多年里,农民起义就达七八十次之多。

不对野蛮的民族文化和野蛮的统治方式进行改革,民族就会灭亡。也许,冯美女和后来的小帅哥元宏,真的认识到了这一点。

经济形势,也让北魏必须改革。从北魏建国至孝文帝亲政前(公元386—490年),北方久经战乱,中原地区经济遭到严重破坏,人口流徙,田地荒芜,严重影响了政府的财政收入。大同附近的平城,作为北魏的都城已一百多年。百年来,人口不断增加,可是,这片土地却寒冷而且贫瘠,粮食运输又极为困难。

军事形势,也让北魏必须改革。军事上,北魏统一黄河流域已有五十多年,但与经济、文化更为发达的南朝政权接壤,刘宋时期又曾北伐北魏,南朝对北魏构成天然的威胁,使其有一种强烈的紧迫感与危机感。不仅如此,在北魏北边,还有虎视眈眈的劲敌柔然等族,也使一些有远见的君臣丝毫不敢懈怠。

政治形势,更让北魏必须改革。北魏已建国一百多年,保守势力相当强大,而且在封建化的过程中,原来的鲜卑旧俗和委任汉族地主为地方官吏的宗主督护制已不适应当时政权的巩固与皇权的集中,从而滞缓了北魏的进一步发展。同时,日趋尖锐的社会矛盾也迫使统治者必须加强与汉族地主的合作,消除彼此的民族界限。而解决这一问题,则需实行汉化政策,使自己的政权得到汉族地主的支持。

前些时,在河南洛阳的龙门博物馆,我曾见到一些北魏的石碑。苍劲的字体,让人感受到那个时代的力量和荒远。在博物馆,有一块一尺见方的石碑,刻的是一位将军阵亡的简单经历。博物馆主人王迪告诉我,北魏时代,战争太多,将军不断阵亡,以至于来不及刻出像样的墓碑,于是,只好随便找一石块,刻碑了事。这块一尺见方的将军墓碑,可能就是在战争进行的过程中留下的。看来,战争的频繁,几乎没有给北魏王朝多少治理天下的时间。

所有这一切,美少妇冯氏,小帅哥元宏,都看在了眼里。

三、文明美女的聪明决断

美少妇冯氏,在掌握大权、大行改革之前,曾有过一场惊险的权力较量。

公元 465 年,北魏皇帝、冯皇后的老公拓跋濬突然病逝,李夫人的儿子、太子拓跋弘即位为皇帝。

新皇帝对冯太后干政,很是不满。拓跋弘在宫中长大,他知道江山是自己的,知道自己是要做皇帝的。更要命的是,他还知道祖制家法是不许母后干政的。自己当了两年的皇帝,冯太后才将国政归政,为此,他不爽。朝中上下臣子都是冯太后一手提拔的人,这些人大事小事总是向冯太后请示汇报,为此,他不爽。冯太后虽然还政了,可总是对拓跋弘的决策指指点点,为此,他不爽。

渴望权力的太后,与刚刚亲政的儿子,天生就是一对矛盾。历史上,这种事情太多了。从吕皇后到武后再到慈禧太后,哪个不是如此啊?你硬要找一个没有矛盾的例子,除非辽国的萧太后。

冯太后和拓跋弘,本来就不是亲母子,也没有养育关系,而且还有人向皇帝打小报告说：您的生母李夫人，就是因为冯太后当年出了个坏主意，才会死的。这么一来，两个人的矛盾越来越深。母子矛盾加深，要改革？那是不可能的。

年轻人总是着急，总是想先动手。这不，拓跋弘动手了，他的目标是冯太后的男朋友李弈。史家们喜欢没事找事，说冯太后好色，还说冯太后前后有许多男朋友。那有什么办法啊？皇帝死的时候，冯太后不过二十多岁啊！生理上的需要，感情上的需要，你们理解吗？她挑过来挑过去，选择了很能干又有男子气质的朝中重臣作为自己的男朋友。李弈，成为冯太后的第一个男朋友。

恰巧李弈的弟弟魏国南部尚书李敷在相州刺史任上时受纳贿赂，为人所告。拓跋弘诛杀了李弈、李敷兄弟两家。

李弈被杀，冯太后内心的怒火不可压抑，立刻展开报复。一时间，拓跋弘发现自己什么都做不了，什么都被太后阻碍了。他心烦意乱，忽然宣布自己要将帝位让给叔叔京兆王拓跋子推。

冯太后不动声色，接受拓跋弘的辞职，以只有"父传子"的规矩，把候选人改成拓跋弘的儿子拓跋宏。冯太后的候选人得到了比拓跋弘的候选人更多的选票，毕竟"父传子"比"侄传叔"更有理由，而冯太后在朝中上下的支持者也比拓跋弘更多。

就这样，年仅十八岁的拓跋弘居然成了太上皇，而年仅五岁的拓跋宏则成了新皇帝，这就是历史上大名鼎鼎的孝文帝，而冯太后也升格为太皇太后。

出现这样的局面，是太上皇拓跋弘没有想到的。他的本意，只是想以退位作为威胁，以退位逼迫冯太后还权于自己。没有想到的是，冯太后来了个将计就计，立刻就让他真的退位了。对此，年轻的太上皇拓跋弘是很不甘心的。咱才十八岁啊，怎么能就这么退居二线呢？不行，绝对不行，咱得管事，咱得抓权！他以太上皇的身份，和冯太后展开对小皇帝和朝政的控制权之争。他宣布了：从现在起，朝廷上重要的国务大事，都要向咱太上皇报告；从现在起，咱太上皇要颁布诏书，行使大权；从现在起，咱太上皇要亲自率兵北征南讨，举行大阅兵。

太上皇如此抓权干政，冯太后是不高兴的。冯太后想，你来掺和什么啊？是不是不想活了?! 宫廷政治斗争,向来不认亲情。宫廷政治斗争,向来是以肉体消灭作为终极手段。

公元471年,冯太后不再容忍,派人给拓跋弘送去一壶鸩酒,将拓跋弘毒死于平城永安殿,彻底断绝后患。拓跋弘死时年仅二十三岁。这一年,冯太后三十岁,正是政治上成熟的年纪。

从此之后,冯太后执掌国家大权,力行改革。文明太后执政时期,曾以孝文帝的名义颁布实行了俸禄制、三长制和均田制。她进行的政治改革,内容很多,很务实。

1. 首先整顿吏治。公元472年,也就是北魏的延兴二年,国家规定,地方长官政绩好的可以久任,满一年升迁一级。政绩不好的即使就任不久,也要受到处罚,甚至降级。这,用现在的话来说,就是用政绩决定干部的升迁去留。

2. 规范税收办法。公元475年,也就是延兴五年,以往,各地的州、郡、县为了争收租税,各自设办法,各自用计量器,局面混乱,无统一之法。从这一年开始,政府确定,只能由县一级征收,征收时禁止使用大斗、长尺、重秤。公元486年,政府对租调制度的改革进行了深化。新租调规定以一夫一妇为征收单位,每年交纳帛一匹,粟二石。十五岁以上的未婚男女,从事耕织的奴婢每八人、耕牛每二十头的租调,分别相当于一夫一妇的数量。

3. 推行俸禄制。公元484年,也就是太和八年,政府颁布俸禄制。这一改革,是让北魏政府脱胎换骨的改革。在此之前,北魏的国家公务员是没有工资的,他们的收入,全部来自战争中的掠夺或者贪污。现在,冯太后以皇帝的名义公布,国家给公务员正式发工资了,从现在起,工资以外贪赃满一匹绢布的处死。次年颁行的均田令中,又规定地方守宰可以按官职高低给一定数量的俸田。所授公田不准买卖,离职时移交下任。

4. 颁布均田令。公元485年十月,也就是太和九年十月,政府颁布了均田令。这一改革文件,对不同性别的成年百姓和奴婢、耕牛都作了详尽的授田规定。授田有露田、桑田之别。露田种植谷物,不得买卖,七十岁时交还国家。桑田种植桑、榆、枣树,不需交还国家,可以出卖多余的部分，买进不足的部分。还在授土地时对老少残疾鳏寡都给予适当的照顾。

5. 推行三长制。公元485年到486年，政府规定，以三长制取代宗主督护制。在此之前，北魏这个来自草原的一朝，采用的是部落酋长的管理办法，酋长就是所有治下之民的主人。这种行政体系，效率低下，也容易让地方豪强长大。冯太后推出的三长制度，采用邻、里、党的乡官组织，抑制了地方豪强。

改革是困难的。

实行俸禄制，实行新的税收制，都遭到不少人的反对。

有人说："给官员发俸禄，不是会增加朝廷负担吗？"

冯太后回答："这笔开支，可以通过增加赋税来解决。"

又有人说："增加赋税，不就加重了百姓的负担吗？"

冯太后回答："这样做，看起来好像百姓的负担加重了，但官员从此不准再任意向民间要钱要物了，实际上对百姓还是有利的。"

为了排除障碍，为了推行俸禄制，冯太后和元宏严惩贪官污吏，先后处死了四十多个贪官，北魏吏治得到了整肃。

冯太后的改革，彻底改变了鲜卑族的草莽作风。我们必须知道，在这个被后来历史称为"五胡乱中华"的时期，绝大多数短暂的胡人王国，几乎全部是"山大王"式的打砸抢杀做派，他们的全部行为，远远不是一个正统中原王朝的行为，因此也绝对成不了什么千秋大业。而从这些改革推行之后，北魏王朝才开始成为一个符合中原标准传递的王朝。它所实行的政策，经历北周、隋、唐，影响了其后整个中国数百年。

更难得的是，冯太后为了让改革大业后继有人，亲自担任了小皇帝、小帅哥元宏的博士导师。这，不能不说是聪明美少妇最为聪明的决定。

四、少年天子的暗度陈仓

正当北魏王朝在改革的道路上顺利前进时，公元490年，文明太后薨逝了。改革领袖突然去世，改革大业还能进行吗？

还好,二十四岁的孝文帝元宏,经过祖母的亲自调教,已经可以毕业了。元宏高大俊朗,性格沉稳,这时的他开始亲理朝政。他的行为证明,冯太后对他的教育没有白费。他继文明太后的政治改革之后,重点推行文化改革,通过强力的文化改革,完成了一个国家和一个民族的汉化。

　　改革的道路,充满了挑战。元宏以他的智慧,完成了祖母未竟的事业。

　　要想让北魏王朝进入中原正统的王朝序列,长期建都在大同的平城,是不现实的。平城,靠近他们民族发祥的草原。虽然立都平城已近百年,但是,贵族们仍然习惯马背上的生活,习惯马背上的文化。为了便于接受汉族文化,也为了拉拢汉族士大夫进入政治中心,年轻帅哥元宏,决心把都城从平城迁到洛阳。

　　迁都洛阳,在北魏历史上,曾有过多次的动议,但每一次,都因为鲜卑贵族的坚决反对而停止。

　　但是,元宏知道,此时的洛阳,已是中原的政治经济文化中心。只有到洛阳,才能得天下。但如果提出迁都洛阳,许多大臣都会反对。

　　于是,孝文帝元宏,来了个暗度陈仓。

　　他召集群臣,宣布调集军队大举南征,这一提议立即遭到以任城王拓跋澄为首的文武百官的反对。退朝之后,孝文帝单独留下拓跋澄密议,对他讲明南征是假,意在率众人迁都洛阳,并讲明迁都对北魏统治的重要性,使拓跋澄醒悟过来,转而支持孝文帝的迁都行动。

　　接着,元宏又让太常卿(负责教育、礼乐、祭祀的部长)王谌就迁都一事占卜,得到吉利的“革”字卦。元宏说:这是汤武革命,顺天应人之卦也!

　　公元493年,孝文帝亲率步骑兵二十万人(一说为三十万人),并携文武百官一同随驾亲征,渡过黄河,进驻洛阳。

　　九月,洛阳秋雨连绵。文武大臣的心情,也如天气一样阴沉。他们反对南征,他们害怕南征失败。这天,孝文帝全副戎装,骑在马上,下令三军出征。

　　这时,大臣穆泰翻鞍下马,跪在元宏马前,谏止进军。随后,文武大臣们纷纷下马,纷纷跪下,纷纷请求皇帝不要南征。

大伙儿是这样说的:"南方的秋天,雨水太多,道路泥泞,不方便行军打仗啊!陛下还是下令停止前进吧!"

元宏怒道:"我倾全国之师,挥军南下,已为天下共知,今若无功而返,岂不被天下人耻笑?我意已决,谁再阻止,定斩无赦。"

这时,支持孝文帝迁都的大臣王肃说:"陛下,出师平城时,并未晓谕天下是为了南下攻齐,今大军已到洛阳,依臣之见可否告谕天下,陛下此行乃是为了迁都洛阳,然后再徐图班师平城。"

元宏听罢,说:"这次南征,兴师动众,不可劳而无功,不能南征,便迁都,众卿赞成迁都洛阳的,请站在朕的左侧。"

大臣们以安定王元休为首,绝大多数都站到了元宏的右边。显然,大家不愿意迁都。另一个皇族元祯见势不妙,赶紧说:干大事的人不必征求众人意见,只要决断就行了。听了这话,元宏赞许地点头。嗯,关键时候,总算有几个听话的。

秋雨之中,大臣们也在打着算盘。是继续南征,还是迁都洛阳?两相比较,他们决定选择风险更小的一种:迁都洛阳。

公元494年,北魏正式迁都洛阳。

这一年,随同魏孝文帝元宏前来洛阳的贵族、文武百官及鲜卑兵共二十万。这些人连同家属和奴隶,总数不下一百万人。

对迁都洛阳,太子元恂十分反感。贵族中的保守势力,也利用太子反对迁都的态度,暗中策划,企图发动政变,或者将太子迁到北方,宣布独立。

公元496年八月的一天,元宏前往河南嵩山一带检查指导工作。保守派认为,时机到了。于是,他们陪同太子元恂,密谋调动骑兵部队,回平城老家。人算不如天算,半路上,太子等人遭到将军元俨率领军队拦截。元恂没有办法,只好半夜回到宫中。

第二天一早,尚书(总理)陆琇从洛阳赶到嵩山,向元宏报告这一突发情况。元宏明白,太子身后是一批反对迁都的权贵,如果太子到了平城,肯定会造成国家分裂。他马上赶回洛阳,召见元恂,痛责一顿,打了元恂一百棍。

元宏当即决定,废掉元恂的太子头衔,贬为普通老百姓,囚禁起来。每天供给元恂的食物,仅能勉强维持生命。

这个时候,叛乱爆发了。穆泰、陆睿、元丕、元隆、元业、贺头、乐平、元拔等一大批北方的文臣武将,拥立阳平王元颐为帝,公开谋反。元颐表面答应了,暗中紧急报告元宏。元宏派元澄率大兵讨伐,很快就平定了叛乱。穆泰问斩,陆睿、元隆等一百多人被判处长期监禁。留在北方的勋戚贵族,都牵连进事变当中,这一次是把保守势力一网打尽了。

又过了几个月,元宏得到报告说元恂仍旧不肯悔过,密谋作乱。于是,元宏在公元497年三月下令元恂饮毒酒自杀。元恂此时才十五岁。

做完这一切,元宏改革的阻力,才算完全清除。接下来,他继祖母之后的改革连环拳,就要上演了。

五、新兴王国的文化改革

如果说冯美少妇的改革是在政治层面展开的,那么,元宏的改革,则更多的是在文化层面展开。改革一个民族的文化,才能让一个民族脱胎换骨。这个道理,中外强人,都是明白的。我们曾经读过都德先生的《最后的一课》,那些占领军,就是想通过文化的毁灭来毁灭一个民族。我们还曾记得,日本人强迫袁世凯签订的"二十一"条中,最重要的条款就是让中国的学校用日本教师、用日本文字。看来,要征服一个民族,唯有从文化上征服;要改革一个民族,也唯有从文化上改革。

元宏认为,北魏自己的文化太落后。真的,那会儿,这个北方的小民族,基本上没有什么像样的文化可以传承,更没有什么文化可以作为治国兴邦的大文化。那么,只有向汉文化、向汉文明学习。不,不仅仅是学习,而是全盘照搬!

首先是改穿汉服。

公元494年十二月,北魏定都洛阳刚刚一个月。从北方平城而来的贵族们,正忙着搬家具。初来乍到,很多人还没找到房子住。就在这种情况下,皇帝元宏已下了诏书,发布了命令:士民人等,一律禁止穿胡服。不许穿胡服了,那我们穿什么啊?皇帝说了:穿汉人的衣服!

一个民族的生活习惯,来自这个民族的生产环境。鲜卑人长期过着游牧生活,因此,他们的衣着,也适应于游牧生活的环境。人人披头散发,男人们的服装开着左襟,妇女们戴帽子穿着小袖短袄。

穿着这样的衣服进入洛阳,远远看去,与中原汉人的衣服很不一样,很有些奇装异服的味道。走在洛阳的大街上,凭着衣服,你一眼就可以看出谁是鲜卑人,谁是汉人。区别如此明显,又怎么可以融入汉人的生活之中呢?区别是什么?是生疏,是隔离。元宏不希望在自己的统治区内存在这种区别。

为此,元宏下达命令,要求全体人员着上汉服。在朝廷开会时,他当场将汉族的衣冠赏赐给鲜卑贵族官僚,并且将汉服作为官服使用。

对服装改革,元宏十分重视。有时候,许多改革的实质性内容无法执行,那么,我们不妨先从形式上着手,先作形式上的改革。这,是不是一种由表及里的改革推进办法?

据说,身为皇帝的元宏,时常到街上巡视服装情形。有一次,他在洛阳街头看到鲜卑族妇女仍然身穿胡服,十分生气,立即通报批评了有关部门的负责人员,要他们严格执行服装改革的命令,不许一人例外。不久,洛阳街头,再也没有人穿鲜卑族服装了。

接着是改说汉话。

公元495年六月的一天,也就是实行汉服制度的半年之后,元宏找来大臣谈话。

元宏问:"咱们已经在中原站稳了。往后啊,咱们这个魏国,是应该像中国历史上的商朝、周朝那样长久呢,还是连汉朝、晋朝的时间都不如呢?"

大臣们不知道帅哥皇帝此话的用意,连忙回答:"臣等当然愿意您超越所有前代君王!"

元宏说:"既然这样,那咱们是应该改革进步呢,还是因循守旧啊?"

大臣们明白了,帅哥皇帝又要搞什么新名堂了。大伙儿一齐说:"愿圣政日新!"

元宏说:"好啊,难得大家全都这么想。咱们要想让江山万世相传,就必须继续改革!"

接着,元宏宣布新的改革命令:"中原的圣人孔子说过,名不正,言不顺,则礼乐不兴。今天,咱们就说关于'言'的改革。从现在起,咱们禁止说鲜卑话,一律改说中原汉话。"

语言改革,远比服装改革更加困难,比如今天如果有人提出全中国改说英文或者文言文,那会怎么样啊?反对的人一定是一大片,因为大家很难学会啊。进入20世纪和21世纪,中国有关部门规定,评职称要考什么英语,好些人就讨厌得很啊!

还好,元宏在语言改革上,是有一定的柔性的。他规定:"三十岁以上的人,改说汉语比较难,可以慢慢来。三十岁以下的,必须马上学习说汉话! 如果故意违背这个命令,就要降级或者撤职。"

元宏的语言改革,促进了鲜卑人对汉语的研究。鲜卑族的民歌也译成了汉语,收集在《乐府诗集》中的大部分北朝民歌,就是在元宏下令改用汉语之后翻译的。

再接着是改用汉姓。

改说汉话之后半年,元宏要鲜卑人改用汉姓了。

鲜卑人的姓氏多为复姓,如拓跋、独孤、贺楼、步六孤、丘穆陵等。

公元496年正月,元宏颁布诏书:"北方人把土称为拓,把君主叫做跋。咱们北魏也是黄帝的后裔,以土为最尊贵,所以叫拓跋氏。土为万物之元,拓跋氏改姓元氏。诸位大臣的复姓都要改为单音汉姓。"

元宏首先带头,将皇族的拓跋氏改为元氏,定为最高门第。把丘穆陵氏改为穆氏,把独孤氏改为刘氏,把步六孤氏改为陆氏,把贺赖氏改为贺氏,把贺楼氏改为楼氏,把勿忸氏改为于氏,把纥奚氏改为嵇氏,把尉迟氏改为尉氏。以上八姓是北魏功勋之家。

当时北方汉族有四大高门:清河崔氏、范阳卢氏、赵郡李氏、荥阳郑氏。元宏指定,鲜卑族的八姓与汉族四大门第地位相同。

元宏将鲜卑族的一百多个姓氏改为汉姓,改姓后的地位与汉族的不同门第互相对应。元宏鼓励鲜卑贵族与汉族士族通婚。他带头将汉官李冲的女儿立为皇后，还让自己的弟弟娶汉族世家女子为妃。

元宏这些眼光远大的举措，有利于巩固北魏政权，也在一定程度上实现了鲜卑族和汉族的双赢。就促进中国北方各民族大融合而言，元宏真可以说是千古奇人，居功至伟。元宏的改革内容不止于此，限于篇幅，不能尽述。但上述几条改革措施，有一条能做到已属不易，元宏却能在较短时间内一一实现，惊心动魄，势如破竹，若有神助，可谓奇迹。这是很难为后人复制的。

元宏的改革还在深化。他规定，从现在起，鲜卑人不得以北方人自居，必须自称河南洛阳人，死后葬在邙山，不得还葬北土；重用南朝士族王肃厘定官制，在模仿南朝官制的基础上又有所创新，清除了官制中鲜卑成分；在律令方面，孝文帝两次改变北魏的律法，废除了自十六国以来的一些残酷的刑罚。

元宏实行鲜卑人与汉人通婚，自己娶卢崔郑王及陇西李氏女入宫，又指定六个兄弟，元禧聘陇西李辅女、元干聘代郡穆明安女、元羽聘荥阳郑平城女、元雍聘范阳卢神宝女、元勰聘陇西李冲女、元详聘荥阳郑懿女，原来的正妃降为侧室。魏家公主也嫁给汉族名门，如卢道裕娶献文帝女乐浪长公主，卢道虔娶孝文帝女济南长公主，卢元聿娶孝文帝女义阳长公主。皇族和士族开通婚的例，一般鲜卑人和汉人也自然要通婚，少数的鲜卑人很快被融化了。

公元499年，元宏去世，年仅三十三岁，至为可惜。元宏的继任者北魏宣武帝及孝明帝宠用奸佞，荒淫贪婪，国事日衰，这是后话了。

元宏还对城市建设进行改革。他修建洛阳街坊，将洛阳分建成五百多坊，使洛阳的城市建设第一次上了规模，上了档次。

元宏的这些改革，每一件都得以完全按照自己的要求推进。原因很简单：他是皇帝，没有人挑战他的权威。所以，当一个政治强人想要做什么事情时，只要他能够控制局面，就一定可以成功。

可惜的是，元宏的改革，远远不能超越他那个时代。他，仅仅进行了文化方面的改革，仅仅促进了一个民族的汉化。如果后来的大清，有这样的一个皇帝，也许，中国近代史上的改革就已经完成了。

六、短暂王朝的永世遗产

相信很多人都知道这样的一首诗：

敕勒川，阴山下，天似穹庐，笼盖四野。

天苍苍，野茫茫，风吹草低见牛羊。

这首诗，名《敕勒歌》，即是北魏的作品。

美少妇冯太后的政治改革，加上小帅哥元宏的文化改革，给北魏带来了社会经济的全面发展。

北魏王朝历时一个半世纪。北魏的出现，正值西晋永嘉之乱（公元310年）以后。这一时期，中国北方地区经过十六国的战争破坏，经济已经崩溃，百姓死于兵革，幸存的人口不足过去的一半。同样，中原地区经过多年的战争，一片败落。北魏统一北方后，特别是经过冯太后和孝文帝的连环改革，自耕农民增加了，全国人口数明显增加，比西晋太康年间增加一倍多。

在洛阳，许多朋友对我提起《洛阳伽蓝记》这本书。《洛阳伽蓝记》既是一部地理名著，又是一部文学作品，书中大量记载了北魏时期洛阳的生活生产情况。书中介绍的，正是北魏建都洛阳后的情景。在北魏后期，洛阳城中，百姓殷富，衣食无忧，人民大约过上了小康生活吧？工业产业也小有成就，北魏后期，炼钢技术有了新的成就，在今河南安阳生产的钢刀锐利美观，成为一绝。商业活动很是活跃，太和以前，战争不休，商人不敢经商，人民无处购物，钱币无法流通。到孝文帝改革后，当地许多百姓看到经商挣钱，于是弃农经商。随着商业的发展，货币恢复流通，太和十九年，又重新铸造"太和五铢"钱，规定此钱在京师及全国诸州镇都可通行。宣武帝时，洛阳的商业十分繁荣，成为全国人民消费的中心、文化的中心，而且成为北方各民族和国家的贸易中心，用今天的话说，洛阳成了国际性的商业大城市。

改革往往会给生产力注入强大的力量，促进科学文化的新发展。

北魏末年,贾思勰所著《齐民要术》,是中国现存最古、最完整的农书,包括农艺、园艺、林木、畜牧、养鱼和农产品加工等许多方面。它对从西周以来古代农业、手工业等方面取得的知识技术,都作了总结性的叙述。

文学方面,北朝民歌充分体现了北方民族大融合的特征,风格刚健,语言质朴,感情真挚。《敕勒歌》《折杨柳歌》《木兰诗》就是当时民歌的代表。

更重要的是,北魏的雕塑艺术,几乎空前绝后,为大中华民族留下了宝贵的遗产。它继承了秦汉以来中国的艺术传统,也受到国外、特别是古代印度艺术的影响。北魏的摩崖石窟分布很广,西起今甘肃,东至今辽宁。最为著名的有大同云冈石窟、河南洛阳龙门石窟、甘肃敦煌石窟,以及甘肃天水的麦积山石窟、永靖的炳灵寺石窟、山西太原的天龙山万佛洞、河南巩县的石窟寺等。北魏留下的这些石窟寺中,有古代艺术工匠所塑造出来的数以万计的佛像,代表了当时中国雕塑艺术的最高水平,至今仍是驰名世界的艺术宝库,是后人享受不尽的精神财富。

北魏还诞生了一部伟大的作品《水经注》。这是伟大的地理学家郦道元毕生精力的结晶。

郦道元出生在公元465年或公元472年。他以《水经》为纲,写成地理名著《水经注》,分量二十倍于原书。它详尽地介绍了中国一千二百五十二条河流,阐明了水道的变迁,疆域的沿革,又以优美的文字记叙了各地的自然风光和民间故事,还记录了矿藏、盐井、温泉、火山等情况,有重要的史料价值。

七、不能克服的轮回规律

文化改革,使北魏成功汉化了,但仅仅只为北魏带来了短暂的辉煌。很快,北魏走向衰落,走向灭亡。

鲜卑贵族在加深汉化的同时,没有吸取西晋王朝腐败的教训,反而很快地学会了如何更加腐败。西晋汉族地主们的腐化方式,在北魏的变法之后变本加厉地上演。毕竟,学会享受,学会腐败,是最容易的事情。

首先是吏治逐步败坏。皇帝的亲戚——高阳王元雍，住宅和私家花园，如皇宫一样豪华，僮仆六千，妓女五百，一餐花钱数万。他与同为皇帝亲戚的另一位王爷——河间王元琛斗富，洛阳城中，在短时间内又一次上演了西晋时代石崇与王恺斗富的情景。更有甚者，元晖身为吏部尚书(相当于中央组织部长)，被人们称为饿虎将军，他卖官鬻爵都有定价，人们称吏部为卖官的市场。地方州郡的刺史、太守，照着中央干部的样子学习，一个比一个更贪，聚敛不择手段。为了巧取豪夺，他们加大税收，繁重的兵役和徭役使大批农民家破人亡。

农民们不堪重负，大批逃亡。于是，北魏控制的编户日益减少，影响了政府的税收。为此，政府一次次检查和扣压逃跑的农民，因而引起农民的反抗。公元 515 年，冀州僧人法庆领导的大乘教起义，公开宣称"新佛出世，除去旧魔"。北魏政府动员了十万军队才镇压下去。

边境上也出现了问题。北魏初年，为了阻止柔然南下的威胁，在沿边要害处设置军事据点，即沃野等六镇。六镇镇兵多是拓跋族成员或中原的强宗子弟，享有特殊待遇。但是，北魏迁都洛阳后，北方防务地位大大下降，官兵升迁困难，对政府严重不满。加上工资常常发不到位，公元 523 年，终于爆发了六镇起义。

外患内忧同时出现。

魏孝明帝元诩七岁时，母胡太后临朝专政。公元 528 年，胡太后毒死孝明帝，尔朱荣带兵直奔洛阳，杀死胡太后，并把汉化鲜卑贵族和出仕北魏政权中的汉族大族消灭殆尽，立元子攸为魏孝庄帝，史称河阴之变。河阴之变之际，部分北魏宗室和官员南逃降梁。梁武帝遣陈庆之率兵送元颢回北方，攻克商丘，元颢在睢阳城即皇帝位。接着攻克荥阳，占领洛阳。尔朱荣率军渡黄河作战，陈庆之所率军队大败，元颢逃亡被杀。公元 530 年，孝庄帝诱杀宰相尔朱荣，侄尔朱兆立太原太守元晔为帝，兴兵攻入洛阳，杀孝庄帝。

从此，北方重新回到战火之中。南北朝相对稳定的政治环境被击得粉碎。北魏终于分裂，战乱又起。公元 534 年，北魏分裂成由高欢控制的东魏和宇文泰掌握的西魏。

到公元 581 年,中国人口剩下四千四百三十万,其中南朝三百一十四万,北朝汉族三千五百万,汉胡混血儿五百万,鲜卑杂胡一百一十六万。

北魏,一个在改革中快速发展的王朝,终于因为改革之后的快速腐败,快速地走向灭亡。

八、大汉文明的深层缺陷

历史上的许多次改革,远没有北魏这么成功。然而,一次成功的改革,为什么没有给王朝带来千年基业?为什么只给它带来短暂的辉煌?

是改革错了吗?

我以为,美少妇冯妙莲太后和小帅哥元宏的改革,是当时情形的需要,他们的改革,也正是顺应了发展的大势。但是问题在于,他们改革的内容,几乎是全盘汉化。就如千百年后,我们常常提醒不能全盘西化一样。错,就错在这个全盘汉化上。

以当时的情形看,草原上的游牧文明,确实远不如中原的农业文明那么先进。北魏这样一个从马背上发家的民族,只有走下马背,才是唯一的出路。但是,他们汉化得太彻底,将汉文明的精华和垃圾一起吸收,不出问题才怪呢。

说到北魏的快速灭亡,我们不能不审视我们一向引以为荣的大汉文明。关于汉文明的专题研究,也许是汉学家们的事情,作为一个外行人的我,只能从门外看看热闹,从门外看汉文明。

几千年来,大汉文明曾经辉煌过,曾经崛起过。但是,任何一种传承千年的文明,都不可避免地存在许多垃圾。汉文明亦不能幸免!上个世纪早期的五四新文化运动,是对汉文明中的垃圾进行了无情批判的。恰恰是这些垃圾,让汉民族长久地无法振兴起来。

当北魏还在大漠草原上的时候,两汉和两晋所沉积的汉文明,就已经垃圾一大堆了。我们简单地列举一些吧,我试试看。

垃圾之一,是虚荣和奢华。晋朝时期王公贵族的奢华,我们都是知道的,那些斗富的大老板们,相信我们还有印象吧?斗富,是不是也是虚荣的一种本质的表现？垃圾之二，是贪婪和腐败。汉和晋，官员的贪腐，几乎如出一辙。垃圾之三，是守旧、惰性和奴性。这，是东汉到魏晋时期最大的毛病，这种毛病，具体表现在皇族不思进取，高官不想进取，文人害怕进取，武人安于现状。

元宏等人在北方的时候，在改革的时候，是抱着极大的进取心来学习汉文明的。他们学会了汉话，穿上了汉服，娶了汉人的妻子，但是，魏晋汉文明的垃圾，也一起进入了北魏的血液中。

当北魏学会了汉文明外表的华丽时，他们已经老去。

这是他们时代的局限，是他们时代的悲剧。

在中国历史上，北魏，是第一个吃螃蟹的北方王朝。为什么这么说呢？因为它是第一个全面学习汉文明的王朝。宋代及宋代之后，辽、金、元，纷纷在进入中原后，走上北魏的道路，学习汉文明并且全面汉化。此后的这些王朝，学习汉文明的方式，与北魏极为相似，或着汉服，或用汉语，或用汉官，或用汉家的儒家理论治天下。同样的学习带来几乎同样的结果，它们走向灭亡的方式和速度，也与北魏极为相似！

所以，游牧民族的落后文化，加上汉民族文化中的奴性和惰性，会有什么好结果呢?!

汉文明本体中的缺陷，恐怕任何一个封建帝王都无法超越！

这是两千多年来的一个大悲剧！

正因为看到了汉文明中的问题，中国的青年们，才于上个世纪初提出五四新文化运动，提出打倒孔家店，公然向汉文明提出挑战，提出否定。也许，直到今天，五四新文化运动所提出的任务，我们也远远没有完成，远远没有实现！

正因为看到了汉文明中的问题，当代一些学者提出文化也要创新。我们并不反对继承我们优秀的历史文明，但我们应该分清我们历史文明中的精华和垃圾，正如上个世纪中国的伟人说的那样，对历史文明要取其精华，去其糟粕！

唯其如此，我们才能在传承往日文明的精华时，避免迷失在这种文明的深层缺陷中！

九、游牧民族的巨大破坏

中国的历史上,有过三次大的游牧民族入侵。北魏,是第一次游牧民族入侵,进入中原并统治了北方的游牧民族王朝。尽管他们不得不进行了汉化,但是,从漫长的历史长河看,游牧民族对中原汉民族文明进程的破坏,是巨大而且深远的。

两千多年来,中国历代王朝为什么不能走出更替循环的轮回之路?中国历代王朝为什么没有演绎出一种更合理更科学的社会政治制度?游牧民族的入侵,是原因之一。

首先,中国北方游牧民族从来不给中原汉家王朝超过一百年的和平。一百年之内,一个王朝又来得及做什么?我们的历史上,几乎所有的汉家王朝都是直接或间接地亡于北方游牧民族。

同时,北方游牧民族的入侵,目的明确简单,却又极具破坏力。他们的入侵,就是为了抢掠。游牧民族的周期性入侵,总会周期性地抢劫杀人,造成社会财富的巨大流失,使中原地区难以完成社会财富的充分积累。社会财富无法充分积累,城市商品经济也难以形成,社会的生产方式无法得到更新。因此,也难以产生新的政治思想,更不可能对皇权专制制度提出制度上的挑战。中原大地不断重演着这样的惨剧:三百年被洗劫一空,从头再来。

游牧民族的每次入侵,还会无情地打断中国的思想解放过程,使皇权专制制度变得更完善、更坚固。魏晋时期,一度用于支撑专制制度的理论体系有些松动,一度出现了批判儒学的思想,甚至出现了"私权"的概念。如果这一趋势得以延续,中国有可能在那时就开始了近代化过程。然而"五胡乱中华"上演了,多年的战乱之后,中国进入了唐朝,思想解放过程被打断,皇权专制制度却加强了。到了宋代,士大夫们普遍讲气节,君权开始受到限制,皇帝普遍权欲不重,可惜这一近代化的过程又一次被金和元的入侵所打断。明末发生了一场中国历史上唯一的一次人本主义思想启蒙,而这场思想启蒙与商品经济的高度发展相联系,其思想深度和社会影响都远在魏晋时期的思想解放之上,如果就此发展下去,中国很可能在明末成功地完成传统社会向现代社会的转型过程。可惜,满清入关,打断了这一进程。

中国历史上三次大的游牧民族入侵,都造成了中原王朝商品经济的巨大倒退,打断了中原民族的思想解放和启蒙过程。

非但如此,入侵的游牧民族,或者汉化或者继续用旧制度统治汉人,并不能带来新的社会制度和思想,这使得专制制度反而被强化了。唐的专制强于魏晋,元的专制强于两宋,满清的专制强于明。因此,中国社会的改革越来越难,中国的近代化转型也越来越难,社会所要付出的成本越来越大,限制君权的努力越来越难以从上层进行。

还有,游牧民族入侵之前多半都是奴隶社会,进入中原以后,他们习惯以奴隶制的思维方式统治比其先进得多的汉族,这使得整个民族的奴性大大增加。这在满清一朝表现得最为明显。在明代东林党人宁可被廷杖致死也要犯颜直谏,而在满清却鲜有有骨气的大臣了。终满清一代,奴性深入中国人的骨髓,至今仍在阻碍着中华民族的进步。

中唐：攻坚战转为大溃败
——德宗皇帝的革新与全面否定

　　读历史的人，说现实的人，总会许多次梦回大唐。大唐，它的繁荣和昌盛，让我们炫耀了千余年，也让我们陶醉了千余年。

　　说起大唐王朝，我们想到的，差不多都是盛世，都是强大，都是繁荣。其实，大唐王朝的繁荣和昌盛，也就是太宗李世民那几年，再加上女皇帝武则天那几年。自安史之乱后，大唐王朝一直在走下坡路，一直走得很费劲、很吃力。

　　当大唐王朝向落日方向行走时，曾经有一位皇帝振作过，改革过。他的革新曾经果敢有力。但是，当革新进入攻坚战的关键时刻，他却败退了，因此导致了整个大唐王朝的大溃败！

　　这个人是李适，大唐王朝的德宗皇帝。

　　李适在皇帝的位置上，整整二十六年，时间不可谓不长啊。唐朝的太宗皇帝李世民，在位只有二十三年。大唐王朝的皇帝中，比李适在位时间长的只有高宗和玄宗。在这么长的时间内高居皇帝的位置，如果坚持改革，唐，是有可能从面向夕阳转而面向朝阳，开始一轮生机勃勃的新生命的！

　　但是，李适没有坚持他的改革。他在关键的时候放弃了，在遇到挫折的时候退却了。于是，残破的大唐江山，江河日下，失去了最后振作的机会！他之后的每一位皇帝，命运都比他更惨！一直到公元907年，大唐王朝被一个流民朱温连根拔掉！

　　李适的人事档案，是这样记载的——

李适:男,出生于天宝元年(公元742年)4月19日

属相:马

卒年:永贞元年(公元805年),享年六十四岁

谥号:神武孝文皇帝

庙号:德宗

陵寝:崇陵

父亲:代宗李豫

母亲:睿真皇后沈氏

皇后:昭德皇后王氏

子女:十一子(其中第六子为孙,顺宗之子),十一女

最得意的事情:四大革新,推行两税新法

最失意的事情:从长安避乱出逃

最擅长的事情:信任太监,聚敛钱财

最遗憾的事情:导致晚唐一蹶不振,其子孙只要登基为皇帝,多死于太监之手。

一、信心满满初登基

公元779年正月,长安寒风凛冽,滴水成冰。大唐王朝的皇帝死了。

先皇帝去世,国家不可一日无主。作为太子的李适,在父皇的灵柩前宣布即位。三十七岁的他,年富力强,热情很高,一心想要做一个中兴之主。

从这一天开始,他在位二十六年。

登上皇位,环视群臣,感觉真的不一样。一切都在自己的脚下,一切都在自己的手中。天下,真的就是自己的了!

大臣们跪了一殿,山呼万岁,共祝本朝安泰。这时,殿外冷风吹来,李适皇帝身上的龙袍大袖,随风而动,刺骨的风,让他打了一个冷战!大殿之外,长安之外,天下,还是盛唐时的景象吗?他的心中沉甸甸的。

李适,他的少年时代,是大唐帝国昌盛繁华的辉煌岁月。当他进入

青年时,大唐的命运变了。他十四岁那年(公元755年)的十一月,爆发了安史之乱,第二年长安失守,玄宗出逃四川。李适和其他皇室成员一起饱尝了战乱和逃亡之痛。皇帝为了夺回江山,乞求回纥收复洛阳,条件是收复之后,让他们任意抢掠三日,洛阳因此成为一片废墟。

安史之乱,前后历时八年有余。八年下来,黄河流域一片萧条,中原大地人烟稀落。中国人口从九百万户锐减至二百万户,四分之三的人口,或死于攻杀,或死于饥饿,或死于瘟疫。幸存下来的人们,以破纸为衣,以树皮为食。历史资料的统计告诉我们,公元755年,也就是安史之乱发生之前,大唐有五千二百九十二万人,到公元760年,全国人口只剩下一千六百九十九万,损失率为百分之六十八。

从此,大唐帝国陷于一场亘古少见的大动乱之中。

这,就是李适当上皇帝的大背景。

安定,发展,是国家现在最需要的事情。如何安定?怎样发展?壮年的皇帝,已经有了自己的主意,那就是革新。唯有革新,大唐这架正在老迈的机器,才有一线生机!

想到这,图强的雄心在胸中升起,复兴的壮志在胸中沸腾。

吸取先皇的教训,他决定从四个方面进行政治革新。

第一是关于组织人事制度方面的改革,主要是用好干部,特别是朝廷的重要干部。比如宰相,比如尚书,要坚持用人不疑,疑人不用。过去的皇帝,对大臣多不信任,今天换一个,明天换一个,再好的政策,也难以持久地执行,大大伤害了朝廷的威信,大大损害了政策的力量。他知道,唯有君臣和,才能政事和,才能国家和。

第二是关于中央和地方关系方面的改革,主要是解决地方官员坐大的问题。安史之乱,就是地方藩镇惹的祸。地方官员权力太大,完全不听中央号令,甚至与中央分庭抗礼,国家怎么会不乱呢?这一条,要尽快解决,要大力解决!

第三是关于中央机构方面的改革,主要是解决内廷宦官人太多、太专权的问题。唐朝自李适的祖父以来,内廷宦官人数越来越多,这些太监们权力越来越大,人品越来越坏,做事越来越歪。这些人身在中央领导周围,仗势欺人,甚至改变朝廷的命令,地方官员和百姓们恨之入骨,不除不足以安邦。

第四是关于财政方面的改革,主要是解决税收和民生方面的问题。国家虽然在多次战乱后已经很穷了,但是,种种杂税,让民生十分艰难,让人民十分憎恨。政府为什么要这样敛财啊?能不能将国家财政用于人民呢?战乱后的国家和人民,需要休养生息,需要减少税赋。

四条革新方略,切中大唐要害。

四条革新方略,是大唐的一场攻坚战。

四条革新方略,如果真的执行得好,唐朝的晚年,也许会出现夕阳红!

想到这,李适笑了。唐,在我的手中,永远不会出现夕阳,永远要如日中天!

可惜,他对自己的估价过高了。

二、崭新气象昙花现

记得毛泽东主席教导过我们,正确的路线确定之后,干部就是决定的因素。李适在用干部问题上,还是很用心思的。干部,是推进改革的重要因素啊!

所以,他决定首先进行组织人事改革。对他来说,就是选好宰相,用好宰相,信任宰相。

但是,德宗的性格和父亲代宗很不同。代宗宽容温和,德宗却喜欢猜忌,和父亲比起来甚至有些草菅人命。

中唐时期,德宗有两位经济能臣,他们是刘晏和杨炎。这两个人力主经济改革,是有名的能臣,史上早有定论。如果用好了这两个人,深入进行改革,大事尚有可为。

但是,刘晏与杨炎早有不合。德宗即位,刘晏已经掌控财政大权多年,杨炎担任宰相后,屡次攻击刘晏,德宗本来对他很信任,但本身的猜疑,使他无法正确判断,竟然信以为真,让人将刘晏赐死,自毁长城。

杨炎通过德宗之手,造成了刘晏的冤死,同时也为他自己的命运埋下了祸根。刘晏死后,杨炎唯恐天下人指责他,就派使者到各地传言,暗示是德宗李适要杀死刘晏,将责任推给德宗。德宗听到小道消息的报告,加上又看到了各地的"内参",证实了杨炎这小子是在传播流言,于是很愤怒,从此就有了诛杀杨炎的想法。

为了搞掉杨炎,李适重用卢杞。卢杞,在大唐及历代宰相中,都是很坏很坏的人。此人相貌丑陋,心胸狭窄,治国无术,害人有方。如此坏人当道,杨炎也被德宗赐死。

这么一来,他要信任宰相的想法,就此落空。

德宗喜欢猜忌功臣,生性多疑。在用人上,他不是重用卢杞这样的奸臣,就是冤杀刘晏那样的贤臣,但幸好朝廷里还有一批忠心耿耿的文臣武将,才算维持了德宗一朝的顺利统治。削藩战争中,多次立下汗马功劳的名将李晟和马燧,常被皇帝猜忌,心中焦虑不安,不敢放手工作。三朝元老、著名书法家颜真卿,本是能臣干臣。建中四年(公元783年)时,发动叛乱的李希烈攻占了汝州,一向嫉恨颜真卿的卢杞趁机向德宗进言,建议让颜真卿去招抚李希烈。许多官员想要在路上拦下这位三朝元老,但德宗决意让颜真卿前往,结果,颜真卿被李希烈杀害。

朝廷之上频频发生人事变动,尤其是频繁地更换宰相,使德宗在位时期的朝政,即使偶尔能够呈现令人鼓舞的新气象,也都不过是昙花一现,无法保持下去。人事的纷争使德宗徒有宏图壮志,而不能实现救国兴邦。

三、武力削藩随风吹

坐在皇帝的龙椅上,李适总是觉得很不安稳。是啊,唐朝祖先立的规矩,让各地的藩镇节度使独掌大权,党权、军权、吏权、财权、刑权,全部掌握在地方藩镇之手。一个藩镇节度使,在他的管区内,就是一个小皇帝!权力如此之大,已足以挑战中央了!安禄山等人作乱,就是一个证明。而且,藩镇的兵力又强,搞不好,他们学着安禄山的样子打到长安来,我这个皇帝,还不又得跑路啊?

想到跑路,李适的心头一阵苦涩。从生在皇宫,到当上太子,咱已经跑了好多次路了,不是被叛军追赶,就是让藩镇攻击。这叫什么事啊,堂堂的天子,堂堂的皇家,居然会让几个地方官员搞成这样!

不能让这种现象继续下去了!要活得像个皇帝,就得削藩,削除他们的兵权、人权、财权!

德宗李适即位后,一直寻找机会,向某个藩开第一刀,削夺拥兵自重的地方藩镇节度使的权力。

公元781年,李适当上皇帝仅仅两年,机会来了。

这年正月,河北成德镇(驻守恒州,今河北正定)节度使李宝臣病死。李宝臣的儿子李惟岳给朝廷写来报告,请求继承父位。

以往,一些地方藩镇节度使死后,他的职务和土地会传给其子孙。这个规矩在唐初是没有的,在武则天女皇手上也是没有的,一直到了后来,中央权力减弱,才形成这么个乱规矩。藩镇之位父子相传,又岂能听命朝廷?

看到这份报告,德宗李适想了许久。这个乱规矩,得改革了!得革除了!

他同几个心腹大臣一商量,坚决拒绝了这一要求,不同意父子相承。

皇帝的决定,让李惟岳很不爽。为什么以前别的藩镇可以子承父业,到了我李惟岳就不行了?这小子马上找了一帮地方藩镇节度使。他找的人,有魏博节度使田悦、淄青节度使李正己、山南节度使梁崇义。几个人一商量,觉得不能让皇帝这么改革。在他们看来,父子相承已是天经地义的事情。现在,父子相承不被认可,那只有起兵,用武力让皇帝同意!

于是,战争开始了

四个藩镇,调兵遣将,准备以武力抗拒朝廷。

德宗李适,血气方刚,也不相让。他征调京西兵马万余人戍守关东,准备顶住。还亲自在长安设宴,犒劳征讨兵马。中央削除藩镇的战役,就此打响。在最初的战争阶段,中央取得了巨大成果:淄青李正己病死后,他的儿子李纳被打得大败,李惟岳被其部将王武俊杀死,只有田悦在魏州负隅顽抗。看来,胜利就在眼前了。

但是，胜利是暂时的。德宗李适在削藩过程中，他手上没有多少可以使用的中央军，而是依靠藩镇的军队打藩镇。如果自己有中央军，那还需要借部下的军队吗？

李适用地方军打地方，导致了参与朝廷削藩战役的幽州节度使朱滔等人的不满。结果，形势发生逆转。

公元782年，也就是战争的第二年底，出现了"四镇联盟"，这些藩镇同时公开叛离，各自称王。他们是：原幽州节度使朱滔自称冀王，原成德节度使王武俊称赵王，原淄青节度使李纳称齐王，原魏博节度使田悦称魏王。四镇联盟，以朱滔为盟主，联合军队，清除朝廷派出的干部，赶走朝廷派出的耳目，与朝廷分庭抗礼。

战争扩大了。

叛离如同火灾，一旦不被扑灭，就会火星四溅，然后形成燎原之势。

公元782年，淮西节度使李希烈，看到四镇联盟并各自称王，也决定一试。这小子更加可怕，他自称天下都元帅、太尉、建兴王，不久又称皇帝，与四镇勾结反叛。战火一下从河北蔓延到河南，而且四处告急。

公元783年十月，德宗李适调动泾原兵马，准备开往淮西前线平叛。泾原兵马行军时途经长安，官兵们想着，此番前来，是为皇家拼命，一定会有很多金银财宝的恩赏。结果，等他们到了长安，非但没有一分钱的赏赐，连吃的饭菜都是糙米和素菜。待遇如此之差，士兵发生了哗变，兵士在长安到处放火抢劫，甚至冲进皇宫抢东西。这就是历史上著名的"泾师之变"。

事情发生的当天，德宗李适仓皇出逃到奉天（今陕西乾县），成为唐朝继玄宗、代宗以后又一位出京避乱的皇帝。

泾原兵马抢占了长安，赶走了皇帝，知道闯下了大祸。他们干脆一不做，二不休，在长安城找到了没来得及逃走的大臣朱泚，逼他做皇帝。朱泚是叛军首领朱滔的兄长，又曾担任泾原军统帅。叛军逼此人称皇帝，一者，立的是自己过去的领导，二者，此人与反叛的节度使有兄弟关系，不会追究叛兵的责任。朱泚也顺势而为，称大秦（后改为汉）帝，年号应天。当了皇帝后，朱泚领兵进围奉天。李适的几名将领、正在前线作战的李晟、朔方节度使李怀光得知消息,领军从河北撤军勤王。

皇帝指挥不当,内战全面爆发,中央的削藩之战,被迫终止。

困局之下,李适几乎想不出什么好办法,对削藩完全失去了信心。他觉得,自己面对的问题,可能首先是如何保住自己的性命,至于国家,以后再说吧!

于是,公元784年正月,德宗痛下"罪己诏",声明"朕实不君",公开承担了导致天下大乱的责任,表示这都是自己"失其道"引起的。德宗在诏书中宣布,李希烈、田悦、王武俊、李纳等人叛乱是因为自己的失误,所谓"朕抚御乖方,致其疑惧",故而赦免了这些叛乱的藩镇,表示今后"一切待之如初"。除了朱泚以外,甚至连朱滔也予以宽大,许其投诚效顺。

从此,李适调整对藩镇用兵的政策。曾经叛乱的王武俊、李纳、田悦见到大赦令,取消了王号,上表谢罪。这年二月,由于朔方节度使李怀光联络朱泚反叛,德宗又不得不再次逃往山南西道的梁州(今陕西汉中)避乱。一直到七月,德宗才因为李晟在五月打败朱泚收复京师而重返长安,结束了颠沛流亡的生活。

德宗在遭受削藩的挫折以后,对藩镇制度的改革,由强硬的武力转为姑息。据说,德宗在离开京城时,曾打算逃亡成都,说明他在朱泚反叛以后对自己能否重回京师感到绝望,对能否消灭叛乱的藩镇和长安的朱泚感到前景渺茫。如果不是李晟等人劝阻,他也许会真的远逃四川了。德宗一旦遭受挫折立即锐气大伤的状况,从他对待藩镇的态度上可见一斑。德宗对待藩镇态度的转变,使登基以来解决藩镇问题的大好形势和良好机遇,也转瞬即逝。

藩镇割据专横,遂积重难返。

四、内廷宦官重掌权

中唐的中央机构,已经十分不堪,内廷宦官人太多、太专权。对此,李适也是很想改革的。在他继位之初,四大革新方案中,就有这一条。

太监们权力越来越大，人品越来越坏，做事越来越歪，不除不足以安邦。

李适早先是下了决心解决这个问题的。

即位之初，他首先"疏斥宦官"。

德宗的父亲代宗，是一名由宦官们拥立的皇帝。因为被人家拥立，所以知恩图报，对宦官很是优宠，特别是派往各地出使的宦官，任由其公开索贿、大肆搜刮。德宗为皇太子时就很清楚其中的弊端。

不革新，这个弊端，终将成为王朝的毒瘤！

李适即位伊始，下决心对此加以整治。在刚刚即位的当年闰五月，李适派宦官往淮西给节度使李希烈颁赐旌节。此人回京后，李适通过查访，得知李希烈不仅送了他七百匹缣、二百斤黄茗，还送了他骏马和奴婢。

李适大怒，将其杖责六十后又处以流刑。此事传出京城，那些奉使出京还没有回来的，都悄悄地把礼品扔到山谷之中，没有收到礼品的就再不敢乱来了。不仅如此，在即位的当月，李适还将暗怀异图的宦官刘忠翼赐死。

李适处治宦官，革新中央机构，让大臣们为之一振。

然而，好景不长。

削藩战争中，"泾师之变"，乱兵赶得皇帝李适出逃避难。一路辛苦，一路担惊受怕，这样的日子，真让人难受啊！

就是在这个逃难的过程中，德宗李适对自己的革新进行了重新评估。泾原兵马在长安叛变，自己信赖的禁军将领看到叛军进城，竟然不能召集到一兵一卒保卫宫室。这些禁军将领，平时可是给了他们高官厚禄的呀！没想到这么不中用！

反过来，自己一路仓促逃亡中，身边最可以依靠的，竟然是自己在东宫时的内侍宦官窦文场和霍仙鸣，以及他们俩所率的百余名宦官。窦文场和霍仙鸣虽为宦官，却忠心可依；朝廷武将虽非宦官，却难以依靠。逃亡避乱中，李适进一步思考，皇帝绝对不能没有自己的近卫亲军，而且这支近卫亲军交付朝廷官员不能使自己放心的时候，由宦官掌领也就和自己亲领没有什么区别了。慢慢地，德宗开始将统领禁军的事宜交付窦文场和霍仙鸣等人,说明他已经开始改变了即位之初疏斥宦官的态度。

公元783年,也就是德宗李适重返京师刚三个月,他决定放弃中央机构革新方案,将神策军分为左右两厢,同时以窦文场和霍仙鸣(一开始为另外一个宦官王希迁)为监神策军左、右厢兵马使,开启了宦官分典禁军的先河。神策军自德宗重返长安以后,驻扎在京师四周和宫苑之内,成为比羽林军、龙武军更加重要的中央禁军和精锐机动武装部队。

公元786年,唐德宗将神策军左右厢扩建为左、右神策军,窦文场等宦官仍然担任监军,称为"监勾左、右神策军",李适对宦官的信赖和宠重,已到极致。

不久,德宗李适又设立了左、右神策军护军中尉,分别由窦文场和霍仙鸣担任,这一职务直接由皇帝授任,成为地位高于神策军大将军之上的实际统帅。从此,神策军的统率权完全掌握在宦官手中。

公元795年五月,德宗李适还将宦官任各地藩镇监军的办法固定下来,专门为担任监军使的宦官置印,不仅提高了监军的地位,也使之制度化。

德宗李适重用宦官,前所未有,宦官因此成为德宗以后政治中枢当中重要的力量,也为晚唐埋下了深深的祸根。德宗以后的唐朝皇帝当中,如他的儿子顺宗、孙子宪宗以及后来的敬宗、文宗等,都是死于宦官之手。

史学家往往把宦官专权称为唐晚期政治腐败和黑暗的表现之一,这一状况的最终形成,与德宗李适革新的失败有直接关系。

五、聚财成为孤家好

继承皇位之初,李适决意大力改革财政政策。他知道,在多次战乱后国家虽然已经很穷了,但是,种种杂税让人民十分憎恨。各级官员贪腐成风,让人民恨上加恨。战乱后的国家和人民,需要休养生息,需要减少税赋;战乱后的官场,需要清廉,需要正气。

他作出许多规定,凡是增加税收的官员,一律革职查办。凡是收受礼金、有价证券的官员,一律严加惩处。凡是向朝廷进贡物品的,一律不再重用。一时间,朝廷上下,是很有些新气象的。

即位之初,李适任命崔祐甫为相,仅仅两天,就下达诏告,告知天下:停止诸州府、新罗、渤海岁贡鹰鹞。第二天,又下达诏书,命令山南枇杷、江南柑橘每年只许进贡一次,而这唯一的一次进贡,只能用于供享宗庙。除此之外,全国的进贡活动,一律停止。

几天后,李适连续颁布诏书,宣布废止南方一些地方每年向宫中进贡奴婢和春酒、铜镜、麝香等;禁令天下不得进贡珍禽异兽,甚至规定银器不得加金饰。为了显示自己的决心,他又下令将文单国(今老挝)所献三十二头舞象,放养到荆山之阳;对那些专门供应皇帝狩猎的五坊鹰犬更是统统一放了之。

为了节省国家的支出,他下令裁撤了梨园使及伶官三百人,需要保留者均归属到太常寺。

为了节省国家的支出,也为了显示皇恩浩荡,他诏令放出宫女百余人。

德宗李适早年的改革,的确显示出新君登临大宝以后的新气象。

但是,战争对一个人的改变,无法估量。战败对一个皇帝的改变,更是无法估量!

自从朱泚事变后,李适出逃奉天,人生观完全发生了改变。他意识到钱财对于个人的重要性,唉,没有钱花,真是件很痛苦的事情!他改变了态度。

李适本人大量收取财物。各地的节度使,只要到朝廷办事,必须带上大量的礼品。如果带少了,皇帝会让太监催要,要求马上交来,称之为"宣索"。皇帝如此行为,搞得全国上下行贿送礼成风。有的节度使以给皇帝进奉为名,大刮百姓财物,竟然想出了每天向皇帝进奉的名目,以便每天向百姓刮油!

同时,李适以皇权的名义,让宦官以低价强买百姓物品。如果老百姓不愿意,轻则痛打,重则抓人。为皇宫采购物品的宦官们,只需站在市场上张望一下,看中什么东西,直接取走,一文不付,完全是明抢。

他的皇后,也大量收取财物。

李适还开了向茶叶收税的先河。公元793年,德宗决定向茶叶征税,史称"初税茶"。据《旧唐书·食货志下》:"……初税茶。先是,诸道盐铁史张滂启奏说:'伏以去岁水灾,诏令减税。今之国用,须有供储。伏请于出茶州县及茶山外商人要路,委所有三等时佑,每十税一,充所放两税,其明年以后所得税,外贮之。若诸州遭水旱,赋税不办,以次代之。'诏可之,仍委滂具处置条奏。字次每岁得钱四十万贯,然税无虚岁,遭水旱处亦未尝以前拯赡。"所收之税,全部成了皇帝家的私人享受之用。

手下的大臣们怎么收钱,他都不管。不但不管,而且劝大臣们收钱。曾担任宰相的陆贽,因为拒绝所有来京城办事的官员的礼物,德宗还派人开导他,不要太过清廉,对人家的礼物一律拒绝是不通人情世故,像马鞭、鞋帽之类的小礼物,收受一点也无关紧要。

从禁止地方额外进贡到大肆聚敛钱财,德宗不仅改变了他的财政政策和用人政策,也给他的治国为君之道带来了不良名声。

皇帝腐败,皇后腐败,官员腐败,制度性腐败,大面积腐败。唐,就这么完了!

六、四举皆空暮气沉

唐朝到李适当皇帝时,国气和国势虽然不太好,但并没有大势已去。国土保持完整,行政体系健全,藩镇大多服从,税收有所增长,人民希望安定。这样的时候,是国家从大乱之后转向大治的最好时机。如果是有为之君,如果是果敢之君,真的可以通过改革而有一番作为的。

李适即位之初,也真的想有一番作为。为了实现自己的政治理想,他实施革新,很有力度。但是,改革的措施执行之后,并不是一朝一夕就会收到明显功效的,有时候需要时间,需要等待。但是,李适不愿意等待。这个在深宫大院中长大的孩子,还不知道做成一件事情是要付出努力的,是要具备坚韧不拔的品质的。因此,当最初的改革办法初见成效时,他觉得收效太慢,于是用大动作向手握重兵的藩镇们开刀,而自己又缺少军队。为此,他付出了沉重代价。当一番改革遭遇挫折后,李适的雄心竟然消失殆尽。德宗一生中,无论是性格还是行动,都充满了矛盾和悲剧色彩。

四大革新举措全面失败,壮年的李适,本来可以挽救晚唐江山的李适,变得无所适从了。

他,自己宣布放弃所有改革。四举皆空,万事休矣!

就这样,一场改革演变成了大溃败。政局腐败,太监专权,贪官横行,民不聊生。

李适作为皇帝实行改革的时候,宫廷中几乎无人反对。在这样的情况下,仅仅两三年就全面放弃改革,不能不让人痛心。

李适作为皇帝实行改革的过程,给后人留下的,几乎都是教训,是作为改革家的教训。

改革,要有坚定的意志,不怕难,不怕险,不惧人言,不信古人。非如此,不能轻言改革。

改革,要有周密的设计,能应急,能应变,能聚人气,能固人心。非如此,不能妄言改革。

改革,要有负责的精神,有责任,有担待,负当世责,负后代责。非如此,不能乱言改革。

改革,是国家的大事,是民族的大事,也是改革者自己的大事。改革一旦启动,决不能半途而废。否则,结局会比不改革更惨!不改革会等死,将改革半途而废则是找死。这,说的就是李适吧。

李适在改革时,因为承受不了削藩失败的痛苦,转而选择了放弃。李适死后一百零二年,即公元 907 年,大唐王朝正式灭亡。从李适到唐灭亡的一个多世纪,唐,一直在痛苦地活着。藩镇作乱,太监干政,件件事情都让人头大,让人难堪。

害怕改革带来的痛苦,那么,你只能承受拒绝改革的痛苦。就像一个重症的病人,害怕手术开刀的疼痛而拒绝就医,那么,你就只有承受失去生命的痛苦!

对中国过去的几千年来说,不改革,就是等死。对中国未来的岁月来说,唯改革,才能新生!承受一些痛苦,生的希望就在前面。没有痛苦,我们又怎么可以新生?!

公元 805 年正月,李适去世,给他的儿子李诵留下的是一个烂摊子。

李诵当年正月登基,虽然中风后不能说话,但头脑清醒,很想振作。他先后起用了中晚唐时期的一大批优秀人才,对父亲留下的烂摊子进行改革。他起用的人物,有王叔文、王伾、刘禹锡、陆质、凌准、柳宗元等。这些人呕心沥血,大力改革。

这些杰出的改革家上台之后,采取雷霆万钧之势,清除德宗留下的破东西。他们首先罢除了宫市和五坊小儿。宫市,就是皇宫的采购。因为这种采购,常常强抢百姓之物,令人痛恨。五坊小儿,是皇宫五种玩乐场所的工作人员,这些人也常常打着领导的旗号,到处胡作非为。这些,改革家们将其罢除!接着,又罢除了几个大贪官,接着又任用一批有作为的干部。

这些改革,还不是主要的,不是重要的。重要的改革,一是罢除了各种进奉,断了地方官的财路;二是税收政策正常化;三是准备将兵权从宦官手中收回。

唐朝中期以后,宦官坐大,朝廷,几乎就是宦官的朝廷。

于是,宦官们对改革者进行反扑。他们首先选择皇帝重病的机会,要求立长子李纯为太子。这个太子,也就是个大浑蛋,是非不分,害怕宦官。此人当了太子,完全倒向宦官。宦官们拒绝交出兵权。兵权,就是命根子啊,改革家们无论用什么方法,都没有掌握兵权。各地的地方官,因为改革损害了他们个人的利益,因此,对改革派十分憎恨,群起反对。

仅仅七个月,皇帝李诵被太监谋害,太子登基。新皇帝和太监们一起,将改革派官员全部免职,并给以重重的处分,刚刚开始的改革,就这样被扼杀了!

这,就是历史上著名的"二王八司马事件"。

其实,李适之后,唐朝已不可能进行任何改革。因为李适留下的太监专权局面,已不允许再有任何人进行任何改革!

从此,中唐走向晚唐,晚唐走向残唐,残唐走向五代十国!

唐朝这次改革面临失败时,改革家王叔文万般无奈,只好念诵杜甫的诗句——

出师未捷身先死,

长使英雄泪满襟!

北宋：挑战天下第一难的日子

—— 仁宗皇帝和范仲淹所进行的干部人事制度改革 ——

猛雨敲打着窗棂，声声急，声声紧。郑州仲夏之夜的暴雨，且狂且豪，如千军万马在暗夜里卷地而过！

这是 2008 年的夏天，当代中国史上少有的大悲大痛之后的夏天！

窗内，灯光柔柔，清茶淡淡。

三五友人，放纵思绪，行走在历史的星空。

我们在谈论睢阳应天府书院（今河南商丘市），谈论庆历新政，谈论范仲淹。

在北宋王朝艰难困苦的日子里，范仲淹就是一道暴雨后的彩虹，格外靓丽。

范仲淹，一个没有争议的人物。无论性情，无论风骨，无论功业，无论诗文，几乎是一致伟岸的评价。面对这样一个没有争议的伟人，我们又能说什么？我又能写什么？

放纵的思绪是散淡的，却也是机智的。

清朗而沉稳的大校政委刘林，说范仲淹是古往今来第一大边塞之魂。我赞成。

秀丽而聪颖的美女主播叶青，说范仲淹是古往今来第一大男儿之魂。我赞成。

内敛而执着的史学家李振刚，说范仲淹是古往今来第一大文化之魂。我赞成。

我想说，范仲淹是上下几千年的天地精华。用朱熹的话说，范仲淹为有史以来天地间第一流人物！

我是在童年的时候接触到范仲淹的。

那是南方江汉大平原一个偏远的乡村。我童年的日子，是中国历史上很不幸的岁月之一，不许读书，尤其不许读古书，几乎成为最严厉的法则。然而，我很幸运，在我生长的那个乡村，有一位早年毕业于武汉大学国文系的老先生。老先生常常到我的家中，给我讲述古文，讲述他手中的那本《古文观止》。正是从老先生那儿，我知道了范仲淹。

对中国的读书人来说，不知道范仲淹，几乎是不可原谅的；不知道范仲淹的"先天下之忧而忧，后天下之乐而乐"这句名言，更是不可原谅的。

我曾经在一本书中，讲述那位乡村先生为我第一次讲解范仲淹的故事。那是我第一次接触到范仲淹这个伟岸的名字。当日旧事，我记忆犹新。

那是一个灼热的夏日。先生为我讲授范仲淹。他一连吟诵了三首范仲淹的边塞词。此时，江汉大平原的燥热，几乎让人晕倒。先生的长衫，早已通体湿透。而先生，乐此不疲，还在吟诵着。

先生吟诵的第一首是：塞下秋来风景异，衡阳雁去无留意。四面边声连角起。千嶂里，长烟落日孤城闭。浊酒一杯家万里，燕然未勒归无计。羌管悠悠霜满地。人不寐，将军白发征夫泪。

先生吟诵的第二首是：碧云天，黄叶地，秋色连波，波上寒烟翠。山映斜阳天接水。芳草无情，更在斜阳外。黯乡魂，追旅思。夜夜除非，好梦留人睡。明月楼高休独倚。酒入愁肠，化作相思泪。

先生吟诵的第三首是：纷纷坠叶飘香砌。夜寂静，寒声碎。真珠帘卷玉楼空，天淡银河垂地。年年今夜，月华如练，长是人千里。愁肠已断无由醉，酒未到，先成泪。残灯明灭枕头欹，谙尽孤眠滋味。都来此事，眉间心上，无计相回避。

三首反复吟诵之后，先生要求我如斯画瓢，如他一般吟诵。古文、古诗文，真的是要吟诵的，只有在吟诵之中，你的心才可以真正地沉浸在那片壮阔的波澜之中。

"出乎其口，发乎其心。"我吟诵的时候，先生插了一句。我继续我的吟诵，并力图将其背会。

"发乎其心，动乎其情。"我背诵的时候，先生插了一句。

"动乎其情，养乎其性。"我熟记下来的时候，先生再插了一句。

背罢，先生开讲。格律、韵律，他一略而过。"此非宋词的精髓，能记则记之，忘却又何妨！"他说。关于诗词的格律，他说这些外在的形式，并不重要。

格律一略而过，内涵却要详加分说。这是先生的风格。他说，范词苍凉，虽不慷慨，却多感伤。他说，范词留存甚少，据说仅存四首。他说，这三首边塞辞章，漫漫乡愁沾满笔墨，荡荡朔风透过纸背。他说，他尤其喜爱词中言酒的几句，第一首是"浊酒一杯家万里，燕然未勒归无计"。第二首是"酒入愁肠，化作相思泪"。到第三首则是"愁肠已断无由醉，酒未到，先成泪"。三首未离酒，三首酒不同，先是闻酒思乡，次是饮酒思乡，到最后是酒未到，已思乡。细细品味，其味无穷啊。

我，就这样认识了范仲淹。

我的那位先生，传授范仲淹的词和文时，已经年过七旬。岁月经纶，让他经历了时代的大变迁，却没有磨灭他胸臆间的大智慧。先生告诉我，范仲淹是文人的典范，是他内心最敬重的文人种子。何以上下几千年的文人墨客中，先生独钟情于宋代这位儒士？先生如是评说："百无一用是书生，千古文人空叹息。唯有一位范仲淹，破了书生无用的局。为词为文，传诵了千古；为官为将，开拓了疆土。上马可定乾坤，下笔能评春秋，这是范仲淹啊！文人，做一个好文人，就要像他那样。"

多年之后，先生当年的评语，依然时时在我的耳际回荡，如暮鼓，如晨钟，总在我迷茫的时候，一次次撞击我的心扉！我知道我们是可望而不可即的，但我也知道我们必须时时望其项背，用伟人的项背，作自己的一面人生镜子，去走人生该走的路。

今夜，郑州这个猛雨如注的夜晚，郑州这个好友云集的夜晚，谈着范仲淹，想起当年的先生，心中真的是百感交集！

范仲淹，生于太宗端拱二年，即公元 989 年，卒于皇祐四年，即公元 1052 年。他是北宋著名的政治家和统帅，是卓越的文学家。尤其是他倡导的庆历革新运动，成为后来王安石熙宁变法的前奏。他首创并提出的"先忧后乐"的价值观,成为千年来仁人志士最高尚的节操,成为中华文明史上闪烁异彩的精神财富。

范仲淹所领导的庆历革新运动,主要内容,几乎就是挑战当时天下第一难——干部人事制度改革!

一、天底下第一大圣贤:皇帝改革能想到的人选

范仲淹走上改革舞台,是仁宗皇帝选择了他。

客观地说,仁宗皇帝,是中国历史上少有的好皇帝之一。

据说,公元1063年农历三月,五十四岁的宋仁宗去世时,天下为之恸哭。开封的皇宫门外,一大早就挤满各色人等,他们中,有褴褛的乞丐、斯文的书生、稚气的小孩……所有的人哭作一团,披着白麻,烧着纸钱,给皇帝"送别"。到了第二天,焚烧纸钱的烟雾飘满了开封上空,荫天蔽日。宋朝的使者将消息传到辽国,辽国的君主抓住宋国使者的手无法相信,说:"他老人家怎么就过世了?"说着就哭了,还说,"我要给他建一个衣冠冢。"

当皇帝当到这个份儿,了不起!古今以来的皇帝,有几个可以做到?心高气傲的乾隆皇帝承认:平生最佩服三个帝王,仁宗为其中之一。

宋仁宗小时名受益,是他的皇帝老爸宋真宗唯一活下来的儿子。他五岁封庆国公,九岁为太子,十三岁老爹一驾崩就改名赵祯,登基为帝。

虽然是皇帝老爸的唯一儿子,但少年岁月依然艰难。他的皇帝老爸,是那种"权力加上无知加上无耻"的皇帝。老爸时刻担心太子架空自己,担心太子会搞什么宫廷政变夺了自己的权,竟然准备将这个唯一的儿子杀掉。还好,有几位大臣动之以情,说:"陛下,您还有几个儿子啊?"这一句真话,让真宗明白了:杀了太子,就绝嗣了。赵祯十三岁即位后,又经历了章献太后十一年的垂帘听政。这样的政治经历,让小皇帝有了对弱者的同情、对世事的宽仁。正因如此,当仁宗领导北宋这场改革时,虽然高潮短暂,但是余音悠长,影响深远。

宋仁宗亲政,是公元1033年的事情。亲政了,皇帝才算是自己亲手治理自己的国家,才可以行使皇帝的权力。

面对天下,年轻的皇帝很清楚自己的家底。老爸当年害怕战争,搞了个"澶渊之盟",大伤自尊而又不好承认。于是,跑到别的方面找弥补,大搞面子工程、形象工程、排场工程,一口气把"五岳"都封禅了。当年大唐富得流油时,唐太宗想到华山搞一次封禅,因为太贵,因为大臣反对,只好作罢。老爸这么搞形象工程,几乎玩光了国库的银子。

边境的压力也在增加。陕甘宁一带的西夏,逐渐强盛起来。

公元1040年初至1042年九月,西夏,这个原先并不起眼的小国,突然间对北宋发动进攻,一攻就是三次,一次在延安,一次在宁夏隆德,一次在宁夏固原。三次大规模入侵,让宋朝军队措手不及,北宋三战三败,损兵折将,丧失地盘,又一次签订"城下之盟"。条件是人家休战,咱家每年"赠送"大量银绢,用钱财换平安,就像中东那地方用土地换和平,用石油换面包。

这还不算,北方的辽国,也跑来趁火打劫。辽人,咱家老爸不是和你有过协定吗?怎么又来了?嘿嘿,人家来了,看看你被另一个人打得满地找牙,想想你也没有多大个本事,干脆也来要肉吃。北宋王朝只好又增加对辽进贡的银两。

唉!这么搞下来,北宋君臣,灰头土脸的。那种情绪,那份泄气,那片低迷,就像2008年的股市一样,没治了!

责任在谁?是什么原因搞成这样了啊?

北宋政治生态不错,文人士大夫们,可以想说什么就说什么,哪怕说得过火,也没有什么事情,至少不会杀头。加上仁宗宽容,所以,到了查找原因的时候,官员们纷纷指责朝廷。说是朝廷任人唯亲,所以搞得将领无能,军队腐败,所以打了败仗。

先是财政困难,接着是边患连连,眼下又出了麻烦。

公元1043年五月,边境上的战事还未结束,北宋军队中有个叫王伦的小子宣布造反。这小子一打出造反的旗号,没几天就纠集了千军万马,从北往南打下来,破临沂,下益都,攻克江苏连云港、淮安,一直打到扬州!东南半个中国,几乎让他拿下了!仁宗这个急啊,只好调动大量军队,一路追,一路堵,费了老鼻子劲,才在安徽和县将王伦打败。烦人的是,打败了王伦,可其他的亡命之徒接连而出,此伏彼起。这些叛兵所到之处，各州县领导干部根本谈不上作为，根本说不上抵抗。这些家伙平时拿了朝廷的高工资坐了朝廷的高级车，到了危难时刻，非但不抵抗不守土有责，反而捧出好酒好肉，跑到城门口迎接造反的乱军，请叛军住进州县政府办公大院，又提供粮草军饷军火，还提供第三产业服务人员搞服务。

这么些乱七八糟的事情连连发生，说明组织人事制度的腐败已无可复加！

仁宗，也真是个好样的皇帝。乱七八糟的环境中，他很冷静。宋仁宗先抓经济，对外平息战争，对内作风俭朴，扭转了经济颓势。待经济形势出现好转，他立即决定，在经济改革的成果上，进行政治改革——干部人事制度改革。为此，他要寻觅一个合适的改革经纪人。

几经斟酌，在群众中呼声很高的范仲淹，进入视野。

范仲淹已经五十多岁了。日月轮回，岁月风霜，没有把他累倒，没有将他击倒，反倒让他更加坚韧不拔。多年官场生涯，他几上几下，历尽坎坷。但他清正廉洁，精明干练，宽容大度，博今通古，担任地方官政声卓著，尤其是在陕西前线率领军队遏制了西夏攻势，声望越来越高，成为全国道德第一大正面典型人物，许多官员称他是圣人。

不错，范仲淹的忠义，范仲淹的军功，范仲淹的才气，名声之大，名头之响，当时可与圣贤比肩。

于是，皇帝决定：用他，就用他！

公元1043年八月，宋仁宗宣布全新的"内阁名单"：调范仲淹回京城，与枢密副使富弼、韩琦一道主持朝政。

二、政治上第一大挑战：老范改革能想到的事项

公元1043年八月底，范仲淹刚到京城上任，宋仁宗马上召见。

"范卿啊，你回来就好了。抓紧给我拿个改革方案吧，看看有什么办法，快点治理好这么大个国家。"皇帝说的，大概就是这么几句话。

"陛下啊，你关心就好了。只要你关心，国家的事就有希望了。但是，朝廷弊病太多，国家的问题不少，不能急啊，得一步一步来。"范仲

淹说的,大概就是这么几句话。

可是,皇帝真的急,很急!

公元 1043 年十月,也就是庆历三年九月。北宋王朝的首都,今日河南的开封市,菊花绽放。皇宫的走道和广场上,也摆满了艳丽的菊花。年轻的宋朝皇帝仁宗,登上京城至高处,放眼望去,满城金甲,漫天花香。然而,年轻的皇帝,似乎没有心情欣赏这样的美景。

仁宗皇帝直奔天章阁,他要在这儿接见几名大臣!

天章阁是保存皇帝手稿的禁地,此前,历任皇帝从未在此接见大臣。

来到天章阁,仁宗皇帝立即让范仲淹等人坐在自己对面,面对面交谈改革大计。说着说着,皇帝迫不及待,自己站了起来,一边走,一边说,又拿起纸笔,递交给范仲淹等人,说:"各位啊,你们快点拿出个具体方案吧!算是皇帝我求求你们了!"

第二天一早,大伙儿刚刚上班,皇帝又问小跟班:"范卿怎么还没有来?"

"陛下,今天一早,你已经催问范大人好几遍了!"皇帝的跟班小声回答。

开封的秋天,可能有些干燥,容易让人着急上火。九月以来,年轻的皇帝几乎每天都会催问范仲淹 N 遍!他要范仲淹的改革方案!

北宋王朝的仁宗皇帝,对自己的江山是很有责任感的,因为有这份责任感,所以他显得格外开明和进步,差一点成了那个时代的"民主先生"了。

这年八月,皇帝将西线的三名统帅——夏竦、韩琦和范仲淹,一同调回京师,分别任命为最高军事机关的正副长官——枢密使、枢密副使。

调整中央机关干部后,皇帝又提出言论自由,还亲自任命四名谏官——欧阳修、余靖、王素和蔡襄,后来号称"四谏"。有了言论自由,"四谏"官放声说话,皇帝也还真听,于是,撤掉了并无军功的夏竦,以杜衍和富弼为军事长官;彻底罢免了吕夷简的军政大权;驱逐了副宰相王举正,以范仲淹取而代之。

对范仲淹尚在拟订中的改革方案,皇帝一日数催。禁不住宋仁宗一再催促,范仲淹、富弼和韩琦,连夜起草改革方案,也没有赏菊听歌的心思和时间了。几个人天天晚上点着蜡烛写啊写的。范仲淹作为主笔人物,总结从政二十八年来酝酿已久的改革思想,向皇帝呈上了新政纲领《答手诏条陈十事》。

这个文本,实际也就是提出了十项改革主张。

讲述历史的我,不得不将这十大主张一一说清。可是,读历史故事的人,一定会觉得这十件事情一一说来,太过无趣。果若如此,您完全可以略过这十大主张,直接进入后面的故事之中。谢谢啊。

十大改革主张,一一分解如下:

(一)明黜陟。对官吏一定要定期考核,按他们的政绩好坏提拔或者降职。北宋时期,官员升降与政绩无关,吃的是大锅饭。只要你在一地做官满了若干年,就可以升迁,或者调到京城。这种用人制度之下,官员们不求有功,但求无过,无所作为。干部无所作为,国事何以作为? 要改革,要图强,得改革干部制度,那么,咱们就从考核政绩开始,有大功劳和明显政绩的,破格提升;有重罪和不作为不称职的官员,坚决撤换。

(二)抑侥幸。严格限制大臣子弟靠父亲的关系得官。这就限制了侥幸做官和升官的途径。北宋对文化人特别优待,所以,一些当了大官的文化人,每年都要搞什么"举贤不避亲",自荐其子弟出来当官领高薪。据说,一个学士以上的官员,经过二十年,一家兄弟子孙出来做官的就有二十人。这种搞法,就像老鼠下崽,一窝一窝的,发展起来太可怕了。这些家伙不仅成为国家的大批量造粪机器,而且相互包庇,结党营私,胡作非为。范仲淹想,不给这些家伙在官场上做一次完全的绝育手术,那就不中!

(三)精贡举。严密选拔干部的考试制度。国家需要有真才实学的人才,而过去的考试办法,只会生产一些死背书死写书的人,这些人,说起道理来一箩筐一箩筐的,但是,真正要他们拿点办法办点实事,一个个就像水面上的死鱼,漂在那儿没了辙。所以,改革科举考试内容,把原来进士科只注重诗赋改为重策论,把明经科只要求死背儒家经书的词句改为要求阐述经书的意义和道理。这样,教育考试的这条指挥棒,才可以起到引领学生学习真才实学的作用。

(四)择长官。北宋仁宗时代有过统计,说全国州县两级官员中,不称职的有百分之八十!这么多干部不称职,简直是拿国家的事情开玩笑!范仲淹建议朝廷派出得力的人往各路。具体办法,就是检查地方政绩,奖励能员,罢免不才;选派地方官要通过认真的推荐和审查,以防止冗滥。

以上四条,是这次范仲淹改革方案的重点,也是后世最为看重的地方。这四大设想,真正属于政治层面的改革,属于人事制度方面的改革。古今以来,改革别的,如经济,如文化,都会容易些,而一旦动人,动人事问题,改革的变数,改革的风险,就会成倍增加!这四条改革设想,是范仲淹在政治上提出的第一大挑战。

可是,北宋到了这个份儿上,不动人行吗,不动干部行吗?!

其他方面的改革内容,我们可以说得简略些了。

(五)均公田。公田,是北宋地方官的定额收入之一,相当于工资,但分配往往不均。范仲淹建议朝廷均衡一下他们的职田收入,按等级发给他们,使官员有足够的收入养活自己。

(六)厚农桑。范仲淹建议朝廷下诏令,兴修水利,大兴农桑。

(七)修武备。整治军备。

(八)推恩信。广泛落实朝廷的惠政和信义。相当于亲民举措。

(九)重命令。要严肃对待和慎重发布朝廷号令。

(十)减徭役。

这就是范仲淹交上来的改革大方案。宋仁宗看完后,又和朝廷其他官员商量,得到一致赞同。于是,急不可待的仁宗皇帝,立即以命令的形式,向全国颁发这一改革大纲。

皇帝成了改革的急先锋,范仲淹则为改革贡献出自己的才华和忠直。于是,北宋历史上轰动一时的庆历新政开始了。

有人一直说,这次改革,是范仲淹直接领导的。我不以为然。以范仲淹的地位,仅仅是国务院副总理一级的干部,不可能以一人之力领导全国改革之实;以范仲淹的人品,真真是大忠之臣,一定会将决策送给皇帝，事事由皇帝做主。因此，这次由范仲淹设计的改革，真正的领导者，是皇帝，是仁宗。

范仲淹提供的，只是一个设计方案。同时，在设计方案得到认可后，他又如工程技术人员一样认真地作业和操作。

范仲淹能够这样低调地配合皇帝，不争夺设计方案的版权，也不要什么出版税，这是很了不起的。在他之前，在他之后，许多的改革家们吃大亏，有的人就吃亏在此。

三、朝廷上第一位君子：杰出人才的不凡胆量

改革新政开始实施，短短几个月，北宋政治局面已然出现转机。

政府机关，开始精简干部了！历朝历代，政府机关干部太多，几成通病。宋代科举考试取士名额之多，为历朝之最。有人公布过一个数字，说宋朝的科举干部，是唐代的五倍，是元代的三十倍，是明代的四倍，是清代的三点四倍。这些太多太多的官员，往往是成事不足、坏事有余的。范仲淹要减少这些多而无用的官员。

官员子弟，以往全靠家族关系而做官。范仲淹对此提出限制。据统计，北宋时期每年靠"门荫"当官的人数，远远超过了通过科举考试当官的人数。于是，范仲淹向皇帝递交《答手诏条陈十事》后，又主持起草《任子诏》等重要文件，限制领导干部子弟直接当官。他规定，领导干部的长子以外的子孙，如果想出来做官，必须通过公开考试，合格才能为官。

地区和很多肥缺单位的一把手位子，长期由一些无所作为的官员占着。这些人颐指气使，十几年不让位。范仲淹、富弼和韩琦商量改革，第一步是把这些地区领导人的任期定为三年，不得私自请求连任，任期超过三年的，请皇帝下诏罢免，另择合格官员担任。

为了撤换地方上不称职的长官，范仲淹派王鼎、杨纮、王绰等官员，以按察使的身份，对地方官明察暗访，发现有能力有官品的，就来个提拔重用；发现有贪污有不作为的，就来个严肃处分。按察使对官员们的情况汇报一送到朝廷，朝廷就立即作出提升或者处罚的决定，大

批赃官贪官的姓名,从中央组织部门的干部名单上勾掉了。一旦名单勾掉,这个干部就算失业了!失业,对于只会做官的职业干部来说,是很难受的事情啊。

有一次,担任谏官的欧阳修,被派到湖北钟祥搞调研。

欧阳修来到此地,地方一把手,大名是刘依。欧阳修面前的这位刘依,年过七十,耳聋眼花,苍老不堪。地方民情如何,刘依无言以对;地方收成如何,刘依无言以对;地方治安如何,刘依仍然无言以对,完全一个一问三不知!欧阳修有些火了,问他国家领导人是谁,刘依想了半天,就是答不上来!欧阳修再一调查,这老头儿根本干不了什么事情,完全就是占着位置吃干饭。欧阳修批评他:"老刘啊,你什么都不知道,怎么治理一方啊!"刘依急了,说:"我还算好的呢!我的前任,连路都走不了,不也在这儿干满了三年吗!"

欧阳修急了,欧阳修火了!他连夜给仁宗皇帝写了一份内参,连夜发给京城的中央机关。他在内参上说:"敬爱的皇帝啊,请您想一想,让这种干部管理那么大的一个地区,不出大问题已是万幸了啊!"

内参上来了,范仲淹看到了,提笔待批。这时,站在一边的富弼从旁劝说:"老范哪,你这大笔一勾,那些官员掉了官帽失了业,他一家人没了收入来源,可就要大哭了!"

范仲淹回答说:"一家人哭,总该比一个地区的人都哭好些!"

"一家人哭,总该比一个地区的人都哭好些!"这,成了范仲淹留下的名言。他的名言,体现了一份胆量,一份爱民的责任。

改革的事情,只要动了人,动了人的利益,就会引发反对。在个人利益与国家利益面前,很多官员,会毫不犹豫地选择个人利益!古今以来,此言虚否?!

一大批中央政府的大官僚、地方政府的大官员,和朝廷的大太监们串通起来,策划铲除范仲淹等人。

反对改革的干部们,首先从经济问题入手,找找改革人物的腐败问题。政治上打不倒对手,那就从经济上找碴;如果经济上找不到碴,那就从生活作风、男女问题上找碴儿。可惜,北宋对生活作风和男女问题太过开明太过开放,别说男女作风不算什么问题,如果你真的连一点男女风情都没有都不会,反倒是那个朝代的怪物!所以啊,要整倒范仲淹等人,若从生活作风、男女问题上找事,肯定没用。那么,反对派只有先从经济问题上下手。

不久,监察御史梁坚上疏,控告陕西地方官滕子京和西部军方负责人张亢,控告这两人贪污挪用机要费。

这两个人,于私是范仲淹的朋友,于公是范仲淹的改革同志。拿这两个人开刀,那就是项庄舞剑,意在沛公。这会儿的沛公,就是范仲淹。

机要费,是朝廷拨给地方官员的一笔机动钱,怎么使用,可由地方官员决定。朋友和同志受到控告,范仲淹知道对方是冲自己来的,提出辞职,并申明自己的朋友不可能在经济上有什么问题。可是,监察御史梁坚以辞职作为担保,担保自己的控告铁证如山。吵来吵去,仁宗决定:将滕、张二人贬官。

从经济上得手后,反对改革的官员们又从政治上进攻。

公元1044年仲夏时节,朝廷的检察官们忽然声称破获了一起重大谋反案件。谋反,在封建王朝时代,是第一等的大罪!谋反案直接涉及的,是范仲淹的好友加同志石介和富弼。此事纯为夏竦一手制造。夏竦本来做着高官,可是,改革的欧阳修等人对他进行弹劾,使他被贬了官。老夏对范仲淹、欧阳修等痛恨入骨。痛恨入骨之后,老夏用心计划,决意报复。老夏喜欢书法,精于字形字体的研究,他培养身边一个丫鬟研习书法。庆历四年(公元1044年),他让这个丫鬟模仿名士石介的笔迹,渐渐以假乱真。老夏让丫鬟模仿石介的笔迹,篡改了石介给富弼写的一封信,篡改添加的内容暗含着要发动政变把仁宗拉下马。夏竦把这封信上交仁宗,算是重大举报。仁宗看了这封信,虽然没有完全相信,可内心也起了嘀咕。皇帝在想,小范哪小范,你搞改革,是不是想扩大相权啊?

事故连连发生。

有人向皇帝写报告,指控范仲淹等人结党谋私。大臣结党,是宋朝皇帝最讨厌的事情。仁宗收到小报告之后,想听听范仲淹的说法。公元1044年四月的一天,仁宗向各位大臣问道:"过去小人多为党朋,君子难道也结党吗?"

范仲淹心底无私,坦然回答:"我在边防的时候,见到能打仗、会打仗的人聚在一起,自称一党,怯懦的人也自为一党。在朝廷上,正、邪两党也是一样。陛下只要用心体察,就可以分辨忠奸。假如结党做好事,那对国家有什么害处呢?"

答者虽然坦然,听者实为不快。

偏在此时,三十七岁的欧阳修心中不爽,直抒胸臆,干脆写了一篇《朋党论》的政论呈交仁宗,并在朝官中传阅。欧阳修在大作中,承认大伙的确都在结党。他还说,结党者,有的是小人们为个人利益,相交成为"伪朋";有的是君子们为了国家利益,相交成为"同道"。欧阳修告诉皇帝:您一定得辨别君子之党与小人之党,然后"退小人之伪朋,用君子之真朋"。

看到这一文章,仁宗更加不快!

这时,宋夏之间已正式议和,边境上的危机已然过去,内地的造反,也被平息。日子太平了,最高统治者对于改革的兴致和迫切,也明显减低。皇帝对范仲淹等人冷淡起来。改革刚刚开始的时候,皇帝对范仲淹等人,一天催问好几次,一天召见若干回。现在嘛,范仲淹他们想见上皇帝一面也难!

没意思,真没意思!于是,受到举报的富弼,为了避嫌,请求出使边地。受到冷落的范仲淹,为了避开,要求到河东与陕西视察。

宰相章得象和副相贾昌朝,当初看到皇帝热心改革,立即附和范仲淹的新政。现在看到皇帝冷落改革派,立即又开始打击改革派。庆历五年(公元 1045 年)初,宋仁宗终于公开改变了对改革者的支持,他下诏撤去范仲淹和富弼军政要职,取缔实行仅一年四个月的各项新政。

同年十一月,仁宗下诏强调"至治之世,不为党朋"。

四、无奈时另一种选择:从急进到温和的过渡

仅仅一年零四个月的改革,其失败的直接原因,就是因为仁宗皇帝态度的突然改变。

在专制社会,皇帝的决定,就是一切决定,就是最后的决定。皇帝决定换人,那你只好卷铺盖走人!

不过,北宋仁宗皇帝,在对改革派的处理上,留下了让我们这些后人思考和猜测的空间。

历朝改革,有成功的,也有失败的。历朝改革家,无论成败,一旦让皇帝起了怀疑之心,结局都会很惨。然而,宋朝仁宗皇帝对范仲淹、富弼和韩琦等改革人士,处理是很轻的。这些改革派相继被调出京城后,各委以不同职务,至少有一份工作,有一份收入,可以安心生活吧。历朝历代,改革者如商鞅车裂、张居正掘坟、谭嗣同杀头,比比皆是。可是,北宋的改革者们毫发无损。可见,皇帝对改革者提出的方案,并没有从心底否定。

皇帝让改革者离开京城的真正原因,很可能就是他们树敌太多。毕竟,皇帝的天下,是要靠更多的官员来帮助运转的。只有为数不多的几个改革家,那么,国家机器可能运转不灵。仁宗皇帝看到了真正的危机:群臣惶惶,范氏孤立,新政虽好,众怒难平,若继续重用他们,新政必难执行。急则用缓,于是,他果断叫停。

树敌太多,皇帝只好让你走人。历朝改革的失败,这都是不可不承认的原因。

江山是皇帝的。大臣可以换,皇帝还得做。仁宗皇帝并没有完全放弃改革的方案,他是个聪明人,他还得在开封城延续着他的政治理想,让他的国家强大起来。于是,他作出选择。

——文彦博,一个有些保守的大贵族,一个具有改革新思想、具有操作旧手段的大官僚,浮出了水面,接替范仲淹职位。

仁宗皇帝的这个选择,从急进的改革角度看,有些另类。既然还想推行改革,为什么选择一个并不是改革派的人来执政?

文彦博不如范仲淹那么有文采,不如欧阳修那么有激情。他是一个几乎沉默的人,话不多,但却很务实。历史这样评价此人:文彦博历仁、英、神、哲四朝,任将相五十年,执政于国家承平之时,史称:"公忠直亮,临事果断,皆有大臣之风,至和以来,共定大计,功成退居,朝野倚重。"

看来,宋仁宗还真有两下子,选择了另一位风格完全不同的改革经纪人。

此后的十多年里,文彦博以沉默而实干的姿态执政。他的特点,是把仁宗皇帝的改革意图,结合到范仲淹留下的改革设计中。然后,对范仲淹的十大改革政策,一条条修改,让其更具有可操作性。然后,他不动声色地贯彻执行。没有什么口号,没有什么辩论,一切风平浪静。和他一道的,是包拯、杜衍这批能臣。

一个另类的选择,一种由急进到温和的过渡,反而让十大改革措施,有了继续执行的空间。

大约公元 1050 年,文彦博调研发现,国家在四川试点多年的纸币"交子",已有了经验。四川,好像也是我们这一次改革开放三十年的发源地和实验地之一。真巧,北宋时期,四川,也是改革的实验地。文大人从四川的改革中得到经验,决定向全国推广。可是,陕西长安的官员"立功"心切,公布说要废止铁钱,只用纸币。此言一出,老百姓连忙抛售铁钱、抢购货物,长安经济陷于混乱。紧急时刻,文彦博并没有强制推行"交子",而是让人拿出了自己家里的丝绸来到长安,对市民们宣布:"我们家文宰相,专门来此卖丝绸,专门只收铁钱。"这么一来,民心稳定了。从那以后,朝廷再推广"交子",就没有阻力了。

北宋仁宗放弃范仲淹,我以为,仅仅是对范仲淹、欧阳修改革方式的放弃,并不是对改革内容的完全放弃。他选择文彦博,是对一种改革方式的选择。前者急进,后者温和。仁宗选择这种含蓄温和的方式推行改革,确实治不好国家的病根。但是,对统治者来说,朝廷的政局稳住了,新党旧党的争议淡化了,这,就是现任统治者心目中最重要的事情,稳定,任何时候都是压倒一切的中心工作!同时,仁宗的温和与宽厚,于无意中缔造了一次人才的高峰——在"唐宋八大家"里,除了唐代的韩愈、柳宗元,其他六人都活跃于仁宗时期。以至于林语堂说,这是中国文人"最好的时代"。

在中国历史上,北宋仁宗,是第一个被尊称为"仁宗"的皇帝,因为他曾经于艰难中造就了北宋一世繁华。

五、寒门中第一等英雄：宁鸣而死不默而生

我个人认为，从一个文人的角度看，从一种文化的视野说，范仲淹个人的魅力，远比他进行的改革更具有震撼力，更具有感染力。这是人格的力量，是精神层面的财富。

范仲淹是寒门出身的第一等英雄。

北宋太宗端拱二年，也就是公元989年八月初二，范仲淹出生在江苏徐州。范仲淹出生第二年，父亲病逝，母亲谢氏抱着襁褓中的仲淹，改嫁山东淄州长山县一户朱姓人家，范仲淹也取名朱说，在朱家长大成人。一个偶然的事件，让范仲淹发现自己是江苏范家之子，而并非朱家子孙！他愧愤交集，决意出走，决意外出求学。

收拾书袋，背起长铗，掀着古琴，范仲淹决意走出朱家村，到外面去，到外面的世界去！无论有多少风雨，无论有多少艰辛，外面的世界，永远是好男儿唯一的梦想！

母亲，还有朱家的继父，还有朱家的兄妹们，拉着他的衣襟，希望仲淹留下来。毕竟，这儿有一个家，有一个可避风挡雨的家。

范仲淹没有太多的话，他只是往村口走，不停地走，像一个铁了心的青年剑客，沉默着走自己的路。走出村口，走过村头的柳林，范仲淹的脸上，才有两行清泪悄然滑落。他回头望去，母亲、朱家的亲人们，已经淹没在茫茫绿色中……

公元1011年，二十三岁的范仲淹来到睢阳应天府书院（在今河南商丘市）。应天府书院是宋代著名的四大书院之一，聚集天下英才和名师，而且学院免费就学。范仲淹来到此处，如鱼得水，他凌晨舞剑，白天和晚上读书，吟诗作文，慨然以天下为己任。

公元1014年秋天和1015年春，已二十七岁的范仲淹，通过科举考试，中榜成为进士。不久，他被任命为广德军的司理参军。接着，又调任为集庆军节度推官。他把母亲接来赡养，并正式恢复了范姓，改名仲淹，字希文。从此开始了近四十年的政治生涯。

范仲淹的政治生涯中，以"三光"的故事最见其人风骨。

第一光。

公元 1028 年,范仲淹经过晏殊的推荐,荣升秘阁校理——负责皇家图书典籍的校勘和整理,实际上属于皇上的文学侍从,不但可以经常见到皇帝,而且能够耳闻不少朝廷机密。这可是个重要的位置啊,如果利用得好,升官、发财,机会大大的!可是,咱范仲淹是求升官求发财的人吗?不是!不为升官,不为发财,那就是为了负政治责任。那时候,皇帝年已二十,可是,朝中各种军政大事,却由六十岁开外的刘太后一手处置。刘太后一高兴,提出冬至那天,仁宗同百官要一起到前殿给她叩头庆寿。范仲淹认为,此事损害君主尊严,应予制止。他奏上章疏批评,认为太后你要是到皇宫祝寿,那谁也管不着。可你要是在皇帝办公的地方让大家一起给你祝寿,那就是公私不分,非常不对!范仲淹的奏疏,使晏殊大为恐慌,他责备范仲淹:"你是我推荐的人啊,你这样给太后提意见,太后她要是处分我们怎么办啊?"范仲淹敬重晏殊,但在原则问题上,比晏殊看得远。他说:"我这样做,正是为了对得起你的推荐啊!"下班回到家中,范仲淹一不做,二不休,再上一章:请刘太后撤帘罢政,退出政治舞台,将国家大权交还仁宗。可是,太后和朝廷,对范仲淹的意见书默不作答,却降下诏令,贬范仲淹出京,调到河中府(今山西省西南部永济县一带)任副长官——通判。上任路上,一班同在朝廷秘阁做官的朋友们送他到城外,大家举酒饯别,说:"范君此行,极为光耀啊!"此为第一光!

第二光。

三年之后,刘太后死去了。仁宗想到了那个建议太后让权的人,这个人就是范仲淹。于是,皇帝把范仲淹召回京师,派做专门评议朝事的言官——右司谏。这个官职,就是专门提建议的官职,是言官。有了言官的身份,他上疏言事更无所畏惧。公元 1033 年,京东和江淮一带大旱,赤地千里,蝗灾遍地,范仲淹奏请仁宗马上派人前去救灾,仁宗不予理会。他质问仁宗:"如果宫廷之中半日停食,陛下该当如何?"仁宗为之震惊,派范仲淹去了。归来时,范仲淹带回几把灾民充饥的野草,送给了仁宗和后苑宫眷。这时的宰相吕夷简,本是坏人一个。他想借仁宗的家务纠纷,而废掉郭后。年轻皇帝仁宗,受不了美人与奸相的煽动,决定降诏废后,禁止百官参议此事。范仲淹认为,此举不当。于是,他与负责纠察的御史台官孔道辅等,来到皇宫,要求见仁宗讲理。可是,仁宗根本就不想见他们。范仲淹等人决定请愿,他们手执铜环,叩击宫门,搞得山呼海啸,还高呼质问:"皇后被废,为何不听台谏之言!"由于范仲淹是带头请愿的人,第二天,皇帝贬他去睦州(今浙江桐庐县附近)做知州。参与请愿的孔道辅等人,也或贬或罚,无一幸免。范仲淹得罪权相和皇帝,受到处分,眼看就要离开京城,于是,有些重视感情、讲些正义的朋友,来到城郊为他送行。可惜,这一次前来送行的人,已不太多。送行必饮酒,有人举酒对他说:"范君此行,愈觉光耀!"此为第二光。

第三光。

范仲淹是那种很能干的干部,无论走到哪儿,无论是什么烂摊子,只要他干上几年,一定会有起色。过了几年,他由睦州调任苏州知府,治水有功,调回京师,获天章阁待制的荣衔,还当开封知府。这个职务,相当于北京市市长。同时,前时一同遭贬的孔道辅等人,也重归朝廷。范仲淹发现宰相吕夷简任人唯亲,收受贿赂,腐败不堪。根据调查,他绘制了一张"百官图",在公元1036年呈给仁宗。吕夷简得到消息,不甘示弱,反讯范仲淹迂腐。范仲淹虽然有理,可是吕宰相却位高权重,而且吕夷简老谋深算,很会利用皇帝的喜好。仁宗皇帝此时二十七岁,尚无子嗣。范仲淹可能关心过仁宗的继承人问题,可能说过如果皇帝无子,只好选择皇太弟侄来当太子。这种话,让皇帝很没面子。吕夷简知道这些后,从旁中伤。于是,范仲淹被夺走待制职衔,贬为饶州知州。余靖、尹洙、欧阳修等人,因为替范仲淹鸣不平,也被流放边远地区。这一次,范仲淹只好和前几次一样,出京城,到远地。离开京城时,他来到都门之外,前来相送范仲淹的亲朋,寥寥无几。只有一个依然正直的王质,抱着病歪歪的身体,用车子载着酒,前来送行。两人边饮边聊,王质鼓励范仲淹:"范君此行,尤为光耀!"此为第三光。

几起几落,范仲淹并不在意。士人的骨气,就是宁直而折,不屈而生。他,已经习惯于从京师被贬做地方官了。他捻着花白的髭须,在饶州官舍曾吟诗一首:"三出青城鬓如丝,斋中潇洒过禅师","世间荣辱何须道,塞上衰翁也自知"!

饶州,是范仲淹的伤心之地。他自幼多病,到此地后又患了肺疾。不久,妻子李氏也病死了。然而,范仲淹老而弥坚。在附近做县令的诗友梅尧臣,寄了一首《灵乌赋》给他,并告诉他:范兄你在朝中屡次直言,都被当做乌鸦不祥的叫声,希望你从此拴紧舌头,锁住嘴唇,随意吃喝就可以了。范仲淹立即回答了一首《灵乌赋》,说:宁鸣而死,不默而生!

这,就是范仲淹。

六、边塞上第一颗军魂:文人中的不世将星

范仲淹得以走进朝廷,得以主持史称"庆历新政"的这场改革,是因为他在西部的政绩突出。因此,说范仲淹,非得说说西部的事情不可。

西部,一直是中国封建王朝的软肋。西部不断成长壮大的少数民族,因为土地的需要,因为财富的需要,不时会拔出他们的弯刀,亮出他们的利剑,向中原的汉族王朝进攻。如今看来,这些是国内战争了。而在当时,却是边境上的侵略或者叛乱。

北宋早年时期,甘州和凉州(今甘肃张掖、武威)一带的党项族人,本来臣属宋朝,后来,党项族出现了一位强人,他就是元昊。公元1038年,这位政治强人宣布成立西夏国,自称皇帝,将大片北宋的国土分离出去。分离之后,他又调集十万军马,向东进袭,攻打宋朝延州(今陕西延安附近)等地。

突然建立的西夏王国,突然出现的边境挑衅,使宋朝朝廷措手不及。攻打? 防守? 朝廷上的官员们吵成一团,仁宗皇帝也举棋不定,拿不定主意。

朝廷拿不定主意,边境上却连连告急。国家三十多年没有打过什么大仗,边防线上,几乎没有什么可供防御的设备。军队三十多年没有打过什么大仗,军官士卒,几乎没有什么作战的经验。宋朝的守将范雍,又没有什么本事,结果,延州北部的数百里边寨,大多被西夏军洗

劫或夺去。

仁宗皇帝对于用人,是有些办法的,也是知道用准干部的重要性的。他决定,首先换上合适的边境将领,派夏竦去做陕西前线主帅,又采纳当时副帅韩琦的意见,调范仲淹做另一员副帅——陕西经略安抚招讨副使。后来,又把尹洙也调至西线。

此时,范仲淹已五十二岁。奔赴边境之前,皇帝又为范仲淹下了几道任命书,恢复了天章阁待制的职衔,授予龙图阁大学士的职衔。

范仲淹亲临前线视察,经过调查,提出方案。他提出,改革已经落后的战阵和后勤及防御工事,以严密的战略防御为主,寻找机会进攻。可是,韩琦的看法不同,他长期在边地,长期受到西夏军的袭击,怒不可当。如今朝廷派来了多员大将,正是进攻之时。于是,他主张集中各路兵力,大举反击。主帅夏竦也力主进攻,还派韩琦和尹洙兼程回京,向仁宗汇报,并得到了诏准。尹洙奉命找到范仲淹,请他与韩琦同时发兵。范仲淹与韩、尹虽为至交,却认为反攻时机尚未成熟,坚持不从。尹洙慨叹道:"韩公说过,'用兵须将胜负置之度外'。您今天区区过慎,看来真不如韩公!"范仲淹说:"大军一发,万命皆悬,置之度外的观念,我不知高在何处!"西部边境线上,北宋军队一时间出现了主攻派和主守派。

公元 1041 年正月,前方得到情报:西夏军正向渭州(今甘肃平凉一带)进攻。主攻派将领韩琦认为进攻时机到了,立即派大将任福领军出击。西夏军佯装不敌,向后撤退。北宋军将领任福下令急追,直追至西夏境六盘山麓。谁知西夏军早已布好口袋,专等宋军到来。宋军果然遇伏被围,任福等十六名将领英勇阵亡,士卒惨死一万多人。

范仲淹坚决按照战略防御的思路作战,于坚守中寻找出击的战机。他来到延州,对军队进行检查,让老兵弱兵们退役回家,将年轻力壮的留下。北宋将领多有官家子弟,平时吃吃喝喝,战时哆哆嗦嗦,难当大任。范仲淹从士兵和低级军官中提拔一批强悍者担任将领,又从当地居民中选录了不少士兵。对于挑选当地居民从军,范仲淹认为,外地兵士家在内地,对西夏入侵缺少切身之恨。而当地居民年年被西夏军侵扰,恨之入骨。选择他们入伍,他们会有为家乡和亲人而战的思想,作战时会更加勇敢。

范仲淹对战法进行改革。北宋时期,军队作战有现成的规定:按军阶低高先后出阵迎敌。军阶越低,越要最先出战。官做得越大,越不需要先出战对敌。范仲淹知道,这种战法,根本不能适应与西夏军的战争。西夏军队的战法,已具有了后来南宋时期元朝蒙古大军的战法,他们习惯于一拥而上,四面围击。宋军还按先后顺序一一出战,只能一个个被吃掉。这种打法,太过机械。为此,他取缔陈旧的战法,改为根据敌情选择战将的应变战术。

他又淘汰老弱,选择一万八千名合格士兵,把他们分成六部,让每个将领统率三千人,分别予以训练,改变了过去兵将不相识的状况。

在防御工事方面,他筑城构堡,在边防线上形成了一道坚固的屏障。做完这一切,范仲淹等待最佳的时机。

公元 1042 年三月的一天,范仲淹从情报中发现,时机已经到来。于是,他密令长子范纯佑和蕃将赵明率兵偷袭西夏军,一举夺回了庆州西北的马铺寨。西夏军以为范仲淹大军必然深入作战,调动大军设好口袋,等待范仲淹大军。而范仲淹果然亲率大军全部出动,向西夏境内挺进。

眼看全部就要深入西夏境内,眼看全军就要进入西夏人设好的埋伏圈。可就在此时,范大将军突然发令:停止前进,就地动工筑城!大军立即行动,仅仅十天,便筑起一座新城。而这座新城,正是揳入宋夏夹界间那座著名的孤城——大顺城。

西夏军队本来设好的埋伏,一时没了用处。而原来在前进中的宋朝军队,一下子成为城堡中的守军。西夏军队受此一骗,派兵来攻,却发现宋军以大顺城为中心,已构成堡寨呼应的坚固战略体系。

面对范仲淹精心设计和建造的防守体系,西夏军无可奈何。西夏国王得到报告,感叹道:"边境作战,对小范老子可要多加小心了,小范老子胸中有数万甲兵。"又有夏将领说:"那个龙图老子用兵如神,最好不要惹他。"龙图老子,是因为范仲淹有个龙图阁大学士的职称的缘故。

庆历二年以后,双方议和的使节,开始秘密往返于兴庆府(今银川市)与汴梁之间。庆历四年(公元 1044 年)双方正式达成和议。宋夏重新恢复了和平,西北局势得以转危为安。

从西北军中来到京城朝廷,范仲淹很快上演了史称"庆历新政"的这场改革。

七、处江湖第一号理念:"先忧后乐"万代楷模

范仲淹的改革受阻,皇帝让他到处走走,到西北军中看看,算是当个部级待遇的巡视员。到地方巡视,就是让你从庙堂之高到江湖之远。

范仲淹已近五十八岁,巡视员的工作虽然并不太累,可是他的身体实在太差,无法承受西部的风刀雪剑。他要求给他一个可以休息的地方。仁宗皇帝同意了,让他移到稍暖的邓州(今河南省南阳一带)做知州。

与范仲淹一同执行改革的众人,也多被下放到基层做地方官,全都到了江湖之远的地方。

富弼被贬至青州(今山东省益都一带),欧阳修贬到滁州(今安徽省滁县等地),滕宗谅贬在岳州(今湖南省岳阳一带)。

远在青州的富弼寄来诗歌,不免感慨万端。范仲淹写信劝他认真工作:"枢府当年日赞襄,隐然一柱在明堂","直道岂求安富贵,纯诚惟赖助清光"!

岁月平淡,江湖安宁。范仲淹晚年的日子,只有一颗不老的心在偏远的地方搏动着。也许,他在等待一个奇迹,等待一种命运。河南南阳的山水,曾经隐居过名震后世的孔明,曾经哺育过名传后世的《出师表》的作者。看孔明,读《出师表》,满眼只有一个字——忠,忠君,忠国,忠民!我曾经无数遍读孔明,读《出师表》,我的恩师曾无数次告诉我,读此而不哭者,不为忠!

2008年的初夏,我第一次来到这里,深深为此山此水而感动。南阳,这片并不高耸入云的山峦,不见奇巧,没有华丽,却雄浑伟岸,自有一份深沉,一份厚重,一份博大,仿佛中华民族刚毅木讷的心魂!

晚年的范仲淹,就在南阳这片中华民族刚毅木讷的心灵之地栖息着。他在等待。

等待中,机缘叩响了大门。

昔日好友滕宗谅,也就是滕子京,派人送来一幅岳阳楼图。

滕宗谅在信中说:我到岳阳为官,已将该楼重新修葺,并将历代有关的赞扬诗赋,刻石附立。范兄可否写一篇岳阳楼记?

公元 1046 年九月十四日。

南阳。

是夜,秋色茫茫,秋风爽爽,秋月朗朗。

范仲淹挂起友人送来的岳阳楼图,凝神冥想。

岳阳,范仲淹是知道的。有人说,范仲淹写《岳阳楼记》,并没有到过岳阳。此言差矣。其实,范仲淹早年曾随继父在澧州安乡(今湖南省安乡县)读书,那时候,他曾到过岳阳一带。记忆中的岳阳,记忆中一望无涯的洞庭湖,在南阳如诗的秋夜,涌入他的脑际。

范仲淹在冥想。岳阳啊,远衔青山,青山如黛;近吞长江,长江如练;朝辉乍起,夕雾丛生,万千气象,变化如幻。

南阳。

是夜,草木敛声,飞鸟屏气,山神静听。

范仲淹的千古绝唱《岳阳楼记》,就在是夜挥就。

尽管我们都曾经无数次诵读这伟岸的名篇,但是,我仍然希望陈列此文。若无此文,又如何能有历代众贤所不能比拟的范仲淹!

庆历四年春,滕子京谪守巴陵郡。越明年,政通人和,百废具兴。乃重修岳阳楼,增其旧制,刻唐贤今人诗赋于其上。属予作文以记之。

予观夫巴陵胜状,在洞庭一湖。衔远山,吞长江,浩浩汤汤,横无际涯;朝晖夕阴,气象万千。此则岳阳楼之大观也,前人之述备矣。然则北通巫峡,南极潇湘,迁客骚人,多会于此,览物之情,得无异乎?

若夫淫雨霏霏,连月不开,阴风怒号,浊浪排空;日星隐曜,山岳潜形;商旅不行,樯倾楫摧;薄暮冥冥,虎啸猿啼。登斯楼也,则有去国怀乡,忧谗畏讥,满目萧然,感极而悲者矣。

至若春和景明,波澜不惊,上下天光,一碧万顷;沙鸥翔集,锦鳞游泳;岸芷汀兰,郁郁青青。而或长烟一空,皓月千里,浮光跃金,静影沉璧,渔歌互答,此乐何极!登斯楼也,则有心旷神怡,宠辱偕忘,把酒临风,其喜洋洋者矣。

嗟夫!予尝求古仁人之心,或异二者之为,何哉?不以物喜,不以己悲;居庙堂之高则忧其民;处江湖之远则忧其君。是进亦忧,退亦忧。然则何时而乐耶?其必曰"先天下之忧而忧,后天下之乐而乐"乎。噫!微斯人,吾谁与归?

时六年九月十五日。

《岳阳楼记》送到岳州,滕宗谅好生感动,他立即命人刻石。

文章中,两句格言传遍天下——"先天下之忧而忧,后天下之乐而乐"。

开封城中,仁宗皇帝闻知此语,慨然称颂。范卿啊,天下士子果若如此,何愁天下不安,何患大宋不兴!

"先天下之忧而忧,后天下之乐而乐",短短两行字,概括了范仲淹一生的道德准则。这个道德准则,成为他之后天下士人的最高标准。

公元1051年,范仲淹调任青州。这里的冬寒,加重了他的疾病。

公元1052年,范仲淹调任颍州,他扶疾上任。

但是,这一次,范仲淹没有能够到达自己任职的地方。他途经徐州时,病情加重,于五月二十日溘然长逝,享年六十四岁。

范仲淹死讯传开,朝野上下,一片哀痛。远在西边的甘、凉等地的各少数民族百姓,都聚众举哀,连日斋戒。凡是他从政过的地方,老百姓为他建祠画像,像死去父亲一样痛哭哀悼。

范仲淹留有遗愿:死后希望葬在他母亲长眠的那块地旁——洛阳南郊万安山下。于是,洛阳,这片英才辈生的土地上,又有幸增加了一座不朽的英坟——范园。

仲夏,天气有些热。洛阳的朋友们,郑州的朋友们,陪着我一起来到范园,来此诵读这位跨越了千年时空的伟大灵魂。同行的河南电视台制片人叶青,当即赋诗一首:

攻书学剑五十年,

几番溅血三军前。

万安有幸留忠骨,

大写忧乐天地间。

青草旺盛,翠柏苍劲,英坟静穆。刚刚晴空如洗的苍天,突然间下起了滴滴甘露。是雨吗?

捧上我的一炷心香,捧上我无限的景仰!

放心,大人!许多该做的事情,我们会做的!我们的民族正在希望着,前进着!

北

宋

北宋:千古罪人还是千古名臣
——王安石改革留下的是与非

    中国历史上,身为宰相而毁誉殊途,当属王安石。有人评价他毁灭了北宋根本,导致了北宋灭亡;有人评价他充裕了北宋国库,开启了改革大门。两种评说,简直让王安石一面是魔鬼,一面是圣人。

    春天,莺飞草长时节。在江西王安石的故居,我的心中一直在发问:王安石,这个文章等身名满天下的北宋宰相,到底是千古罪人,还是千古名臣? 千百年来无数的宰相们,如王安石这般让当世和后人均给出决然相反的两种评价的,似乎并不多见!

    如果他一直做他的地方官员,也许会有如一的好评;

    如果他一直写他的诗词文章,也许会有如一的好评;

    如果他一直不到京城做宰相,也许会有如一的好评……

    也许吧!

    尽管时人和后人的评价,是如此的天上地下,但我必须承认,王安石的名字依然是不朽的。即使是远在俄罗斯的早期革命家列宁同志,也曾经在他的一篇文章中,列出注解。在注解中说:王安石是中国 11 世纪的改革家! 虽然列宁并不是史学家出身,虽然他的这一注解也许并不那么完整准确,但,他至少知道中国有过一个王安石,而且这个王安石是搞过改革的!

一、千古褒贬两重天

无论当时,无论后世,对王安石的评价,都是两重天的。我们先看看评价,然后再说说他的故事。

王安石(公元 1021—1086 年),北宋政治家、思想家、文学家。字介甫,晚号半山。抚州临川(今属江西)人。仁宗庆历进士。嘉祐三年(公元 1058 年)上万言疏,提出变法主张,要求改变"积贫积弱"的局面,推行富国强兵的政策,抑制官僚地主的兼并,强化统治力量,以防止大规模的农民起义,巩固地主阶级的统治。神宗熙宁二年(公元 1069 年)任参知政事,次年任宰相,依靠神宗实行变法;并支持夺取西河等州,改善对西夏作战的形势。因保守派反对,新法遭到阻碍。熙宁七年辞退,次年再相;九年再辞,还居江宁(今江苏南京),封舒国公,改封荆,世称荆公。卒谥文。

北宋时期,人们对王安石的批评,我们可以看看——

范仲淹的次子范纯仁评王安石说:小人之言,听之若可采,行之必有累。盖知小忘大,贪近昧远。——这位仁兄,对王安石的评价一塌糊涂,从人格上完全否定了王安石。

司马光是王安石的同事,他评价王安石说:人言安石奸邪,则毁之太过。但不晓事,又执拗耳。——这位老兄,在批评王安石时,留了少许的面子,只是从性格上否定了他。

神宗用王安石当宰相前,让侍读学士孙固评价一下王安石。孙先生说,王安石此人学问很大,安排当官的话,可以成为比千年后的社会科学院院长更货真价实的知识干部;但如果让他当宰相当总理,绝对是不行的,因为他没有气度,没有全局观,而且心胸太小,过于狷狂,不能容忍不同意见。——这位老兄,对王安石的文才是肯定的,但对他能不能做官,能不能治国,是完全否定的。

北宋灭亡后,逃到江南的宋朝高宗皇帝,也就是那位对岳飞大将军进行残酷斗争和无情打击的赵构,对王安石十分憎恨,认为是王安石误导了神宗皇帝搞什么改革,所以伤了北宋的国本。于是,他让人编

《神宗实录》二百卷，对王安石评价得一塌糊涂，认定他是北宋的千古罪人。

可是，同样在南宋，高级干部和学问家陆九渊等人给王安石完全正面的评价，认为王安石的改革为北宋立了功，搞到了钱。到了清朝，大诗人龚自珍更是高度评价王安石，认为，王安石"英特高迈，不屑于流俗"。

各朝江西出来的官员们，对他也是正面评价的。亲不亲，家乡人嘛。

孙中山对王安石评价也很高，五四新文化运动者认为他是社会主义的先行者。

明朝哲学家李贽在《富国名臣总论》中评价："安石欲益反损，使神宗大有为之志，反成纷更不振之弊。此胡为者哉？是非生财之罪，不知所以生财之罪也。"李先生是个了不起的人物。他早年曾对张居正的改革看不下去，后来等张居正下了台，倒了血霉之后，很认真很执着地为张居正鸣不平，不惜付出了生命的代价。由李先生的人品看来，他对王安石的评价，当是公正的。

客观地看待千年来对王安石的评价，很多事情，并不是他的错，很多功劳，也并不是他个人的功劳。那是一个特定历史下的事情，一个特殊时代的人物。

除却王安石改革的话题，他的诗和词，是很有大家风范的。我们看几首吧。

桂枝香

登临送目，正故国晚秋，天气初肃。

千里澄江似练，翠峰如簇。

征帆去棹残阳里，背西风，酒旗斜矗。

彩舟云淡，星河鹭起，画图难足。

念往昔，繁华竞逐。叹门外楼头，悲恨相续。

千古凭高对此，漫嗟荣辱。

六朝旧事随流水，但寒烟衰草凝绿。

至今商女,时时犹唱,《后庭》遗曲。

千秋岁引

别馆寒砧,孤城画角,一派秋声入寥廓。
东归燕从海上去,南来雁向沙头落。
楚台风,庾楼月,宛如昨。
无奈被些名利缚,
无奈被他情担阁,
可惜风流总闲却。
当初谩留华表语,而今误我秦楼约。
梦阑时,酒醒后,思量着。

南乡子

自古帝王州,
郁郁葱葱佳气浮。
四百年来成一梦,
堪愁,
晋代衣冠成古丘。
绕水恣行游。
上尽层楼更上楼。
往事悠悠君莫问,
回头。
槛外长江空自流。

二、千呼万唤不出来

王安石在北宋政治舞台上的出场,是很不容易的。

王安石是江西抚州人,从小喜欢读书,极其会写文章,二十多岁就中了进士。

王安石中进士后,到地方任官,表现不错。王安石最早是在淮南任判官。在这个职位上,王安石小有建树。任职满了之后,应该进行异地交流。封建时代的官场,是有很严格的规则的,地方领导干部都会被要求到异地任职,不可以在自己家乡当官的,这个异地,通常还得到远离家乡千里之外的地方。王安石任职期满时,与他同样任职期满的人无不想着法子到中央工作,可是,他却要求到一个县当县长。在县长的位置上,王安石专心修水利,热心帮农民,干得不错,当地群众对他赞扬有加。在基层工作的成绩,被朝中大臣文彦博发现,文大人推荐他到中央工作。文大人告诉皇帝,说王安石深得民心,工作扎实,可以到中央当官。可是,王安石一口回绝,他说:我的基层工作经验还不丰富,还是让我多在基层工作些时间吧。

于是,他继续在基层做他的县长。史书上说,在县长的岗位上,王安石起堤堰,掘陂塘,兴水陆之利,很得民心。当时,那个文学大家欧阳修正在朝中做大官。欧阳先生向皇帝推荐他到中央当言官,并且给皇帝写了信,表扬王安石是位很不错的好官。皇帝也真的想提升他。可是,王安石又是一口回绝。他的理由是:祖母年高,需要我来照顾。

欧阳修的推荐,虽然让王安石谢绝了,但却给王安石带来了变化:皇帝让他到常州任知州,就是州长,相当于现在的地市级干部,提了一大级。知州任上,王安石又是好好干,得到一片赞扬。

于是,有人给皇帝写信,说王安石这位同志,不但文章名满天下,不但非常能干,不但很得民心,而且十分孝顺。这样的干部,就是德才兼备的干部;这样的干部不用,用谁啊?

千呼万唤之下,皇帝真的动了心。

公元1060年,宋仁宗决定调王安石到中央工作,当三司度支判官,相当于财政部大官吧。这一次,一些喜欢并且推荐过王安石的人,以为王安石又会如前几次一样,找个什么理由回绝,继续安心在基层工作。但是,王安石没有。他觉得,前几次皇帝给安排的位置,确实不怎么样,要么是当说话进言的言官,要么是当做学问的闲官。这种官,不当也罢,真的不如在基层,握实权,办实事。如今,皇帝终于让咱当了有名有实的官,那还推辞什么啊?打点行装上路吧,到京城!

公元1060年,宋朝仁宗年间,王安石第一次入京做官。

看来,王安石胸有大志,并非不喜欢到京城做官,而是不喜欢做没有权力的官。要到京城,就得做个有职有权的大官,这样才可以一展胸中才华!

王安石就这么来了!朝着历史走来了!

让王安石始料不及的是,北宋当权的仁宗皇帝,因为一件小事,对他有了很深的成见!

一天,仁宗和几个大臣在后花园喝酒钓鱼,太监们将鱼食装在精美的钧瓷盘中,放在茶几上,以便皇帝和大臣们随时用来喂鱼。结果,王安石随手拿起就吃,一会儿将一盘鱼食吃光了。估计皇帝家的鱼食,一定是精心制作的,肯定比普通人家的小吃要好得多,否则,王安石也不会一下子吃光一盘。但是,可能是吃者无心,看者有意,仁宗皇帝由此很看不起王安石。他事后对人说:"王安石这个人啊,人人都说他是个能干的人,但我认为,他是个奸人,是个小人。一盘鱼食,误吃几粒就可以了,为什么要全吃掉啊?他这是故意表演给我看的!这种人,千万不可委以重任!"

其实,王安石就是这么个人。他不爱洗澡,不爱新衣,平时吃饭,不管多少菜,他只吃离自己最近的。这一次,鱼食就在自己面前,当然就吃它了。

皇帝不重用自己,那还有什么意思啊?王安石要求再下基层去。北宋时,仁宗和英宗两任皇帝,对王安石均没有重用。对此,王安石很不爽,私下写一些回忆录,对这两位皇帝评价很一般。

英宗当皇帝时,后来的神宗皇帝,当时还是颍王。王爷手下有个秘书,总能出些好主意,此人名韩维。当神宗对他的主意给予表扬时,韩维就说,这不是我的主意,是王安石的主意。

韩维总是这么说,搞得颍王十分诚恐。王安石?这个名字倒是听说过,这个人怎么这么能干啊?将来我当了皇帝,一定得倚仗他!

于是,神宗一当上皇帝,就提出召见王安石,想办法将他搞到中央当官。

神宗下诏,调王安石入京。可是,王安石却不来。前些年,咱调到京城,不但没有重用,还坐了冷板凳。这一次,可别轻易进京了!

王安石不来,神宗又思贤若渴。于是,神宗再下诏书,调王安石进京,担任翰林学士。一些官员认为,这次,王安石一定会谢辞的!

可是,王安石没有谢辞,而是谢恩了!老王的儿子住在京城,与皇帝的秘书韩维是好哥们,儿子从皇帝秘书那儿得知,这一次,皇帝是要重用父亲了,于是,马上给父亲写了一封密信。王安石知道皇帝主意已定,立即决定上任。是啊,这么好的机会,可不能再错过了!人生能有几回搏啊!

千呼万唤后,王安石于半年之后到达京城。时间是公元 1068 年的夏天。

皇帝见到了心中想念已久的人才,立即就要提问。

皇帝问:治理国家,首先要做些什么啊?

安石答:以选择最佳办法为先。

皇帝问:唐朝太宗李世民治国,怎么样啊?

安石答:您为什么要当李世民啊?他不算什么。您要当就当尧舜啊!

皇帝听到此话,十分受用,很是满意。

王安石,这位千古名人,终于出场了。

三、千秋基业无奈时

神宗重用王安石,实在是因为北宋的千秋基业,已到了万般无奈之时。

神宗前面是英宗,英宗前面是仁宗。宋朝仁宗当皇帝,没多大能力,也不多作为,但国泰民安,他也安安稳稳当了四十二年皇帝。他死后,宋英宗上台,当了四年皇帝就病死了,估计是小老婆太多给闹的。于是,神宗上台。就是这位神宗,起用了王安石,推动了王安石的改革。

此时,宋朝面对许多困难。其中最大的困难,就是国家没有钱,财力很贫乏。我们知道,北宋是特别优待士人的,可能因为开国皇帝出身武夫,出自社会底层吧,所以,对士大夫们是很关照的,简直就可以说是很关爱的。所以,朝廷对文人们特别好,以至于现当代还有大文人们渴望生存于宋朝。这时候,宋朝的干部已达二十万。宋朝初年,朝廷三班院只有干部三百人,到了宋朝真宗时,三班院已有四千多干部,到了宋朝仁宗时,更多达万人。朝廷还要开科举,一搞就选出一万多人。此外,官员的后代又可以直接做官。于是,北宋的干部队伍极为庞大,财政负担很重。

北宋的高级干部们,大多奢华,挥金如土。有的大官的家中,每天晚上点满红烛,如同白天一样,吃一回晚饭,就得点掉三百支巨大的蜡烛;有的爱好鸡舌汤,每天只此一道菜,就得杀千只鸡,而千只鸡也就只能做一小碗汤。北宋因为皇帝对士大夫的关爱有加,也让这些士大夫们养成了及时行乐的毛病,个个都是浪费的主儿! 如此这般,国家怎么能不穷呢?

同时,军队庞大而且无用。宋朝太祖时,国家精锐军队就是禁军。宋太祖得天下的经过太过离奇,所以,以自己的成功为教训,决计不许军队坐大,不许将官坐大。太祖设立的军制,就是强干弱枝,就是让地方和边防军队弱小,而中央军队由皇帝亲自掌管,称为禁军。那时,禁军人数为二十万。可到了宋仁宗时,禁军已达八十三万多人。因为国家长期无大仗可打,军人工资又高,所以,有点关系的,都跑到禁军拿工资。这时,加上其他边防保安等军队,全国军队一百多万。这些人平时不好好训练,训练时连人都找不到,但一到发工资的时候,全来了。有的兵将甚至连发的工资(米)都扛不动,只好请人拿回家。为此,国家每年负担很重。

北宋太祖、太宗时,国家是有钱的。到了宋仁宗时,国家已无钱了。神宗皇帝的前任,也就是英宗当皇帝时,国家非但没有多少积累,而且出现了财政赤字。北宋英宗皇帝时,国家一年的财政收入为一亿一千六百一十三万元,而支出的军费、公务员工资、行政办公费、领导接待费等,却达到了一亿二千零三十四万元。一代代皇帝和一代代大臣们大把大把地花银子,让国家穷下来了。

宋朝神宗当上皇帝后，兴冲冲地跑到国库，看看还有多少可以用的银子。等他到了国库，国库保管员打开大门，皇帝看到的是空空的一排排架子，架子旁边一本本厚厚的账本。保管员告诉他：这些架子上的银子，早就花光了。如今，只留下这些账本了！皇帝看到满是灰尘的账本，长长地叹了一口气！先皇帝啊，你真够狠的，非得在下台前来个吃光分光花光的三光政策！

手中没有钱，坐在皇帝位置上，还不如不坐。没钱的皇帝，连个屁都不是！没钱的皇帝，除了玩命挣钱给大家花，没有别的选择，否则你连命都难保啊！你不花钱，谁听命于你？你不赏钱，谁给你拼命？你不付钱，谁给你保命？所以，没有钱的时候，让你来做皇帝，那就是故意地玩儿你，有意地整整你！如果你有能耐有办法有气魄，也许可以死中求生，如果你不能，那么，你就等着让人收拾吧！宋朝神宗皇帝，这会儿就有了这种感觉。早知道国库没钱，那我还做皇帝干吗啊?!但是，皇帝的位置，就是老虎的背，只能上，不能下。神宗皇帝只好坐在老虎背上想办法搞钱。他，一个养尊处优的皇帝，能有什么好办法搞钱啊？还不是靠大臣，看看谁能说出搞钱的办法，就用谁呗！恰好，王安石说出了许多个搞钱的办法。

说到搞钱的问题，早在前些年，许多大臣就提过的。范仲淹这位大文学家、高级干部在实行"庆历新政"时，就提出了要节省支出。当朝的文彦博先生，也提出要减少军队，以此节约开支。当朝的司马光，也就是写《资治通鉴》的那位大文人，也曾提出过议案。这些人的议案，主要是讲要减少机关干部，要减少无用的军人，要减少国家的无关支出，等等等等，但均没有人认真地去落实。王安石年轻时，刚刚中了进士，也曾上过万言疏，提出自己改革的初步设想。这份万言疏，当时并没有引起仁宗皇帝的多少注意。一个二十出头的进士的上疏，是很难在朝廷上有什么分量的。

但是，王安石志在改革，志在新政，志在增加国家的收入。为此，他一直在努力着，积累着。早在神宗皇帝没有当皇帝的时候，不就已经有官员推荐过王安石了吗？

好，找王安石来干吧！不管白猫黑猫，只要能搞到钱，就是好猫！

四、千方百计只为财

王安石在基层工作时,心中想的就是国家大事。对国家面临的困难,他是清楚的。这一点,真的很难得。你看看现在那么多官员,大大小小的,有几个想着国家的事情?王安石就可以做到,真的是处江湖之远则忧其君。

到了京城,王安石于公元1069年春天担任副宰相。当年就推出了改革的办法。首要的改革,是财政问题。

公元1069年八月,朝廷按王安石的设想,宣布实行均输法。颁行淮、浙、江、湖六路均输法。由发运使掌握六路的财赋情况,斟酌每年应该上贡和京城每年所需物资的情况,然后按照"徙贵就贱,用近易远"的原则,"从便变易蓄买",贮存备用,借以节省价款和转运的劳费。均输法夺取了富商大贾的部分利益,同时也稍稍减轻了纳税户的许多额外负担,达到增加税收的目的。

公元1069年十月,王安石又推出青苗法。据说这一做法,唐朝就有人做过。到了北宋,朝廷也曾使用,只是到仁宗时停止了。这一做法,是规定以各路常平、广惠仓所积存的钱谷为本,其存粮遇粮价贵,即较市价降低出售,遇价贱,即较市价增贵收购。其所积现钱,每年分两期,即在需要播种和夏、秋未熟的正月和五月,按自愿原则,由农民向政府借贷钱物。收成后,随夏、秋两税,加息十分之二或十分之三归还谷物或现钱。青苗法使农民在新陈不接之际,不致受"兼并之家"高利贷的盘剥,使农民能够"赴时趋事"。政府规定,有田的富人必须向朝廷借钱。这样,保证了国家的又一份收入。

公元1070年底,皇帝正式任命王安石为国家宰相。于是,北宋王安石推动的改革高潮来到了。

王安石在全国推行保甲法,规定农村十户为一保,五十户为一大保,十大保为一都保,选择有财富的中产阶级当保长、大保长、都保正。《水浒传》中的那个晁盖天王,当时当的就是都保正,即管理五百户农村人口的"官",相当于现在的村官吧。一人犯罪,保内人也会有责任的,同时,保长和保正们平时训练民兵,负责地方治安。你看看吧,晁盖造反,就是因为他手上已有了合法的民兵。国家养兵于民,省下了不少军费开支。

公元1071年底,推出免役法。以前政府的一些公务工程,总是让各家各户出人完成,现在改革了,大家出钱就行了,不用出人力。为此,国家又多收了钱。这个改革收的钱,名字是助役钱。

公元1072年,推出市易法。政府拿出一部分钱,投资商业市场,控制物价波动,并向商人放贷,收取利息。具体做法,是在开封设置市易务。市易务根据市场情况,决定价格,收购滞销货物,待至市场上需要时出售,商贩可以向市易务贷款,或赊购货物。后又将开封市易务升为都提举市易司,作为市易务的总机构。市易法在限制大商人垄断市场方面发挥了作用,也增加了朝廷的财政收入。

公元1072年,推出“方田均税条约”,规定每年秋天收获后,要重新测量田地,按新量的田地数规定次年的税收数。这一办法,查出了不少隐瞒的土地,又增加了税收。

公元1073年,推出保马法。北宋之前,战马都是国家养的。王安石认为,这个开支太大,得改革。公家养马,花钱太多。可是,无马怎么形成军队啊?于是,王安石让那些保甲中的民兵家养马,平时由农民家使用,战时由国家使用。马,则由国家发给,如果死亡生病,由农民赔偿。这样一来,国家就可以省去一大笔开支。我记得改革开放前的中国农村,就是由农民家为集体养牛的,这个做法,好像是学的王安石此法。

王安石的改革,还有:

1.农田水利法。熙宁二年颁布。条约奖励各地开垦荒田,兴修水利,修筑堤防圩岸,由受益人按户等高下出资兴修。在王安石的倡导下,一时形成“四方争言农田水利”的热潮。北方在治理黄、漳等河的同时,还在几道河渠的沿岸淤灌成大批“淤田”,使贫瘠的土壤变成了良田。

2.将兵法。作为“强兵”的措施,王安石一方面精简军队,裁汰老弱,合并军营,另一方面实行将兵法。自熙宁七年始,在北方挑选武艺较高、作战经验较多的武官专掌训练。将兵法的实行,使兵知其将,将练其兵,提高了军队的战斗力。

王安石的诸多改革方案,无不是为了增加国家的收入,或者为了减少国家的支出。

但是,任何事物,总是两面的,有一利,就会有一害,特别是如改革这样的国家大事。因此,王安石的改革,也是一把双刃剑。

首先是大臣刘琦和苏辙等人反对实行均输法,认为这是渔夺商人毫末之利,法术不正,损坏国家的形象,并为此辞职了。

接着是司马光、苏轼等人反对青苗法,认为以国家的名义强迫农民借贷并承担利息,是亏官害民之举,老宰相韩琦还列出了青苗法的种种毛病,有理有据的。

可见,王安石的改革,一出来就引起了反对。这些反对,我们千万不可以用传统史学家们所谓的改革派和保守派来简单划分。毕竟,人家提出的意见,都有许多道理,毕竟,是你改革家在设计方案时没有考虑周全。

司马光在多年后听说皇帝决定停止新法,写信总结了王安石改革的失误。他说:青苗之法,使人民负债,国家所得不多;免役之法,收集钱财,培养了惰性;市易之法,与民争利,国家收入无多;保甲之法,多有扰民,并无实用;保马之法,劳民伤财,国家无利益。如此等等,不一而足。

五、千折百摧不动摇

王安石改革,很有毅力,经百难而无悔,精神上是很完美的。身为改革家,能有精神上的完美,已很不容易了。这总比那些以改革之名为一家一己大谋好处的高级干部强吧!

对王安石的改革,神宗全力支持。

大臣们有意见,神宗坚决排除之。当时的高级官员刘述、刘琦、范纯仁等,对王安石改革提出反对意见,神宗或者让他们到基层去,或者让他们辞职。

王安石为了改革,也一点不客气地打击反对者。对当时推荐过自己的人，帮助过自己的人，王安石也不留情面。古人记载说："于是，吕公著、韩维，安石借以立声誉者也；欧阳修、文彦博，荐己者也；富弼、韩琦，用为侍从者也；司马光、范镇，交友之善者也；悉排斥不遗力。"

王安石如此打击朋友，是不是太过了点？是不是手段太那个了点？没有朋友的人，听不了不同意见的人，能做成什么大事？

但是，王安石不管这么多。在他看来，只要有皇帝支持就行了。这一点，几乎是历史上改革家们共同的毛病！这些改革家，只认皇帝，只认皇权，其他的人、其他的事，一概不管！什么官意民意网络意见，好像不值得理会。

有了神宗的支持，王安石真的很牛啊。

有一天晚上，王安石跟在皇帝的豪华轿子后面，骑着高头大马，直往皇宫走。来到宣德门的时候，皇帝的豪华轿子刚刚过，卫兵们按照规矩，请王宰相下马走路。可是，王安石大怒，就是不下马。卫兵迫于职责，只好上前拉他的马缰，要他下来。王安石气坏了，第二天就上疏皇帝，要求皇帝处分卫兵。没有办法，皇帝要用王安石给国家搞钱啊，只好听了他的，拿大棒子狠狠打卫兵们。

有一次，大臣们写信提出改革方案问题太多，改革方案中的许多做法，就是对人民群众的财产进行巧取豪夺。这也许说得真有些难听，王安石听了，很不开心，差点吐出鲜血来。我老王搞改革，还不是为了国家富起来，还不是为了国家强大起来，还不是为了你们这些大官们有吃有喝有得玩！我老王自己又没得到什么好处，就是有什么好处，我也不是享受的人，也不会如你们那么奢华浪费啊！一气之下，王安石不干了，在皇帝召开的常务办公会上，大声说道：我分析研究目前的问题和提出的改革办法，都是有针对性的，我为这些已写了几十万字的可行性分析报告了，你们还要提出怀疑，那么，国家的事情，谁有这个本事办好啊？我不干了！

第二天，王安石称病不上班了。

皇帝看到副宰相不上班，心中不太好过。毕竟，国家是自己的，国家还是要强大起来才好啊。于是，皇帝找到王安石，亲自安慰他，让他站出来工作，主持大局。

就是这次称病之后,皇帝正式任命王安石担任了国家的宰相。

对一些过于偏执的改革家来说,运气好像总是不太好。王莽改革,运气不好,出现天灾人祸,搞出了大事。王安石改革,也是运气不好。史书上说,王安石改革后,经常出事,国家多难。新法实行的前几年,年年大旱灾,许多人到处讨饭。一些地方官上疏,说是王安石惹得老天不高兴了。

同时,蝗虫到处跑,有的地方官还画了图,名为流民图,寄给皇帝,告诉皇帝天下百姓到处流浪,天下已经不稳定了!

同时,洪灾也出现了!

同时,太后们也哭着要求神宗停止改革。

巨大的压力之下,王安石是坚强的。他还是希望将改革推行。

但是,皇帝动摇了。神宗皇帝下了"罪己诏",将责任揽到自己身上。皇帝下罪己诏,这是天大的事情,这是皇帝自己向天下人作检讨!这可不容易!

让皇帝批评自己,也许只有封建社会才可以做到,你就是放到美国这种号称民主文明的国家,你想让总统作检讨,下罪己诏,那几乎是做梦,除非你什么检察官或者新闻单位真的搞到了他千真万确的犯罪事实,否则他才不会罪己呢!错?全是你们手下人的,当皇帝的,当权的,永远正确!

为什么封建时代的皇帝,在危难时候会下罪己诏?这一特殊现象,为什么只出现在中国的封建时代?我建议那些靠研究历史吃饭的人,好好研究一下!这个问题,我认为,封建时代,虽然是专制主义,虽然是独裁统治,但皇帝是将天下作为他的家产的,他对天下、对家产,有无限的责任感和使命感。因此,为了这份责任和使命,什么面子啊荣誉啊,就是次要的了。像当今美国那样的民主国家,总统有以天下为家的责任感吗?没有,绝对没有,所以,他才不会下什么罪己诏呢,即使错了,也要让它错下去!

神宗皇帝下了罪己诏,那就是承认有问题了。王安石没有办法了,他现在没有朋友,没有帮手。就是有,皇帝都认了错,你还能怎么样?于是,他要求离开。

公元 1074 年夏天,皇帝让王安石离开京城,到江宁当知府,好好休息。

王安石离开京城,推荐韩绛为相,吕惠卿为参知政事。这几个人,一直是王安石改革的助手。毕竟皇帝还希望延续改革,毕竟只有改革才有可能给王朝一线生机。皇帝明白,大家是不喜欢王安石,所以才反对他的改革。现在我让王安石离开,那不就可以继续改革了吗?

王安石离开京城,回首再看一眼高大的开封城门,万千感慨,无法诉说!

平心而论,王安石是爱国的,是爱君的,在他的心中,正是因为怀着知识分子的忠君之情,正是因为怀着知识分子的报国之志,他王安石才冒着那么多人反对的风险,大力推进改革。这份忠诚,这份赤诚,这份精诚,是很了不起的,是很值得千秋万世的官员们景仰的!

离开北宋京城,王安石仍然关心他的改革事业,天天在想心思,等待机会。

果然不久,皇帝神宗看到国家钱不多啊,看到又出了许多问题,于是又想到王安石。

据说王安石走后不久,他推荐和提起来的改革型干部们,就为了权力斗将起来。韩绛、吕惠卿、邓绾等人都是王安石委以重任的改革派人物。这些人争权夺利,狗咬狗一嘴毛。

吕惠卿等人,人品之差,政治操守之恶劣,叹为观止!他们为了长期独揽大权,指使人把王安石牵连到一个谋反案中,打算一次性整死王安石。曾布、魏继宗等改革派官员为了争权,彼此告发,说主持市易司的吕嘉问等人垄断市场,"贱买贵卖","多多收息以干赏","挟官府而为兼并之事"。

改革派,改革派,他们虽然在中国几千年历史上上演了令人同情和感慨的大戏,但他们的人格力量,也真的让人怀疑。面对这样的一群改革派,我常常怀疑这些人是不是以改革为名谋个人之私?

神宗倚重的改革家们,如此胡闹,怎么收拾?得,还是请王安石吧。

公元 1075 年二月,皇帝再度起用王安石。王安石恢复宰相职位之后,吕惠卿向富商"借钱"以低价在苏州大量购买良田的腐败行径遭到追究,章惇则因勾结吕惠卿而出朝,韩绛的宰相一职也罢免了。

王安石到了京城,情况却大不如前,改革的困难更多了,一锅米正在煮着,却因皇帝的罪己诏而半途而废,煮成了夹生饭。同时,反对改革的高级干部不断增多,改革者内部又出现分裂,王安石自己的干部形同水火,很不团结,无法开展工作。这么个干部队伍的局面,让谁来干,都困难重重。

同时,王安石又处于不幸之中,他的爱子兼事业助手王雱与吕惠卿恶斗,私下搞小动作,企图置吕于死地的不光彩手段曝了光。王雱失去了神宗的信任,愤懑至极,疽发而死,王安石悲痛万分。

身处逆境的吕惠卿困兽犹斗,把王安石早先写给他的私信呈送给神宗,有的信上注明"千万不要让皇上知道"等密语,神宗与王安石的关系渐渐冷淡了。

可就在这时候,又出现了什么彗星。古人迷信,认为彗星出现,是上天的警示,会有大祸临头。于是,皇帝再一次怀疑改革,怀疑改革家王安石。

公元1076年,王安石最后一次辞去宰相职务,皇帝同意了。这一次,日益消沉的王安石回到江宁隐居。

王安石离开京城之后,再也没有回来过。

王安石退居江宁之后,神宗继续主持改革,还是做了一点事情。主要是改革了北宋混乱的官制,加强了军事训练。但他又扩大了国家专卖范围,继续从民间敛钱,纯属短期行为。

公元1085年三月神宗皇帝去世。神宗的儿子赵煦继承皇位,年不满十岁。于是,神宗的母亲高太后,以太皇太后身份垂帘听政。老女人召回司马光等人主持中央政府,新法全部废除。

神宗去世的第二年,即元祐元年(公元1086年)四月,王安石在悲愤中辞世,时年六十六岁。

王安石离开朝廷,神宗死去,北宋的这次改革,也就完全失败了。人走茶凉,人去政息,是中国几千年政治生态中的一种常规现象,没有什么好奇怪的。

神宗和王安石的变法,使朝廷财富明显增加了。据说,政府要新建五十二座仓库来存放王安石敛财所得的钱粮绸绢。北宋财政收支也实现了扭亏为盈。

北宋王朝，一直就是个犹豫不决或者翻来覆去的王朝。

神宗的母亲高太后执政九年，用九年的时间，用一切力量，铲除新法。九年后，十九岁的哲宗亲政，年轻的皇帝全面恢复新法。公元1100年，哲宗去世，赵佶（徽宗）即位，向太后垂帘听政，这个老女人又是全面铲除新法，把变法派全部赶出朝廷。一年后，这个老女人病逝，徽宗重用早年的变法派蔡京，第四次一百八十度大转弯，把司马光、苏轼等一百二十人定为奸党。

北宋，身为太后的老女人们，全是改革的反对党。而亲政后的年轻皇帝，则多希望改革。于是，随着母子手中权力的转移，改革与反改革也交替出现。北宋就这样折腾着，一直折腾到元气衰竭！

王安石有知，非气死不可！神宗有知，也非气死不可！

六、千古狂傲第一人

王安石的改革办法，在反对派看来，尽是败笔，全是祸国，其实不然。王安石的改革，不仅于当时起到了压制豪强、均天下贫富的作用，还真的为国家增加了收入。而且，作为改革家，作为思想家，作为文学家，他的改革，为后代留下了财富。他的保甲法，一直到民国还在使用。他对市场管理进行的改革，是以国家出资占股，宏观调控市场物价，这对后代经济学家们提出宏观控制具有借鉴意义。总之，王安石改革，留给后人的精神财富，可能远远大于留给当世人的物质财富。

当然也有他自身无法避免的问题和毛病。诸多毛病和问题中，我认为最严重的问题，是他的狂傲，因为狂傲，他藐视一切，藐视天时地利人和。

王安石是很注意宣传工作的。在他主政之前，他的宣传重点是个人的操守和能力，这一点，他做得很成功，终于让许多官员推荐他，为他造势，成功晋位到了国家领导人的高位，执掌了大权。王安石主政之后，他的宣传重点是推进改革，这方面却做得很不怎么样，因为他的藐视一切,所以,主政后的宣传内容,大多狂妄,难以被人接受,所以宣传的效果非但不好,还适得其反。

主政后的王安石宣称:"天变不足畏,祖宗不足法,人言不足恤。"

很奇怪的是,王安石在宣称"三不足"后,又一度否认自己谈过此话。

据说,王安石的这"三不足"出笼后,引起朝官普遍质疑,人人以为这是大逆不道之语。当时主持翰林院考试的司马光一怒之下,给全国的高考生们出了作文题目,就是以"三不足"为题论述时政,驳斥"三不足"。这个考题在送审时被神宗压住。

对王安石的"三不足",神宗也觉狂妄。

神宗询问王安石:"安石同志啊,听说你宣布了一个'三不足'的说法?"

王安石神色很不自然,回答说:"没有啊,真的没有。"但是王安石接着就引经据典,证明"祖宗不足法,人言不足恤"的论点是正确的。

王安石宣称的"三不足",可以说是千古狂傲之第一人,他这些话,一直被士大夫们诟病。

为什么呢?千百年来,中国人所谓的天,是讲上天,是指自然规律,是指时机。天命所归则万事大吉,天命难违则不可强行,天若有变则耐心等待。只有合天时,才可以行大运。这是中国文化,是中国传统。几千年流传下来的东西,是不是真的一点道理都没有?

祖宗的东西,并不一定是好的,但是,祖宗的东西,是一个时代甚至多个时代的结晶,是一个时代甚至多个时代的智慧的沉淀,我们可以不法之,但可以借鉴吧?不从前人那儿吸取智慧,难道你的才华是从天而降的吗?

人言,应该就是指社会评论吧。人言可畏,做大事的人,尽可以不畏之,不理之。但是,当一种社会评论广泛得到认可的时候,作为朝廷的负责人,是不是也要听一听呢?不听民众的声音,你的决策又有几分群众基础?

由此看来,王安石说出这三句话,虽然气魄可赞,虽然勇气可嘉,虽然文采可人,但是,却少了政治家的明智,少了政治家的机智,少了政治家的才智,更缺了政治家的睿智!

王安石如此狂说,就预示了他通往成功的道路上会百般艰难。

历史的故事,让人看到其规律,却没法解释这种规律发生的必然性。

如那个南唐后主李煜,专门写一种很好看的毛笔字,被人称之为什么"金错刀体"。后人对他的字,有这样的评价:"后主善书,作颤笔曲状,遒劲如寒松霜竹,谓之金错刀。"(见宋代陶谷《清异录》)我找到些这位老兄的书法看了看,书法虽然很棒,但是,一看就没有王气。身为帝王,他那手中之笔,不像李世民那样厚重有力,不像汉武帝那样稳健豪迈,却非得要瘦而且曲,哪里是坐江山的样子啊?以如此之瘦笔,一定是亡国之君的。无独有偶,北宋在王安石改革失败后的那个宋徽宗,也是写得一手好瘦金体,与李煜的字体名称虽然不同,却有异曲同工之处。结果,他的命运也与小李子一样,让人俘虏了去,专门去干写瘦金体的活儿!中国史上,不吉利的皇帝,不吉利的大臣,其实是很多的,我们尽可以吸取他们的精神,吸取他们的教训,但是,却千万不要以他们来标榜自己,这样不好的,真的!

七、千年一叹改革难

从纪元初新朝王莽改革,到北宋王安石改革,约一千年;从北宋王安石改革,到如今的改革开放三十年,约一千年。从王安石改革往前数的一千年,中国历经了多次改革,但收效甚微,政治制度和国家性质没有多少变化;从王安石改革往后数的一千年,中国也经历了许多次改革,同样收效甚微,同样政治制度和国家性质没有多少变化。只有今日的改革开放三十年,才可以真正称得上中国历史上前无古人的一次大改革!

回望约千年前的王安石改革,为什么会失败?为什么?

简单地说,可能是神宗皇帝动摇了。其实,更多的原因是王安石自己。有皇帝的支持,有国家十分困难的背景,在这种情况下改革,成功的概率是很大的。

然而，千百年来，中国的和平改革，总是一而再、再而三地失败，千年一叹，没有比改革更难的事情！

　　回眸历史，我们只能放一些马后炮，为改革的先行者们作些简单的总结。好在这些人物已然作古，即便我们说得不怎么中听，也没有人会打官司什么的。

　　我总以为，王安石这位仁兄失败的第一大原因，是太狂了，比如他对古的全盘否定。王安石与他的同姓前辈王莽相同的是，他们都是用权力力推改革。但他们又极为不同。不同的是，王莽以托古进行改革，一切以古代文明为最完美的标准，而王安石则反其道而行之，一切以否定古代文明为基础。两个人一正一反，都做得十分彻底。可能正因为他们做得太彻底，所以，都犯了同样的偏执狂的错误，都不可能成功。王安石的话说得很绝："天变不足畏，祖宗不足法"，说这样的话，实在是十分可怕的。我并不是一个复古主义者，老实说，我对中国古代的许多东西并不喜欢。但是，作为王安石这样一个想要有大作为的人，怎么可以偏执地说出这样的话呢？他这么说，一方面否定了古人的智慧，另一方面又让与他同时代的文化人和官员们大为不满，有百害而无一利，空为改革多树敌。记得民国早年，孙中山谈及中国的前途和治理中国的混乱，很感慨地说，当今乱局之下，只有具备新思维和旧手段的人，才可以治理。王安石一句祖宗不足法，那么，是要与旧手段告别了。没有些技术性手段，推动改革，是很难的。同样，没有同时代的官员的大力合作，推动改革也是很难的。两者是不可或缺的。

　　王安石改革失败的第二个原因，可能是他个人的性格。性格决定命运，性格决定事业的成败。王安石性格的重大缺陷，决定了他不能出任宰相这么重要的职务。他的同时代人曾经说过，以王安石的性格和文采，当个言官，当个文化人，完全没有问题，但是，不可以掌实权办大事。因为他的性格上有几大问题，是他的硬伤。一是自恋狂。他可以不洗澡，不换衣，与官员们在一起，与皇帝在一起，身上臭烘烘，他不管。这些生活小节，说明他不在意别人怎么评价他。一个不在意外界评价的人，做出的事情，往往只能以自我为中心。二是太过偏执。他做的事情别人是不能反对的，他也听不进别人的意见。他在提出改革方案时，与他关系不错的几个同事给了许多忠告，但他不听，因此，搞得一些改革条文执行后，劳民伤财，人民反对。这，原因都在于他的偏执。三是太小气，没有胸怀。一个以天下为己任的改革者、大宰相，是要容忍的，海纳百川，有容乃大啊。王安石不行，对反对自己的人，坚决打击，完全排斥，树敌之多，自己都不知道了。搞改革是要有一大批志同道合的人一起力行的，是要有统一战线的。可是，王安石的性格，让他没有朋友，让他得不到朋友的帮助。身边偶尔有几个人，却都是些想讨好他的小人，正人君子不愿意与王安石为友为伍。这些，都是他性格上的问题。这种性格的人，是不可以做宰相当大官的。虽然他有许多好主意，有许多改革的好方案，但他只能处在出主意想办法的位置上，具体执行和推动，还是应该交给更具有人格力量、更能够相机行事的人。

王安石改革失败的第三个原因，可能在于他的才与能不相匹配。有的人才高八斗，学富五车，但是，你真让他干点什么事情，他却真的就办不成。为什么？有才而无能。我们可以想想，唐朝的李白是大才子吧？如果你让他当宰相，国家会成为什么样子？好吧，李白是个诗人，不能算数。那么，我们说说汉朝景帝时期的晁错吧。此人也是才高八斗的，写过许多治国的重要文章，当时评价很高，而且给汉景帝出主意，进行削藩改革。可是，由于方案不可行，谋划不周密，结果，造成了改革的完全失败，自己也被一杀了之。不同的是，北宋神宗一直大力推行王安石的改革，而汉朝景帝很快就不得不放弃了晁错的方案。这些文才有余而能力不足的人，是不能重用的，也是不能办改革大事的，用之必败，教训多多啊！王安石确有大才，对北宋神宗时期的问题，与许多大臣一样看得准，也想到许多有用的办法，但是，他治理一个小县是可以的，治理一个中等地区是没有问题的，但一旦面对国家这样的一个大宏观局面，他是心有余而力不足的。

有的人就是一个悠闲的文人，有的人就是一个出主意的幕僚，有的人就是一个大言炎炎的才子，这些人均是清谈之辈，无经世之术，非邦国之士，切切不要被他们的几篇狗屁文章给骗了！尤其是每每以学者专家自居的人，如果拿着什么书什么理论什么学说跑出来治国，那就大大不妙了。就像在下我，在这儿说说历史，讲讲故事，一副成竹在胸的样子，其实也就是一个旧时在茶馆说书混饭吃的江湖之人而已。如果阁下发了狠对我说："你有本事自己做点改革的事情让我们瞧瞧！"那我只能说："锁瑞（不好意思啊，英文发音不准，是对不起的意思。嘿嘿），我不行，你行！"所以，我想北宋时候的王安石，才华让他可以设想到国家的大事和改革的方案，但是，他的能力又让他无法在推行改革时智慧地超越障碍，达到目的。矛盾中的王安石，是不是也时时为之苦困不堪?!

　　想到这，我常为白发苍苍的王安石面对一大堆难题一筹莫展而感到心痛！想到这，我更为几千年来屡屡失手的改革而心痛！唉唉唉！

　　王安石是个好官，他不贪污，一不搞股票，二不搞工程，三不收礼物；他不腐化，一不搞女人，二不喝洋酒，三不乱出国；他不怠工，一不推责任，二不磨洋工，三不混日子。他，真的是个敬业的干部，但却不是一个适合当国家宰相的干部，更不是一个适合推行改革的首席干部。所以，他的错，是皇帝用人不当的错。因为皇帝无识人之明，无用人之明，造成了北宋这一改革的失败，也害得王安石死后千余年不得安生，让人家一会儿骂过来骂过去，一会儿又捧过来捧过去。

　　但是，好人、好官，不一定就真的可以成就千年的大业。仅仅是个学问家不行，仅仅是个好官不行，仅仅是个勤政官也不行。为宰相，为国家改革计，还真的要有经天纬地之才。

　　改革难，所以需要几代人的不懈努力；改革难，所以需要几千年的不断探求；改革难，所以需要平心静气去推动……也许，改革本来就没有终极目标，改革本来就是一个与时间并行并进的漫长过程，改革本来就是一个与民族共生共荣的无涯苦旅。我们还是做好充分的心理准备吧，改革，是永远的事情，是不可能几天几年就完成的事情。

　　这么想，改革也许就不那么难吧?!

明朝：帝国"董事长"到底报复了谁
——张居正十年改革为什么会人亡政息

　　镜头一：公元 1548 年。二十三岁的张居正,从湖北江陵走出,穿越山山水水,一路北行,一袭青衫,一匹白马,一名书童。来到北京的城门口,张居正仰望威伟的城门,豪情大发。哈哈,我来了,我来了,我就要来这儿施展自己的才华了！果然,这一年,张居正高中进士,从此进入宫门,四十二岁入内阁大学士,四十八岁任内阁首辅。

　　镜头二：公元 1582 年,作为大明无限责任公司的总经理,张居正五十多岁,气息奄奄,用最后的一点力气,写下生命中最后的一首七律《病怀》,不久悄然去世。

　　镜头三：公元 1644 年。李自成乱兵蜂拥入城,大明无限责任公司董事长、皇帝崇祯鸣钟击鼓,却无人进宫勤王,悲凉地说,张居正这样的人才,为什么就没有生在我这一朝?!

　　作为楚人,张居正具备了楚人的胆识、勇气和才能,他敢为天下先,敢为天下所不敢为,确曾为大明朝开拓了一片天地。他的胆识才华,他的作为成绩,数百年中几乎无人可以相比。

　　作为大明唯一一次改革的主导者,他的努力艰苦卓绝。

　　作为一个伟大的改革家,他的失败无可奈何。

　　在政治制度不允许改革的前提下,又有哪一个改革家可以逃过惨败的宿命? 张居正依然不能。

　　在政治制度不允许改革的前提下,又有哪一次经济改革,可以逃出失败的宿命? 明朝依然不能。

一、旧框架下的经济改革

张居正是湖北江陵人。此人自小就是神童，少年得志，十二岁中秀才，十六岁中举人，二十三岁就中了进士。中进士后，他进入大明朝的翰林院，在那儿做做自己的学问，参与少许的朝政。时间过得很快，在翰林院一待，就是近二十年。

也许嘉靖皇帝早知他的才能吧？这位皇帝安排张居正和高拱等一批人，到太子府做讲官，也就是给太子讲学问。这，成为张居正日后担当大任的唯一重要机缘。

所以，嘉靖皇帝一死，作为太子的讲官，作为新皇帝的师傅，张居正得以进入了权力的中心。高拱为首辅，张居正次之。

新皇帝上任，仅仅六年，因为身体不好，一病归天，这是公元1572年五月的事情。十岁的小皇帝上任，他就是万历皇帝。按照先皇帝的遗命，高拱、张居正、高仪三人，成为顾命大臣，一起辅佐小皇帝。

两个月后，高拱去职，张居正成为第一内阁大臣，也就是大明无限责任公司的总经理。于是，他开始大刀阔斧地改革了。

与以前的任何一个朝代不同，明朝的开国皇帝朱元璋，也就是大明无限责任公司的首任董事长，废除了宰相——总经理这一职务，国家的六大部门直接向皇帝负责，直接向皇帝报告公务。没有宰相，国家的中枢机构怎么办？重大事情怎么决策？明朝设立内阁大学士，内阁大学士的职责，是当皇帝需要的时候，向皇帝提供必要的咨询，也就是顾问。但是，到了明朝中期以后，内阁大学士的权力越来越大，大学士虽然没有宰相的职务，却有了宰相的实权。大学士，成了无名有实的宰相。

张居正以大学士之名，担着宰相之实。

权力在握，改革只在弹指间。

以今天的目光看来，张居正的改革，其实，就是在明朝的旧框架下进行的经济改革，或者说是税收改革。一些后来的史说家，将张居正的改革夸大其词，说成是有多么重大意义的政治改革，纯属不负责任！张居正的改革,完全没有涉及政治制度,完全没有涉及皇权国体,完全没有。他,仅仅是用一切办法,增加国家的收入,提高机关的效率,仅此而已!

当然,在陈腐的大明王朝,能够进行些许的经济改革和行政改革,已经不是一般人可以做的事情了!

他的改革,主要有这些 ——

一是清丈法。具体而简明地说,就是清丈全国的土地,看看大明公司到底有多少土地,然后,才可以按土地的数量,确定税收。二是一条鞭法。具体而简明地说,就是原来缴纳税收,是实物或者出劳动力。现在嘛,将这些实物和劳动力,统一折算成银子。这么做,简化了税收的方式,便于统计工作。

张居正的两个方面的改革,切中当时的问题。大明朝以土地上的税收作为主要的财政来源。可是,两百多年的和平日子,培育了大批的地主。这些地主们兼并土地,瞒报田亩数量,搞得国家无税可收,不重新丈量土地,税收就得不到保障。为此,张居正提出了清丈法,重新测量全国土地,发现隐藏不报的,立即处理。这个办法,减轻了普通农民的负担,加大了地主们的税收任务,是大得人心的。一条鞭法,则统一了交税的办法,方便了统计工作。

两条改革办法虽好,但官员们根本不作为,机关间根本是应付了事。这样的行政机构,再好的政策,也执行不了啊。没奈何,张居正又提出第三条改革办法:考成法。

考成法,具体而简明地说,就是专门对付政府机关效率太低、官员不作为、办事不到位的。张居正提出实行考成法,考核你们的成绩,按成绩定你的前程。各部门要办的事情,每月必须清理一次,如果没有办完,那就要登记到本子上,给以处分。这么一来,行政机关的办事效率,有了明显的提高。

想想现在我们一些地方和国家机关,因为办事效率太低,不得不提出什么办事责任制,什么限期办理制度。这些玩意儿,实际上就是张居正玩剩下的东西。我们一些机关的长官们不明就里,还当是什么新鲜的东西,拿来作为新闻大大地宣传,还常有上党中央机关报《人民日报》的头版头条,想想也够可悲可笑的。

张居正这三个方面的改革,在当时,为大明朝起到了很大的作用。历史记载告诉我们,当时国库的收入明显增加了,国力也增强了。

二、旧手段中的强行推进

张居正的改革,一开始就遇到了许多人的反对。但是,张居正有胆识,有办法,有权力。权力是个好东西啊,有了权力,还有什么事情不可以做? 不同的是,有志有识有忠的人,会用权力为国家效力,哪怕自己吃多少苦,亦在所不辞;有奸有诈有私的人,会用权力为自己谋利,哪怕国家吃再多的苦,亦泰然自若。权力,是一把双刃剑,就看掌握在谁的手上!

张居正属于有志有识有忠的人,他要为国家做事,为已经暮气沉沉、已经两百多岁的大明公司做事。

当然,作为旧制度中出来的人,他知道用什么办法才最为有效。

张居正搞考成法,用办事效率作为提拔干部的标准,马上引起反弹。特别是一些监察部门的干部,因为平时就是空口说白话的主儿,现在面临要按时办事,这怎么受得了啊? 大伙儿找了许多的理由,一起反对,纷纷给皇帝写信,大骂张居正。

但是,如果不考核成绩,不提高办事效率,那改革的方案,什么时候才可以执行? 空空的国库,什么时候才可以充实?

张居正怎么办呢? 一个熟练了旧官场的人,他知道以退为进。

他用辞职来证明自己的清白和正确。皇帝虽然浑蛋,可是,他知道自己还太年轻,只有十来岁,自己这点儿本事,一下子还治理不了这个国家,他也没心思来治理这个国家。有张居正这么个不要命的工作狂来办事,自己多省心啊! 该吃吃,该喝喝,该乐乐。于是,皇帝不许自己的总经理辞职,以诏书大大地安慰。

然而,张居正坚持辞职,并且很真诚地对皇帝老板说,按道理,在此改革的关键时候,我不应当辞职的,可是,如此多的非议,我实在没有办法主持内阁的大事了,董事长你还是另选高人吧。

皇帝董事长没有表态，张居正一下子跪倒在皇帝董事长面前，伏地不起，哭得好伤心。我相信，张居正这一哭，一半是哭他的改革受到如此多的阻难，一半是哭给皇帝董事长看的。

于是，皇帝感动了，他扶起了张居正，对这位总经理说，你还是好好干吧，我给你把那些说你坏话的人关起来，行不行啊？打他们板子，行不行啊？说完了，皇帝让人将张居正送回家。

回到家中，张居正仍然不工作，他要病休。病休，这是谁也不能阻拦的理由吧？皇帝知道他心中不高兴，但他老人家倚老卖老，说是病休，那又有什么办法呢？办法只有一个，就是好言相慰了！

于是，皇帝让人到他家中，送了许多礼物，给他足够的面子。这么着，张居正又出来工作了。

就在张居正出来工作的同时，那些反对他的人，被皇帝打了大板子一百下，充军到边地去。

张居正在家休息的几天，想了很多很多。这些读书人，平时无所事事，每每以清流自居，空谈有余，办事不力，全是坏大事的主儿！这些人随便谈论国事，给自己带来的麻烦太多了，一定得吸取这个教训！于是，上班之后，张居正决定不再允许天下读书人谈论国事。为此，他废掉了许多书院，与天下读书人站在了对立面。这也是他的改革在他死后被彻底否定的原因之一。

公元1579年，万历七年九月二日，泰州学派的巨擘何心隐瘐死狱中，一时舆论大哗。举国上下的士人都在私下里传播着有关何心隐惨遭横死的真相：是当朝内阁首辅张居正授意湖广巡抚王之垣杀害了这位思想界的先驱！

何心隐，江西吉安人，嘉靖二十五年，他在江西省乡试中获得第一名解元。此后，他仰慕泰州学派王艮的良知学说，放弃科举功名，走向社会。在那个年代，放弃功名而走向社会，是需要极大勇气的。所谓良知学说，是明朝中期以后王阳明的主观唯心主义学说的一个分支，这一学说认为，良知是每个人的天然率性，是每个人的感性的自然存在。从这个基础理论出发，这一学说看重个人自身的人格尊严和独立的思想意志。在明朝思想禁锢的时代，这一学说是很新鲜的。

何心隐放弃功名后,将这学说到处讲解,致力社会改革。他猛烈抨击封建专制主义,提出"无父无君非弑父弑君"的观点,许多说法反映了资本主义萌芽的某些特点,应该说,这是中国早期的资产阶级学说的雏形。

然而,明朝已到中期,已进入矛盾激化的时代,贫富差距问题,流民起义问题,官员贪腐问题,一一浮出水面,大明无限责任公司的日子并不好过。知识分子们忧虑时事,探求救国之道。何心隐的学说,在知识分子中引起了共鸣。然而,明朝的官学,是不可以讲解这些东西的,知识分子们只好私人组织书院,讲解新鲜的学说,私立书院蓬勃地发展起来。在私立书院,知识分子可以开设讲座,当时称为"讲会"。一时间,各种"讲会"风起云涌,有时会期长达十数天,会众逾千人。

作为帝国总经理的张居正,屁股当然会指挥脑袋的。站在统治者的立场看,何心隐这种"聚党贾誉"的学说或做法,是不是为聚众造反作准备?历朝历代,那些造反的,开始都是从讲道做起的。如此异端邪说,对于国家社稷全无好处。由此他下令关闭书院,禁毁私学,并申言对违反者"许各抚按衙门访拿解发"。

然而,何心隐面对中央政府的通知和禁令,无所顾忌,时时借讲学讥诮时弊,指斥其专政,并撰《原学原讲》,准备上疏朝廷,要求开放民间讲学,与张居正的施政措施针锋相对。

何心隐的叛逆举动,让中央政府很不高兴。很快,张居正以雷霆手段禁毁私学,地方官员逮捕了何心隐,并及时将其押解至武昌。湖广巡抚王之垣见他毫不服软,命人痛笞百余杖。何心隐伤重难熬,死于狱中,时年六十三岁。

王世贞曾在《嘉隆江湖大侠》一文中记载:"何心隐见抚臣王之垣,坐,不肯跪。曰'君安敢杀我,亦安能杀我,杀我者张某也'。择健卒痛笞之百馀,干笑而已。抵狱,门人涕泣而进酒食,亦一笑而已……遂死。"

何心隐死后,在知识分子中引起极大震动,许多生员聚集起来,抨击张居正的施政措施,由此在武昌酿成一场学潮。

为了改革,张居正必须用这些手段压制不同学说,否则,大明无限责任公司就会有破产的危险。

张居正推行的改革,不断引起反弹。由于考成法给太多的官员带来了考核成绩的困难,所以,反对的人,时时出现。翰林院的两名干部和刑部的两名干部,一起上疏皇帝,反对张居正的改革。而其中两人,还是张居正的学生!学生反对教师,在那个时代,真的是大事情啊,这一下子,让张居正气得差点吐血!张居正才不搞什么以理服人呢,他的办法,就是用大板子打!用廷杖来对付!

廷杖,是明朝的开国皇帝朱元璋发明的玩法。有什么官员不听话,皇帝就让人在大庭广众之下,拿起大板子使劲地打,既是对肉体的罚处,更是对自尊的伤害。明朝时期,被廷杖打死的官员,多了去了!

四名官员,分别被打六十和八十下,一个个被打得半死,然后发回老家或者发到边地,不得为官。

高压之下,张居正的改革,终于没有人敢说个不字了。

三、旧情结下的两难选择

张居正改革历经十年。他在宰相的位置上,也是十年。也就是说,自从当上宰相,他就一直在全力推进改革。这一点,真的不容易!

最后时刻,作为国家总经理的他,看到董事长一天天长大,知道自己的末日已经不远了。可是,他,一个长期执掌大权的人,一个已经开罪了许多人的人,一个让董事长皇帝都害怕的人,还能全身而退吗?用时下退休官员们流行的话,他还能安全着陆吗?

他要求退,要求退休。这一次,他是真的想退了。

万历八年,神宗皇帝已年满十八岁。

这一年的三月,张居正正式向神宗提出退休的请求。他在上疏中说:"伏望皇上,特出睿断,亲综万几,博简忠贤,俾参化理,赐臣骸骨生还故乡。"

可是,神宗皇帝一点思想准备也没有。面对如此广袤的国土,如此纷繁的政务,他,无论从能力和心理上,都没有做好独立驾驭的准备,他还得依靠"元辅张先生"。于是,他很快下旨,慰留张居正,并恩赐"白金麒绣御膳坐蟒"等贵重器物,以达诚意。这"坐蟒"就是袍服正襟用金丝彩绣蟠蟒图案,因龙、蛇同源,坐蟒袍服一向唯有王公贵戚才可着装,这种恩赐,对张居正不啻是一种极大的褒奖。

两天后,张居正再次上疏乞休,他说,自己"惴惴之心,无一日不临于渊谷"。身为帝国总经理的苦和难,尽在其中了。

然而,太后却态度坚决,恳切挽留!她告诉张居正:我只是一个普通女人,长期深居后宫,没有办法指导皇帝去管理这么大一个国家。先生你是受先帝的托付,来指导皇帝工作的,所以,你"有师保之责,与诸臣异,其为我朝夕纳诲,以辅台德,用终先帝凭几之谊"。

太后的这些话,毫无商量余地。张居正只好鞠躬尽瘁,死而后已了。他在给时任刑部尚书、四子简修的岳父王之诰的一封信中写道:"弟德薄享厚,日夕栗栗,惧颠跻之及顷者乞归,实揣分虞危,万非得已。且欲因而启主上以新政,期君臣于有终。乃不克如愿,而委任愈笃,负载愈重,羸弱之躯终不知所税驾矣,奈何,奈何!"

张居正提出退休,其实是旧文人、旧官僚们的两难选择。一方面他贪恋权位,并且希望将自己所开创的新政推行到底;另一方面,他面对已经成年的皇帝,深知宦海险恶,前途莫测,害怕中途翻车,不得好死。正是在这种两难的矛盾心态中,张居正第二次请辞时,还提出一个方案,他说:我此次求去,只是请假休息,并不敢以辞职而"决计长往";国家或有大事,皇上一旦召唤我到,本人一定"朝闻命而夕就道",就是拼上性命也不敢推辞。

看来,张居正也并非想真的就此退休!从某种意义上看,张居正的"乞休",既是一种政治姿态,也是一种自我保全的策略——混个安全着陆吧。

神宗皇帝已成年了,虽然事后证明这小子没有什么政治才能和政治品格,但是,年轻人的冲动总是有的,他挽留张居正,也是故作姿态。长期以来,国家重大的人事更动,重大的政策制定,他做不了主。这个皇帝,当得有什么乐趣啊?如果张老头走了,我就可以按自己的主张办事了。但是,皇太后是最后的决策者,太后不同意让张老头退休,那也只好配合着。

但是,张居正的身体也确实不行了。

万历九年，张居正从自己的故乡荆州请来一位民间医师。这位医生治疗了一段时间，有了一些效果。医师说，张居正的病，不能过于劳累，最好静养半个月到二十天。可是，皇帝和太后不让休息，他实在没有办法。于是，他再次向皇帝请假：到宫中"朝参侍讲"的事，暂停二十天至一个月；至于内阁的公文批复，容其"私寓办理"。

其实，这时的张居正，早已病入膏肓。他"血气大损，数日以来，脾胃虚弱，不思饮食，四肢无力，寸步难移……"他的这病，并不是当时的医家所论为一般"痔症"，而是直肠癌的明显征候。直至这时，他竟然还俯趴在卧榻上签发公文，此间真正支撑着他的，也就只是先贤诸葛亮那"鞠躬尽瘁，死而后已"的献身精神了。

在病重期间，张居正写了一首《病怀》诗，这也是他生命中最后的一首诗。

> 白云黄鹤总悠悠，底事风尘老岁年？
> 自信任公沧海客，敢希方朔汉庭仙？
> 离居可奈淹三月，尺疏何因达九天？
> 独坐书室不成寐，荒芜虚负北山田。

万历十年，他的病势愈加严重。重病中的张居正，到底在想什么呢？也许只有他自己知道。

四、旧体制下的浑蛋皇帝

大明帝国的董事长，也就是皇帝，在张居正病重的时候，又在想什么呢？

大明帝国的董事长，几乎都是些浑蛋，他们残忍，他们贪婪，他们无情，他们不务正业。明朝两百多年，只有三位皇帝是勤政的，但这三个人心理阴暗，残酷狠毒，无以复加——

朱元璋得了帝位，尽一切手段杀害功臣，功臣良将几乎残杀殆尽，他发明的残酷刑罚，空前绝后！

朱棣得到天下,想有一些作为,也确有一些作为。但是,与其父亲空前的残忍相比,与其父亲迫害忠臣的手段相比,朱棣是青出于蓝而胜于蓝!他从侄儿手中抢到皇帝位置后,对忠臣极尽迫害之能。忠臣茅大芳被杀后,妻子被发配到妓院,也被凌辱而死。朱棣看到报告后,亲笔批示:"着锦衣卫……抬去门外,着狗吃了。"将大臣打死后让野狗吃掉,是朱棣最喜欢的一种游戏!古代中国,最严重的刑罚,是株连九族。到了朱棣,他搞出一个"株连十族"来,在京城每杀一官员,常常株连数万人!

崇祯主政的时候,愈加专断自负,喜怒无常,随意杀戮。在崇祯当朝的十七年里,宰相换了五十个,没有一个是他信任的!袁崇焕拼死抗敌,结果却让崇祯下令,活生生剐三千刀而死。先后当上内阁首辅的五十人,其中处死两人、充军两人;另外任免刑部尚书十七人,处死兵部尚书两人,另有一人被迫自杀,诛戮总督七人、巡抚十一人。

朱家公司的董事长如此残酷,所以才有了后来崇祯皇帝死前竟无一人保护!

除了这三个勤政的皇帝,其他那些浑蛋皇帝,要么根本就不上班,要么整天玩女人,要么就是以杀人为乐,敛财为乐。大明三百年,人才辈出,张居正、戚继光、海瑞、顾宪成、汤显祖、袁宏道、徐光启、黄宗羲……这么多的优秀人才,却无法让大明帝国过得更好些,政治一天比一天黑暗,经济一天比一天萧条,原因嘛,就在皇帝太浑蛋!没有办法啊,人家是天生的龙种,当一个浑蛋皇帝或者猪头皇帝高高在上时,整个国家机器,就会很快地将那些稍有良知稍有才能的干部淘汰出局或者肉体消灭!国家机器中得势的掌权的,也就几乎都是些小浑蛋或者小猪头。在浑蛋皇帝和猪头皇帝的领导下,国家官员就是一群大大小小的浑蛋猪,国家机器就是一台奇大无比的绞肉机!

可怕的不仅仅是浑蛋皇帝或者猪头皇帝高高在上。真正可怕的,是面对这样的浑蛋皇帝或者猪头皇帝,整个国家和人民,几乎没有什么办法,呼天天不应,喊地地不灵!国家和人民,只能等待上帝的出现,希望上帝睁开眼睛,让这种浑蛋皇帝或者猪头皇帝早点死掉,让国家换一个好一点点的领导人。然而,最最可怕的事情总是发生着,当浑蛋皇帝或者猪头皇帝死掉之后,接替皇帝之位的,偏偏大多数是更加浑蛋或者更加猪头的皇帝!中国几千年的封建王朝,从来没有形成自我更新的能力,从来没有逃出国家悲剧性轮回的命运。

张居正伺候了三个皇帝。他最先伺候的嘉靖皇帝,收拾严家父子三代的那一幕,他记忆犹新啊。大明的皇上,全都是些翻脸不认人的家伙。严嵩在内阁二十一年,多年间一直小心翼翼地侍奉着皇帝。即使说他罪大恶极,那也有皇帝的一份。可皇帝一旦认为他成了绊脚石,就先杀掉他的儿、孙,再把年逾花甲的严嵩放归故里,让老迈的他,在经历两年的痛苦后郁郁而亡。这种残酷的处置,还不如直接杀了严嵩本人!

张居正还知道,当初,他的恩师徐阶与内阁首辅严嵩不和,为了自保,主动把自己大儿子徐璠的次女,许配给严世蕃最爱的幼子。可是,严家倒台,严世蕃伏法,此女十六岁,到了出嫁的年龄。徐阶还是为了自保,也为了得到内阁首辅的职位,授意徐璠"鸩其女"。政治就是如此的凶险,官场就是如此的无情。政治的凶险和官场的无情,不就是因为皇帝的无情吗?

张居正伺候的隆庆皇帝,人品较忠厚,也有振兴之志,可命不好,只当了六年皇帝就死了。

眼下,张居正正伺候着的这个万历皇帝,已经在位十年。十年来,皇帝一天天长大,别看他对我张老爷子有几分惧怕,但人家是皇帝,而且,他的骨子里面,恐怕已经积压了太多的怨恨和不满,只是在等待一个时机,一个完全成熟的时机!

想到这,张居正感到一阵阵的寒冷!

董事长浑蛋,公司就得玩儿完,国家就得玩儿完。

万历十年六月十二日,张居正给他辅佐了十年的神宗皇帝写下一道奏疏。这,也成为张居正此生的最后一道奏疏。他对皇帝说,现在,我已经老了,身体完全不行了,我自己知道,我已经完全不能为皇帝办事了,"窃谓人之欲有为于世,全赖精神鼓舞,今日精力已竭,强留于此,不过行尸走肉耳,将焉用之"?他哀哀切切地恳求皇帝:让我在有生之年回归故乡吧,假如万一不幸客死京城,也会连累皇上"亦亏保终之仁"哪!

"早赐骸骨,生还乡里。"居然成为一代人杰最后的哀鸣!

这一年,也就是公元1582年的6月20日,五十八岁的张居正,在昏睡中度过了人生的最后一段日子,溘然长逝。张居正走了,他改革所留下的一大堆后遗症,将由他的老母亲和儿孙们来背负!

张居正死了,大明无限责任公司,就此完全交给了他的董事长明万历皇帝,一个刚刚十九岁的小子。

五、旧毛病中的变态报复

皇帝对张居正的报复,是这样引发的。

张居正死后不久,有人给皇帝写信,告张居正的黑状。于是,皇帝立即下诏,夺走了刚刚恩赐给张居正的上柱国、太师的追封,同时去掉了刚刚给张居正的"文忠公"谥号。

皇帝对张居正的这一变化,无疑是一种导向,是要引导更多的官员写信告张居正的状,提供张居正的罪行。皇帝的引导,立即引起了官员们的跟随。于是,清算张居正的大运动开始了。

云南道御史羊可立将弹劾张居正的调子提高了许多,无中生有地说:"已故大学士张居正隐占废辽府第田土,乞严行查勘。"辽王宪炤节的生母王氏,也当即向朝廷进呈《大奸巨恶丛计谋陷亲王、强占钦赐祖寝、霸夺产业、势侵全室疏》,诬陷张居正侵夺辽王府金宝财货,并扬言"金宝万计,悉入居正府"。一时间,朝野呼应,上下其手,闹得群情汹汹。

有了这么多人的告状,神宗皇帝就可更加名正言顺地对张居正痛下杀手了!

万历十二年四月,张居正死后仅仅一年多的时间,神宗就颁发了查抄荆州张家的诏书。中央官员和地方官员一起行动,让张居正的家人受尽了苦难。史载,中央官员还没有赶到江陵,就命令地方官登录张府人口,封闭房门,一些老弱妇孺来不及退出,可是大门已经封闭,无食无水,这么一大家子人,又不能自由出入,饿死了十余人。家中饿死的人,又不能送出安葬,尸体都被野狗残食而尽。浑蛋皇帝的无情,竟至如此！

　　张居正子孙们的命运，更是悲惨。张居正的长子张敬修，时任礼部郎中。父亲被收拾，儿子岂能幸免？他被严刑拷打，无法承受，自杀于狱中。张家的一些婴儿，应该就是张居正的孙子们吧？一个个被活活打死，让狗吃掉，皇帝要斩草除根！张家的妇女们，只要敢走出家门，监督人员一个个地搜，不管你这女人的什么部位，都要狠狠地摸个遍！大明皇帝，太惨毒了！

　　对于这一场灾难，张家亲属中唯一平平安安地躲过来了的，唯有夷陵州人刘一儒。刘一儒的儿子叫刘戡之，"少年美风姿，有隽才"，娶了张居正的独生女儿。张居正非常喜欢这个女婿，可亲家刘一儒对他却敬而远之。当张居正独揽大权，双方矛盾渐渐加深，张居正也只让刘一儒在南京做一个闲散的副职官员，并数年不允其超迁。刘戡之到武昌去参加乡试，刘一儒听人说张居正早打过招呼，说本届湖广乡试无论如何都要让戡之中举，于是命儿子请病假回避。张居正听说女婿连考试都不参加，大发一顿脾气，却也无可奈何。张家被查抄后，御史们都说刘受了委屈，朝廷要升他为户部尚书，可他却乞休归家，再也不出来做官了。后来，刘戡之也只做了一个户部郎职衔的小京官。

　　皇帝对张居正的报复，并不是出于什么立场问题，也不是出于什么大是大非问题，他要报复的原因，一是太恨张居正当权压了他，二是为了财产。万历十二年五月，也就是查抄张居正荆州老宅之前，皇帝母子曾有一次对话，是关于如何给皇帝的弟弟搞些钱办婚礼的事情。此时，神宗的同母弟潞王已年满十六岁，那时候，十六岁就该议婚了，可操办婚礼的银子还有一多半没有着落。为小儿子潞王的婚事，慈圣皇太后找神宗想办法。神宗听了，很轻松地说："这点事，您急什么啊。我有办法！现在朝中的大官们都无耻极了，他们一定是看冯公公、张太师的权大，把好多钱财珠宝都作为礼物存放在这两家呢。"太后听了，对皇帝说："假使查抄他们的家，这些钱财就都到手了！"母子俩相视而笑，一切尽在不言中，于是，为了婚礼的钱财，他们决定对张居正抄家！

　　神宗贪财，在对待银子的态度上格外认真。当年年初，他率先出手，一举查抄了冯保家，抄出"金银百余万两，珠宝瑰异以万计，宅舍田产器用称是",皇家由此发了一大笔横财。于是,皇帝估算张居正贪污受贿的银子至少有二百万两!

锦衣卫真正去荆州围住张家勒逼银财时,主持此事的司礼太监张诚等,是按照皇帝事先的二百万两银子的巨额数字来办案的。可是,事与愿违,查抄张家所获,据刑部当时造列的清单,计为:黄金二千四百余两,白银十万七千七百余两,金器三千七百一十余两,金首饰九百余两,银器五千二百余两,银首饰一万余两;另有玉带条等,这与神宗原先的估计相去甚远。张家被查抄出的财产,全部加在一起,也就是"黄金万两,白金十余万两"。有专家估算,若是把他家的总资产折合成白银,大约只是严嵩的十分之一二;而与冯保相比,张家的财富尚不过是其十分之一。当然,这些钱,肯定不全是张居正的合法收入,但有一点必须说清楚:其中许多钱,是皇帝赠送给他的,这,有史可考。

如果一定要说他张居正腐败,他也只是一个小贪。更为重要的是,张居正并没有为了钱财而做出有损国家的事情。一个真正的改革家,是不能在行政上和政治上腐败的,否则,你就是披着改革羊皮的狼!

再说明朝的皇帝们。大明一朝,几乎就是中国史上最残暴的王朝。这些皇帝喜欢打击和迫害大臣,特别是迫害有功劳有能力的大臣!

明王朝暴君人数如此密集,在中国历史上的各朝中,空前绝后。只有第二任皇帝朱允炆,因为一上任就遇到叔父发动的叛乱,兵败身死;第十五任皇帝朱常洛在位三十天,来不及作恶;第七任皇帝朱祁钰比较仁义,不是暴君。其他全是暴君!

朱元璋是开国皇帝,又是明朝后任各皇帝的暴君祖宗!他大规模屠杀功臣,一杀就是好几万人,明王朝完全成为恐怖世界。朝廷官员们每天早上去上班,就会与妻子诀别,真的很怕皇帝杀了自己。直到晚上回来了,一家人才会放下心来。杀了官员后,朱元璋还将罪犯的妻女发配到妓院强迫卖淫。

第三任皇帝朱棣,一上台就制造靖难大屠杀,一下子杀了一万四千多人。前祭祀部长黄子澄全族处斩。前国防部长齐泰兄弟全部处斩。皇家教师方孝孺被屠杀十族,连朋友学生都包括在内,杀八百七十三人。

明朝实际上就是暴君王朝。在这样的朝廷,张居正能坚持到死后受报复,已是幸运。

六、旧定律下的人亡政息

皇帝想报复谁,谁就只能认命!

皇帝要毁掉国家的命运来报复大臣,国家和大臣也只能认命!

诚然,张居正的这"黄金万两,白金十余万两"家产,不能说百分之百都是清白的正当收入,但仅从数量上看,他毕竟还是注重个人操守、有所顾忌、有所收敛的。以他当时的地位、身份计,其主政十年,若是在收礼一事上稍有放松,其家私财产注定还会成倍地翻番。

如今有人并不怎么知道历史,也到处写什么明史,说张居正的失败,就在于贪污。此说大错啊。有人曾经专门研究了张居正的全部书牍、信函,将全部"却馈"语段辑录成册,然后详加辨析,得出的结论是:张居正对属下官员送来的礼金、礼品,或是干脆不收,或是在情不可却的场合酌收薄礼,或是劝送礼者将购办礼物的钱捐助公益事业……张居正却馈之举,恪守了自己的情操,由此也养成了风范独具的廉洁作风。综观有关史籍,在张居正的家财来源中,有相当一部分正是明神宗朱翊钧本人做主送的礼。

张居正,作为国家的总理,无论当时,还是此后,都算清廉的。

清算张居正的同一年,发生了许多事情。

同一年,万历皇帝开始废除张居正的所有改革办法,一条鞭法、清丈法、考成法,一条条束之高阁,大明又回到了过去的沉沉暮气中。

同一年,万历皇帝开始寻找各种理由不上班,一会儿说头痛,一会儿说体虚,找着理由不理政事,不干正事儿。三年后,他干脆懒散起来,干脆就不上朝,不上班!不上班长达二十多年!公司?老朱家的无限责任公司?任由它去吧!

同一年,万历皇帝,这位大明无限责任公司的董事长,开始一心一意地搜刮钱财,他和中唐向晚唐转折时的唐德宗李适,就像一个娘养出来的,一个模具中刻出来的!

同时，大明无限责任公司，因为一次次抄大臣的家，终于有钱了，可是，他们却不用这些钱去强兵去富民。

有个叫弗兰克的美国学者曾凭借已有的各种研究成果，估计在16世纪中期到17世纪中期（明中期到明末）的这一百年间，由欧亚贸易流入中国的白银，在七千到一万吨左右，约占当时世界白银总产量的三分之一。弗兰克后来在其专著《白银资本》一书里披露，这由对外贸易顺差所获得的一万吨白银，按当时中国的币制计算法，折合白银相当于三亿二千万两。有史籍记载，如此众多的硬通货流入中国之后，却既没有用于发展再生产，也没有用于让老百姓过上好日子、藏富于民，倒全部被皇帝、贵族、大臣、勋戚、太监、缙绅等少数人作为私家财产，聚敛在他们各自的手上。到了李自成的大顺军攻占北京时，经过刘宗敏"拷掠"抄家，这些人的老底便全被兜了出来：大学士陈演被"搜掘黄金三百六十两，白银四万八千两，珠宝盈斗"；太监王之心的家产计有白银十五万两，珍玩珠宝大抵价值也在十五万两左右；周皇后的父亲家里所藏白银在五十三万两左右，而另外还有"缎匹以车载者相属于道"……至于归皇帝私家独有而秘藏在宫内的银子有多少呢？据目击者杨士聪在《甲申核真略》中叙述，除转运往西安的白银三千七百万两、黄金一百五十万两之外，仅为刘宗敏在宫中发掘所得，其窨藏金银便达七千余万两之多！

收集了银子，却丢了江山和性命，这是明朝的最后命运。

而就在这一年，在大明无限责任公司的北方，在大明祖祖辈辈反复交代要特别警惕的北方，同样在发生着重要的事情：

同一年，大明真正的敌人开始崛起：努尔哈赤的父亲塔克世，本已归顺大明，但在战争中被明军误杀。努尔哈赤被俘又被放走。努尔哈赤回到部落后，一方面夹着尾巴顺从大明，另一方面操练兵马，于这年的五月，悄然攻下了尼堪外兰部落，开始了他的建国建军行动。清朝的史书上，称这次行动为"图仑兴兵"。在清朝的子孙看来，这次成功的行动，就有如我们现在说的"八一南昌起义"。从这一年起，女真青年努尔哈赤崛起了。

时间过得很快，时间最是公正。

万历四十七年，公元 1619 年，万历皇帝死的前一年，努尔哈赤正式在沈阳控诉对明朝的七大恨，公开宣战了。而此时，明已病入膏肓了。

所以，张居正死后第二年的 1583 年，张居正被他的董事长清算的 1583 年，是大明无限责任公司由强到弱的转折年，是大明无限责任公司走向灭亡的起点。

史学家说：明，实亡于万历皇帝这小子！

七、旧宿命中的无限滑落

神宗抄了张居正的家之后，便不再把内阁首辅当人看，自己二十几年不再上朝听政，还把大权揽在手里捏得死死的，再派出亲信太监外出充任矿税监收大员，祸国殃民；文武百官见他荒淫怠政，也都把朝廷公务不当一回事。正是在这种皇帝们自毁江山的胡杀乱抄中，明朝政权分崩离析。当闹得朝廷内部惶惶不可终日之际，他们的宝座也就彻底坍台了。

张居正的改革，丝毫没有涉及政治制度和国家体制。中国历代王朝的历次改革，其实都是如此，都是想着法子增加税收，想着法子提高效率，想着法子强大军队。仅此而已。

可悲的是，即使这样的所谓改革，也无法实现，不能完成。封建王朝的政治制度，其实是绝不允许改革的。王朝，对改革有一种先天的排斥，一种先天的过敏，一种先天的反对。明朝，更是如此。

如果不是张居正空前的强悍，如果不是万历皇帝正好年幼弱小，如果不是皇太后没多少见识没多少胆子，张居正的这点儿经济改革，恐怕连十年都坚持不了。

大明无限责任公司的制度，比以往的封建王朝的制度设计，也许更严密，但却也更顽固更死板更没有活力。朱元璋作为开国皇帝，他亲手设计国家的制度，在设计时他只考虑一件事情：不要让大臣们有选择的机会，不要让武将们有争天下的机会。这个目的，决定了制度的僵死。同时，朱元璋没上过什么学，他从心底里看不起文人士大夫，但是又不得不依靠这班文人士大夫来帮助治理国家。

于是，大明无限责任公司的内部，形成了这样一种局面——

一是皇权一定要让士大夫们互相攻讦。唯有互相攻讦，士大夫才得以显出自己的正确，皇权才可以更好地操控。至于工作效率、办事成效，这些无关紧要。

二是皇权一定要让文人士大夫尊严扫地。文人士大夫尊严扫地，你还能造什么反呢？文人士大夫尊严扫地，他们还会好好地与你老板配合吗？

中国几千年都是精英治国的，也就是士大夫治国。这种中国特色的政治模式，从明朝开始发生变化，而最彻底的改变，就是自张居正之后。士大夫治国，是中国封建时代的一种政治生态现象，在没有议会、没有民主决策机制的情况下，士大夫们作为社会知识分子，作为社会的精英，参与政治，帮助决策，处理国事。这些士大夫政治家们，在参与治国时，用儒家学说倡导的良知和道德约束自己，同时也以此约束社会，甚至在唐朝和宋朝时还可以用这些来约束皇权。正是士大夫们的治国，才将中国几千年的封建文明演绎完成，一次次创造了文化和经济的峰峦。客观地说，皇权专制，不可能进行民主改革，不可能实行民主政治，在这种专制情况下，士大夫治国，不失为一种理想的选择。几千年来的中国皇帝们，是明白这一点的。

可是，到了明朝，这种情形开始改变。开国皇帝朱元璋，叫花子出身，心胸狭隘，对文人士大夫有一种先天的仇恨和先天的讨厌。于是乎，从他开始，士大夫从根本上不再被皇家重视，不再被皇家尊重。所以，朱元璋不再设立由文人士大夫担任的宰相职务，而设立所谓大学士，从制度上废止了士大夫治国。张居正之后，士大夫治国，更是一去不复返了，皇帝绝对不再信任士大夫，也不重用士大夫，最多只是一点点利用。如果你想如唐朝一样在廷上向皇帝的错误抗争，如果你想如宋朝一样在宫中与皇帝的过错较真儿，那你只有一个结果：用大板子打，打不死你，是你幸运；打死了你，是你活该！

政治生态环境彻底破坏后，士大夫们是找不到自己的利益集团在国家政治中的位置的。找不到自己的位置，那么只好放弃自己的理想和信念，不与皇帝争执，也不与皇帝合作。从明末到清代，你很少看到一个像唐宋时代可以在危急情况下独行大权、扭转乾坤的宰相。国家，在皇帝的手中，国家的命运，完全取决于这个皇帝的才能和人品。中国任由西方国家宰割的悲剧，是从明朝才开始上演的，而中国与西方国家在制度和科技上的差距，也正是从这个时候开始拉大了！这，与士大夫政治生态的破坏，是不是有着非常密切的关系？！

　　士大夫的政治生态结束了，士大夫治国的现象结束了，对中国封建时代的政治生活来说，是一个极大的损失。我在前面曾经啰唆过，在没有民主决策的时代，精英治国是唯一可行的方式。精英治国已不可能，国家还有什么希望？从明到清，都是如此，一方面绝没有民主决策的可能，另一方面绝没有精英治国的可能。两种可能都没有了，国家，这个无限责任公司，只好无限制地滑向无限的风险之中！

　　明朝如此，清朝也如此。1649 年，也就是明皇帝崇祯自缢后的第五年，英国克伦威尔领导国会军战胜了国王的军队，国王查理被处死。东西两个古老的帝国，在几乎相同的时间，发生了相同的暴力革命。但是，英国人在暴力革命后，以和平的方式通过了《权利法案》，确立君主立宪制度，然后演进为现代民主制度。然而，中国，却在明朝灭亡之后，又出现一个更愚昧、更专制的清王朝！当西方古老帝国的民主制度不断完善的时候，我们这个古老帝国的专制制度，却在变本加厉！终清朝二百余年，非但没有任何向民主制度过渡的迹象，连中国古代的精英治国，也更加彻底地完结了！

　　没有民主监督和民主决策，已经十分可怕可悲了，可是，连治国精英都不能产生，连精英治国都不能实行，还有什么比这更可悲更可怕的呢？

　　这是中华这个世界上股东人数最多的无限责任公司的宿命吗？！

　　悲哀莫大于斯！

天京：一个伟大设计师的悲歌

——太平天国时期"海归派"洪仁玕的不战而败

我是在一个寒冷的冬夜登上南京码头的。天很黑，天很冷。又黑又冷中，我依稀看到一些孤单的影子，看到南京老旧的城墙。老旧的城墙下，一个略胖的影子，穿越历史的时空，默默地向我走来，一语不发。我的内心深处在回应：这是洪仁玕，一个老"海归"的苍凉的影子。

南京，曾是太平天国的首都。从 1853 年到 1864 年的十一年中，太平天国一直盘踞在这个江南古城，并以这个江南古城为中心，控制了长江中下游绝大部分地区。在太平天国最后的日子里，洪仁玕以相当于宰相的身份，主持国事，力主改革，是非功过，后人如何评说？

三十多年前，我们的史学，对太平天国这段历史，是给予了足够高大的评说的。三十多年后的今天，我们的史学，对太平天国这段历史，是给予了足够烂污的评说的。又黑又冷的冬夜，洪仁玕的影子想对我说什么？

历史总是一个又一个的谜团。解开谜团，我们才可以看到一个一个鲜活的生命，一次一次奋力的争斗。

洪仁玕是太平天国后期一位力主改革的"海归"。他的改革学说、改革设计，在当时，是亚洲第一的。他所写的《资政新篇》，是改革的总纲领。他的这些极好的改革设想，比日本的明治维新早了十年，比戊戌变法早了四十年。

如果他将这些设想提供给清政府，或者太平天国真的按他的设想这么干下来，中国，会是什么样子？一个巨大的想象空间，在古城南京的这个冬夜,在洪仁玕无语的影子里,向我扑面而来。

　　1851年一月,洪秀全等在广西金田起事。从此开始,洪秀全成为近代中国史上最具破坏力的一个专业革命家,一个教会头子,一个杀人狂,一个让大清朝彻底虚脱掉的人物。

　　1851年三月,洪秀全在武昌称天王,建立太平天国。

　　1853年三月,太平军攻克南京,洪秀全决定将太平天国的首都定在南京。

　　1856年九月,太平天国发生内讧,杨秀清、韦昌辉被杀。

　　1859年,洪仁玕来到天国的天朝南京。

　　同年,洪仁玕推出改革总纲领《资政新篇》。

　　1859年、1860年,太平天国出现中兴之象。

　　1862年,洪仁玕失去天王洪秀全的信任,改革停止。

　　1864年六月,洪秀全身亡。

　　1864年七月,太平天国的首都南京城被攻破,太平天国灭亡。

　　太平天国灭亡后,近代中国的改革运动风起云涌……

一、"海归"其人来了

　　洪仁玕,是洪秀全的族弟,与洪秀全同村,他只比洪秀全小九岁。早年经历,与那个时代的读书人完全一样。五岁上私塾读书,少年参考功名,但屡考屡败,屡败屡考,一直到了三十岁,仍然是一个不能及第的秀才。在大清后期,举人进士,也不一定有官可做,何况一个小秀才。没办法了,他到农村去当私塾教师,挣口饭吃。

　　早年时,洪秀全也是读书人,也是在科场中屡败屡考的人物。他们兄弟俩在一起,时时对考试充满了复杂的感情,既希望一举高中,又愤慨科举无用,心态矛盾。

　　他们还常常在一起读《圣经》。洪秀全屡考不中,集中精力读《圣经》去了。后来,洪秀全到广西去,招收教徒,发展自己的上帝教。洪仁玕很想一起去,反正留在老家,也只不过混个教书先生,不如到广西,说不定有些作为。但是,洪仁玕家人一致反对,所以没能成行。

没能到广西,日子还得过。他就到了广东的清远,继续教书。

洪秀全在广西金田起事之前,专门派出人马,到老家搬走家人,怕的是被清军杀害。洪仁玕因为正在清远教书,完全不知道音信,没有能够跟上。

金田起事后,清朝的军人跑到洪秀全老家,见人就杀。洪仁玕这下子知道,族兄在外面干了大事,自己要想在老家好好过日子,也不可能,如果不走,只会被杀害。于是,他逃往广西。

1851年,他来到广西浔州,洪秀全等人刚刚离去,正在攻打永安。他想到永安去,可是,所有道路都有清军把守,他插翅难飞,只好原路往回走,又回到了广东。

在广东,他充满了恐惧,清军到处抓人,他又没有地方打工,差点投水自杀。

一年后,也就是1853年,他很不容易地来到香港,就像农民工进城一样。香港已在1840年中英之战后,租给了英国。这儿洋人很多。到了香港,他找了份给洋人教中文的活。

给洋人教中文,有个很大的方便,就是可以向洋人学英文。你一点英文不会,那中文也没法子教,不好沟通啊。洪仁玕得此机遇,开始学起了英文,而且还学得不错。

虽然在洋人中教书,但洪仁玕十分关心大哥洪秀全的动向,天天要看报纸。有一天,他在报上看到,太平军已占领了南京,而且在南京宣布成立了太平天国。洪仁玕兴奋不已,立即辞去工作,买了一张船票,从海上漂过来,到达上海,准备从上海到南京,到天国去。

来到上海,清军与小刀会正打得难解难分。小刀会,是上海地方起事的组织,是反对满清的组织,他们的领袖是刘丽川。刘首领几次派人到南京,请求洪秀全支持,愿意接受领导。但洪秀全不理不睬,刘首领的热脸,贴了洪天王的冷屁股。从这看来,小刀会,最多是太平天国的友军和盟军。

洪仁玕曾找到过小刀会的领导,告诉他们,自己想到太平天国的首都天京去。告诉他们,自己是天王洪秀全的同族弟弟。小刀会的领导,可能忙于战事,可能把他没当回事儿,可能战争中这种骗子太多太滥,所以,既没有追究他假冒洪天王之弟的罪,也没有送他到南京,更没有把他当一回事儿。洪仁玕倒是想得开,人家不理你,你又何必太认真?洪仁玕在上海找了家洋人办的学校,在那儿进修,学习数学,学习天文,学习历法。要做洪秀全上帝会的成员,不懂历法是不行的。

过了些时候,小刀会历时十八个月苦战,最后失败。洪仁玕手上的银子又不多。他在上海学了些时日,钱没有了,吃饭成了困难,又回到香港,继续当他的中文教师。

回到香港,洪仁玕明确了目标。就像大学毕业后,在社会上工作了几年的人,又考上了研究生,学习的目的性,比直接从本科到研究生的人强多了,自然也就学得好多了。他知道自己不懂军事,不会打仗,也吃不了打仗的那份苦,那干脆就学点文的吧。他用全部精力,学习西方的政治制度,学习西方的近代文化,学习西方的法律知识。

同时,他还专心做几件事情:一是在香港专心结识洋人,结识洋教士,以备日后之需。二是关注报纸,关注太平天国在做些什么。从报纸中,他知道了太平天国的战争情况,知道了老兄的这个新的国家还没有像样的近代制度,更缺少能人治理。第三,他一边学习,一边有针对性地写作,当然不是像我这样百无一用的人一样,写什么历史故事。他要写历史的大文章,要写太平天国的大文章。所以,他基本上写了《资政新篇》,为他理想中的太平天国,勾画了一幅发展与改革的图景。如果一旦到了天京,咱就可以拿出准备好的方案,对天朝进行认真的改革!

1859 年,洪仁玕自己觉得,学的这些东西已经差不多了,自己准备的方案,也差不多了,治理大哥的国家,他已信心十足了。于是,他决定到天国的天朝去。

他的洋教士朋友,听说他要到天朝,当然很高兴。洋教士们对太平天国,开始还知之不多,只知道这个新的国家也信上帝,这个新的国家可能就是洋教士的乐土。现在,正好有个天王的弟弟要到天朝去,那如果帮他点忙,日后的回报,一定很大的哦。于是,洪仁玕的洋教士朋友,给了他钱,给他买好了船票,给他准备了足够的干粮,还亲自送他到了码头边,一直说着一路平安、上帝保佑之类的话。

就这样,洪仁玕这一次顺利到达了太平天国的首都天京。

二、总理国家事了

到了天京,洪秀全召见了这位弟弟。此时,洪秀全正面临十分头痛的事情。

太平天国起事之时,以天王洪秀全为第一号领导,第二号领导人物,是东王杨秀清。杨秀清,是太平军的军事领导,掌管军队大权,战必胜,攻必克,威望很高。还有北王韦昌辉、翼王石达开等,均是洪秀全的得力干部。到了天京,还没有享受太平日子,这些高级领导就发生了矛盾,水火不容。洪秀全指使韦昌辉杀害了杨秀清,又命令石达开杀害了韦昌辉,又再命令人准备杀石达开。如此一来,石达开率自己的部队,离开了天京。经过一场浩劫,太平天国的实力,已经大大折损。洪秀全一心一意地享受着美女美酒,国事、军事、人事,全都一塌糊涂!正在这时,洪仁玕来了。

准确地说,洪仁玕是在最不适当的时候,到达了一个最不适当的地方,而他,却要在这个最不适当的时候和最不适当的地方,干近代中国最迫切要干的事情:政治变革、法制变革、文化变革!

这是一场注定了的悲剧。

悲剧已经注定,但演出已经由历史老人安排了,不能更改啊。洪仁玕只能做下去。

见到大哥洪天王,洪仁玕并没有马上拿出自己准备好的书《资政新篇》。他先向自己的天王大哥陈述自己的主张,提出天朝若要更上一层楼,非得变法不可。

洪秀全似乎没多少心思听他这位老弟说太多的话。他告诉老弟:你好好干吧,反正你是咱们洪家的人,你不会反对我的,你办事,我放心。

是啊,洪秀全这会儿,心底很难受的。和自己一同起事的兄弟杨秀清,时时以天父附身的玩法,教育自己反对自己,搞得自己身为天王,却时时难堪,只好将他一杀了之。和自己一同起事的兄弟韦昌辉,本来是受命诛杀杨秀清的,结果这小子乘机想要杀掉我这个天王,我也只好将他一杀了之。和自己一同起事的石达开,是个老实人吧,却远远地跑了,不和咱合作。看来,异姓人还是靠不住的,只有咱洪家的人,才可靠。洪家人,多来点才好啊,都来了,咱洪家的天下就可靠了!

正好,洪仁玕来了。

洪仁玕问大哥:我怎么才可以开展工作呢?无名,无权,无分儿啊!

洪秀全说了:这事好办,反正我封的王,我也记不得有多少个了(太平天国最后封王达三千多个,到后来,封王时找不到可以封的字,许多汉字均已被封为王,他们只好自己造些乱七八糟的字来封王),再多一个也无妨。麻烦你去把我的天王玉玺拿来,给你盖个公章,你也当个王吧!你想干事,那就当个干王,怎么样啊?

洪仁玕说:好,我就喜欢干王这个封号。那光有个封号还不行啊,我得有职务啊,要不,改革这么大的事情,我不好办啊!

洪秀全又说了:这个也好办。杨秀清这坏小子,刚刚被杀了,他手上那一堆事儿,正好没有人能管,你管管吧。你就当个总理吧,总理全国政事,行不行啊?我可告诉你,你的官不能再大了,再大就要超过我了,那可不行,一定要坚持我对全国全军全教的绝对领导!

洪仁玕说:行,听大哥的。

事情就这样定了。

"海归"人士,回国后当总理,这还是头一回。虽然洪仁玕还算不上真正的海归,因为他只是在香港留学了几年,比人家同时代的那些人,跑到英国和美国留学,差远了。但是,你留学跑得远,回来不见得受到重用,谁让你没有一个当了天王的大哥呢。

洪仁玕无尺寸之功,一到天京,又是封王,又是当总理,人心不服啊!太平天国这个时候,已经很是困难,大将陨落,新生代刚刚产生。新生代们也是从血中火中拼出来的,才有了一点地位。你洪仁玕才来几天,才吃几两盐,就想做王?

洪秀全为了平衡关系,也为了好让老弟开展工作,同时也封了好几个王。反正天朝已经混乱成这个样子,过了今天不知道明天,能封王就给你封吧,免得你们惹是生非。就这么着,太平天国后期大大有名的陈玉成、李秀成,均加封为王。陈玉成封为英王,李秀成封为忠王,李世贤封为侍王,杨辅清封为辅王,林绍章封为章王。

洪仁玕,就在这样的背景下,走马上任了。

三、《资政新篇》出了

洪仁玕上任了。

他一个书生,一不会舞大刀,二不会带兵打仗,在天国要立足,还真的只有从文开始。这时候,他才拿出了自己在香港早就写好的《资政新篇》,送给天王洪秀全过目。经过洪秀全的审定,决定在全天国开始推行。

洪秀全整天沉溺在美女和美酒之中,到底看了这个《资政新篇》没有? 到底认真地看过没有? 不知道。反正他已经同意了,那么,洪仁玕就可放开手干了。

《资政新篇》,是洪仁玕对太平天国进行改革的总纲领、总设计。从这本书来看,从那个时代来比对,洪仁玕这个太平天国改革工程的设计师,是伟大的设计师。

在《资政新篇》中,一开始,他就作了总论,也就是中国人作文章常常要说的总纲之类。他在总论中说,世界潮流,已经滚滚东流啊,各国改革,已经日新月异啊。俄罗斯已经变革了,英吉利已经变革了,日本人也要变革了。凡是变革了的国家,国力一天天强大,人民一天天富有,军队一天天壮大,这是世界的大趋势。我太平天国,唯有实行这样的变革,才有可能打败满清,才有可能坐稳天下。

洪仁玕的这个总论,我以为,十分精到,十分明智。以清之没落,以太平天国之腐败,不变革,只有死路一条。当时的中国,无论是清还是太平天国,都已到了非变革不可的关键时刻。

正是在洪仁玕说了这番话、写了这些字之后许久,李鸿章等人才开始搞洋务运动,康有为等人才开始准备上疏变法,孙中山等人才开始搞革命。这些人,均是在洪仁玕之后若干年,才想到说这些、写这些。不知道他们是不是抄袭了洪仁玕? 抑或是英雄所见略同,只是晚了若干年?

　　有这么明确的总论,下面的内容,可想而知,是很针对那个时代的,甚至是很超越那个时代中国的实际状况的。

　　《资政新篇》中关于改革的具体内容,主要分成了三个部分。

　　第一个部分,是关于文化建设的。

　　洪仁玕提出要用先进文化改变落后文化。首先要大力提倡基督教的与人为善,要改变中国落后的东西,人与人之间,要有爱心,要互相关爱。这是精神文明方面的要求。关于物质文明方面,他提出要学习西方的先进器物,如火车、火船、钟表、望远镜、新的火器、地理知识、温度计等等。凡是他在香港见过的西方的好东西,他都建议认真地学习,好好地推广。这个时期,西方的物质文明,确实已经远远胜于古老的东方了。

　　第二个部分,是关于制度建设的。

　　洪仁玕认为,西方为什么发展很快,为什么实力很强,为什么总是可以轻松地打败清政府,那是因为西方的政治经济制度先进。有了先进的政治经济制度,自然就会有国力,就会有活力,就会有战斗力啊!怎么学习西方的政治经济制度?那首先要办银行。办银行,国家可以办,私人也可以办。其实,在中国的北方,在清政府的统治区,以山西为基地的钱庄票号,已经开始具备银行的雏形了。没有银行,太平天国的贸易不好开展,国库没有钱,军队没有饷,只能走到哪打到哪吃到哪,这怎么行啊?还有国家要搞建设,没有银行资金也不行啊。洪仁玕的这个观点,是很现代的,即便到了今天,国际间的金融之战,不是也已经成为最为重要的战争了吗?洪仁玕在那个年代,在那种环境中能够注意到这个问题的重要性,是有远见的,不愧是"海归"人士啊!同时,他提出,一定要办好基层乡镇官员的选举和任命问题,基层稳住了,天国的基础才扎实。没有乡镇官员稳住基层,那天国永远只能是流动和不稳定的啊!这就是关于根据地建设的问题。这个问题,也切中了太平天国的要害啊!再同时,还要设立纪律监察机构,解决好纪律问题,解决好对领导干部的监督问题,以防止腐败行为的发生。其实,这时候的太平天国,最大的腐败分子就是洪秀全天王。最后,和洋人做生意,一定要守信用、讲诚信,没有这一点,洋人就不来玩了。

第三个部分，是关于法制建设的。

洪仁玕认为，西方的司法制度很好，他们对案子进行审理，有法律条文可依，不像太平天国，想怎么办案就怎么办案，完全看领导者的脸色行事。这怎么行啊？这样会有多少冤案发生啊！既然开国治民，就要定法律条文，就要设立法院，就要由法官审案，等等等等。

洪仁玕的这个《资政新篇》，还真的有些现代国家管理的味道，在当时还真的有许多新意。如果真的按这个方案改革到位了，太平天国说不定会兴旺起来的。

但是，历史只给了洪仁玕的改革方案一个很短的时间，他的改革方案，最终没有变成现实。

四、妙药真显灵了

一个好的改革设想，如何付诸现实？

洪仁玕的决意改革，在太平天国遇到的又会是什么样的情形？

太平天国，本来就是个先天不足的残疾儿。洪秀全起事，无非打的是"无处不均匀，无人不饱暖"的老旗号。这个旗号，已被历次农民起义用滥了。这个旗号，在起事之初，是可以有一定的号召力的，但如果要立国，要建制度，这个口号是根本行不通的。明确地说，这个口号，就是一个破坏性的口号，而绝不是一个建设性的口号。

这时，太平天国刚刚经历了1856年的内乱。杨、韦两王被杀，石达开也走了，天国已走上下坡路。在太平天国起事的前六年，也就是1856年之前，他们攻城略地，仅仅死亡将士四千多人。而这一次的内乱，却杀死近十二万人。杀了这么多人，元气大伤，人心大伤。在这种情况下推行改革，是必须的，但也是十分困难的。往往当一切顺利的时候，改革是容易的，因为阻力小啊。而一切顺利时，最高当权者享受着安乐，没有改革的紧迫感。可是一旦情形急迫，不改革不行了，却又元气受伤，就如一个重病的人，很难受得了什么重药的。

不过，重药下来，太平天国还真的出现了奇迹。

首先是收入有了增加。洪仁玕提出增加国家的收入，进行税收调整，还与洋人通商，将太平天国在战争中得到的物产，比如福建的茶叶、江西的银子、两湖的水产，卖给洋人，然后，洋人送来了西药、兵器等。洪仁玕要求，与洋人通商，必须守信用、讲诚信。因此，他们刚开始时，和洋商的生意，还是顺利的，钱也挣了不少，天国的财政状况有了好转。

因为与洋人做生意讲信用，所以，到南京来的洋商很多，英国人、美国人，纷纷来到这儿淘金，南京口岸，每天洋船如云，洋人如织。

商业活动的展开，为天朝带来了直接的好处。除了税收增加，武器也有新的改进。因此，军事上，也一扭前些时的弱势，很打了几个漂亮仗。本来，1856 年内乱之后，太平军损兵折将，许多地盘被曾国藩和清军占领，清军的江南大营和江北大营，也建到了天京的前门和后背。这时候，太平天国内有洪仁玕改革主政，外有陈玉成李秀成攻城略地，形势很是不错。当此之时，安庆、天京两大重镇，是太平天国要地。清军利用太平军的内乱，一下子大军推进，兵压境内，兵临城下。大将陈玉成领军前往，经过几场厮杀，终将清军打败。清军的安庆之围解决后，太平军一鼓作气，向清军的江北大营进攻。清军的江北大营，也是不久前才建立的，他们在天京北岸搞事。陈玉成、李秀成联合作战，向江北大营进攻。他们一举打破江北大营，让清军十分害怕，让清政府不得安宁。破了江北大营后，太平军又向合围庐州（今合肥）的清军进攻，陈玉成、李秀成率兵前往解救合肥，一战而胜。战争如此频繁，作为总理的洪仁玕，虽然不会打仗，但他调集军粮，还是立了大功的。

军事上的胜利，让太平天国的地盘扩大了。这些地方，原先就是太平天国的。只是因为内乱，清军大兵拥来，打得太平军措手不及。如今，这些地方，又完全回到了太平军的手中。太平天国出现了暂时的中兴之象。

洪仁玕的改革灵药，真的显灵了。

五、摊子已经烂了

然而，太平天国毕竟是一支农民的队伍，这支农民的队伍没有在洪秀全手上进行较好的训练。严格地说,这支农民队伍非但在夺取土地后没有正规化、秩序化、纪律化,而且,出现了更多的流氓习气,更多的土匪作风。整个摊子行将就木,对这样的重病人下重药,可以收到一时之效,却很难持久。强行下了重药,也会出现生理排斥。

太平天国的一干人等,真的对洪仁玕的改革,出现了生理排斥。

从1857年开始,太平天国的军事领袖中,军队多而且实力强的,推陈玉成和李秀成。军队的高级将领,对洪仁玕的这一套,并不放在眼中,也不执行。军人,只关心好的武器,如望远镜,如火器,他们是喜欢的,进口吧,大大地进口,通过洋教士也好,通过商人也好,能有多少要多少。这些太平天国后期的杰出军人,除了关心这次改革能够带来的西方物质文明,其他不再关心。至于依法办事,至于纪律监察,对不起,将在外,君命有所不受!

因此,军队成为洪仁玕改革的真空了。

本来,太平天国的军队,并没有什么严格的军制。军队中有老人,有孩子,有家属。一个将领的军队,往往更像是一个部落。而一支军团的首领,更像一个部落的酋长。从太平天国起事到定都南京,他们的军队一直就是这样。这样的军队,在战争初期是起了作用的。但是,当太平军与清军的战争进入正规作战的时候,这种军制的严重缺陷,就越来越明显了。而洪仁玕要想在这样的部落式军队中改革,那是根本不可能的。

太平天国的军队,到1856年之后,实际上已经烂起来了。

国家也在向更烂的方向加速前进。洪仁玕上任后,才发现,整个天国的总理府,以及几个大的部委,全部就设在总理府内,各大部委几乎找不到一个称职的部长。更要命的是,总理府的通知、命令,往往放在总理府中,不知道应该送给什么人去执行。地方官全部由征服了当地的太平军将领任命,他们不知道总理府是干什么的吃什么的,也不听来自总理府的命令。总理府的许多改革、许多政令,几乎都成为空中楼阁。政令不通,改革难行啊。

国家机器,已经烂了。或者,洪秀全根本就没有能力建立一个像样的国家机器,也根本没打算建立一个像样的国家机器。他,是一个典型的及时行乐者。

国家领导人如此，国家机器如此，国家军队如此，国家，也就可想而知。

六、政令太难行了

当一个国家、一个集团面临随时可能发生的战争时，内部的改革，只好让路。

洪仁玕提出改革主张时，太平天国的地盘，也就是安徽部分地区、江苏部分地区、江西部分地区。而清朝的军队，已实际上对太平天国形成合围。曾国藩大军顺江而下，冲击力很强；左宗棠大军控制浙江，势力不小；清军的江南大营和江北大营时破时建，对南京形成攻势。军事吃紧，改革何行！

各地手握大权的将军们，对洪仁玕长期在天京享乐，不用到处作战十分不满意，也不愿意配合他。

改革的方案，得到过洪秀全的同意，但洪秀全也不是全部同意的。

天王洪秀全，曾经是个读书人，曾经有过理想，曾经有过智慧，否则，他怎么可能在金田起事时，一呼百应？然而，到了天京，做了天王，对他来说，好像一切已经完成了，他的任务，只有享乐和杀人了。读书人造反，都不怎么样，有点像鲁迅先生说的，奴才当了主子，比主子更可怕！读书人造反掌了权，比普通的一个农民更可怕、更腐败、更愚昧！洪秀全如此，黄巢如此，方腊如此。与他们相反，朱元璋一个什么也不是的农民，刘邦一个什么也不会的小吏，为了夺取政权，是可以忍辱负重的，是可以听取意见从善如流的。而这些读书人，却偏偏表现得不怎么样，虽然也曾有百万之众，却很难得了天下，更治不了天下。读书人，要想当大政治家，好像更难。

因此，洪秀全对于一些改革主张，不满意的，就不让执行。《资政新篇》中提出戒杀，洪秀全不满意，亲自批示：斩邪留正，杀妖杀有罪，不能免也！

对于反腐败的问题，洪秀全更加不能同意。在洪秀全的宫中，全是年轻漂亮的女子,他的妻子和小妾,多得没法计算。要反对腐败,那绝对不行! 因此,成立纪律监察机构,也成了一纸空文。

至于银行,由于战事太多,天国的土地无法安宁,银行也没有办法运转。这,又成了空。

法制建设,建议是很好的。可是,大将们身在各地,全权处理地方事务,想杀人,如果搞什么审判程序,明显地耽误时间,所以,军队抓获的犯罪分子,基本上就地处理,不用审问,不用宣判。天国的法制建设,又成了空。

条条方案,不可谓不好。但条条方案,全部落空。改革,成了纸上谈兵! 洪仁玕真的气死了!

七、胖子也学坏了

在众多的太平军上层人物中,洪仁玕是个胖子,一是因为遗传,二是因为当了王爷吃得好喝得好吧。

近朱者赤,近墨者黑。短短三年,洪仁玕很快就入乡随俗了。当初改革的理想,改革的宏愿,化为泡影,个人的享受,成为最重要的事情。这个胖子"海归",也跟着洪秀全大哥学坏了。

洪仁玕的王府,十分豪阔。墙上黄金闪闪,室内美酒陈列。作为"海归",自然有与众不同的生活习惯。他的生活习惯,是每次吃饭,都要喝进口的葡萄酒,无酒不能成饭。他的王府门口,二十四小时必须有专门的音乐人员奏乐,无乐不能工作,更不能休息。他的身边必须有成群的美女,没有美女更是魂不守舍。吃、喝、听、玩,成为这位总理的很重要的生活内容。他的这些爱好,与他的那位天王大哥洪秀全,很是相同。这叫物以类聚吧。

读书人、"海归"派的洪仁玕,很快也喜欢上了杀人这个游戏。要知道,他的改革方案中,有一条很明确:戒杀。这一条被洪秀全否决后,他也喜欢上了杀人。

洪仁玕与很多洋教士关系密切,因此,洋教士们知道他当了总理,纷纷跑到天京,想要传教,想要做官,想要做生意发财。洪仁玕起初对这些人还是可以的,也让这些人赞扬过。但是,不知道什么原因,他对洋教士罗孝全的一个仆人恨上了,决意要杀他。那一天,洪仁玕手持大刀,跑到罗孝全的住地,拉出那个倒霉的仆人,一刀砍下了他的脑袋,吓得洋教士罗孝全直喊"怕怕"和"上帝"。杀了之后,还不解恨,用脚狠踢那个仆人的脑袋,搞得满院子鲜血淋漓。

不但如此,洪仁玕对洋教士们大耍王爷作风,动刀动枪,让他们感觉到了生命的威胁。这些到天京一年多的洋教士们,失望透顶。一开始,这些洋教士评价这位总理级的王爷:开明,民主,智慧,友善,完全是天王洪秀全最优秀的助手。现在,这些洋教士们评价这位总理级的王爷:自私,残暴,懒惰,虚伪,完完全全就是魔鬼洪秀全的帮凶!

消息传开,天京的洋教士、洋商人,纷纷离去。这些人来到之时,写信回国,说太平天国如何如何的好,建议国家给予支持。现在他们离去之后,又纷纷写信回国,说太平天国如何如何的不好、如何如何的邪恶,建议国家出兵帮助清政府平灭之。

从此之后,来自国外的洋枪队,出现在江浙战场,出现在太平军作战的对面。他们,成为太平军最严重的敌手。也是从此之后,太平军从外国人手中购买武器和弹药的渠道中断了。

从此以后,太平天国真正进入了万劫不复中。

八、悲剧终于结了

洪仁玕是亲自陪着太平天国一起走向绝路的。

由于洪仁玕的改革无法执行,而太平天国的秩序早已大乱,太平军到处打败仗,地盘不断缩小。1862年,湘军再攻安庆。下半年,太平军救援安庆失败,安徽、江浙不断丢失。这时,洪秀全觉得,自己的"海归"弟弟的那一些办法,好像也不管用。加上战争不断,自己疑心重重,他,对洪仁玕不再理睬。洪仁玕的改革,到此也完全结束了。

1864年二月,曾国藩的湘军向围困中的南京发起大规模进攻。此时,南京城内,严重缺粮。

1864年六月,在家中休息了两年多的洪仁玕,闲得很是无聊。突然一天,洪秀全派人找上家门,要求他马上到天王府报到,说是有要事交代。洪仁玕以为,天王又要重用他了,立即赶到了天王府。谁知,天王洪秀全已经知道自己命将不保,找来自己的小弟弟,托他照顾自己的儿子,并要求他帮助幼小的儿子登上天王之位。

很快,洪秀全享乐享够了,杀人也杀够了,一病而死,也有人说他是自杀的。

六月六日,洪仁玕主持了新天王的登基大典。战争之中,大典也很简单。洪秀全十六岁的儿子,继承天王之位。

一个月后,1864年七月十九日,湘军攻破南京,攻克了被占领十一年的太平天国的首都。

南京城破,洪仁玕在出逃中被抓获。在生命的最后日子里,洪仁玕表现不错,很有气节,每每以文天祥自比。他,依然保持了一个文人的气节和节操。当然,无论他如何表现,终不免一死。临刑时,作诗一首——

> 临终有一语,言之心欣慰;
> 我国虽消逝,他日必复生。

复生?太平天国这样的乱世,最好永远不要复生了。太平天国起事之前,中国拥有人口四亿。太平天国平定之后,中国人口减少五千多万!这样的事,还是不发生的好。

所以,如果没有洪仁玕的《资政新篇》,没有洪仁玕的三年改革,太平天国就是一场大灾难!唯因有了洪仁玕和他的《资政新篇》,太平天国运动的漫漫长夜中,才出现了些许亮色。而太平天国土壤本身所存在的严重问题,正是洪仁玕改革必败的原因!

洪仁玕与《资政新篇》,洪仁玕与三年改革,颇有意义。正是在洪仁玕之后,真正的改革,在中国开始复生:以曾国藩、李鸿章等为首的洋务自强运动迅速兴起,以康有为、梁启超为首的维新变法运动随后上演,以孙中山、黄兴为首的国民革命大戏轰然上场……洪仁玕理想中的文明、法制、友爱、经济,被后来者演绎得生动活泼、波澜壮阔。

从此,中国,开始在漫长而又艰难的改革历程上爬坡了……

上帝啊!

——如果真有上帝,那就请让所有最美好的设计在中国的土地上实现一次吧!让所有最优秀的设计师的作品在中国的土地上成为现实吧!

晚清：被历史机遇错误选择的一群人
——戊戌变法失败新说

九月二十八日,徘徊在北京菜市口。秋阳高照,车水马龙,繁华和喧闹,让这个曾经古老的城市布满爆发的朝气。百余年前的这一天,菜市口记录了中国近代史上最悲壮的一笔:谭嗣同等参与戊戌变法的六君子同时被斩,碧血横飞,满城悲戚!

每每提到戊戌变法,真的是感慨万端。从轰轰烈烈的开始,到轰轰烈烈的失败,时间之短暂,转换之快速,结局之悲壮,让人痛心扼腕,让人痛苦不堪!

1895 年三月,中日海军发生大战,史称甲午海战。结果是,中方海军大败,北洋水师全军覆没。

1895 年四月、五月,全国举人们在北京参加考试。正在此时,战胜的日本与战败的大清,谈判有了结果。在日方的粗暴要求下,大清不得不签订了《马关条约》,将台湾割让给日本。如此奇耻大辱,举人悲愤难当,纷纷向国家最高领导机关递上请愿书,康有为等人积极参加。这,就是历史上的"公车上书"事件。

上书事件之后,考试结果公布,康有为中了进士。

康有为当官后,仍上书不止,要求变法维新。

1898 年一月,康有为第六次上书,在上书中提出变法大纲。主要内容是:一、请皇帝召开高级干部会议,集体宣誓进行变法;二、设立上书所,开天下言路,让人民群众有话就说,实话实说,直接向朝廷提改革方案(这个法子,中国人很早就搞过的,好像是在周朝的时候,就有人在王宫广场上立一块大木头,称之为谤木,让有不同意见和有高见的人,在上面写字,然后由国王阅读);三、设立制度局,相当于现在的体制改革委员会吧,由这个机构来定变法的方案。

几乎同时,主张变法的皇帝的师傅翁同龢,向皇帝推荐了康有为,并大加赞扬。

1898年六月,看到康有为的上书,皇帝经过数月的思考,觉得不错。老佛爷慈禧太后也看了这份上书,经过了数月的思考,也觉得不错。老佛爷,实际上是大清的最后决策者。她不同意的事,谁也别想干。六月十一日,老佛爷慈禧太后亲自批准,让光绪皇帝发布诏书,宣布:"以圣贤义理之学植其根本,又博采西学之切于时务者,实力讲求……以成通经济变之才。"这一诏书,名为《定国是诏》,其实就是变法的宣誓了。

从这一天起,变法正式开始。

六月十五日,老佛爷宣布,免掉翁同龢的职务。翁同龢这时是总理衙门的协办大学士,是军机大臣,又是光绪的老师,是变法的支持者之一。同日,老佛爷任命她的亲信荣禄,担任直隶总督。

六月十六日,光绪皇帝召见康有为,听取康有为的演说,十分振奋,决心大力变法,快速变法。不久,光绪让康有为、张济元担任总理各国事务衙门的章京上行走,相当于总理各国事务衙门的秘书吧。

七月三日,光绪又任命梁启超担任六品官,负责出版各种译书。

变法过程中,光绪下诏一百一十多道。

八月,光绪下令撤销一些政府部门,慈禧批准。

九月,光绪撤销六名老大臣的职务,任命谭嗣同等六人担任军机处章京,负责具体工作。光绪对中央的人事,进行了重新调整,却没有报告慈禧。几乎同时,光绪决定另外设立政府部门,同样没有报告慈禧。慈禧因此转变态度,反对变法。

九月十五日,光绪感觉事态不好,发诏书让杨锐带出,向康有为等人求助。

九月十八日,光绪召见袁世凯。

九月二十一日,慈禧将光绪软禁。变法失败。

同日,慈禧下令,以"结党营私,莠言乱政"罪逮捕康有为的兄弟。康有为等逃脱。

九月二十三日、二十四日,下令逮捕谭嗣同、杨锐等人。

九月二十八日,慈禧听说,这些变法人士曾经动员袁世凯要杀害自己,于是,下令将其中六人即行处斩。

十月四日后,慈禧展开大清洗,打死同情光绪、支持变法的四名太监,将一批人流放边地,将几十人革职。

十月九日,清廷发布诏书,宣布取消变法。

被称为百日维新的这次变法,其经过大概就是这样。

一、大运正当时

中国历朝历代,不到奄奄一息,决不轻言改革。大清也是如此。

大清王朝开始倒霉,可以说是从 1840 年开始的。

近代中国开始倒霉,可以说也是从 1840 年开始的。这一年,是中华民族近代灾难的开始。

1840 年,小小的一个英国,从万里之外跑来,只用了四十多条船,而且大多是运输船,就打败了中国。

在此之前,大清,看上去还混得不错。它拥有四亿多人口,它的白银产量、茶叶产量和粮食产量均为世界第一。

然而,世界变了,中国却在老朽之中。历史的潮流向前奔涌,而中国却一成不变。1840 年,中国在广州吃了败仗,赔老了银子,又处分了林则徐同志。那时候,大清就有一些大臣提出要变法了。从那时到 1898 年,将近六十年时间。六十年中,中国在做什么?

1851 年,太平天国闹起来了。太平天国闹事,让清政府一片忙乱,哪里还顾得上学习西方的东西?!

1851 年三月,洪秀全在武昌称天王,建立太平天国。

1853 年三月,太平军攻克南京,洪秀全决定将太平天国的首都定在南京。

1864 年七月,太平天国的首都南京城被攻破,太平天国灭亡。

从 1851 年一月到 1864 年七月的十三年间,清政府的正常工作全面打乱!

当然,正是在平定太平天国的过程中,新兴的军人集团,如湘军,如淮军,他们开始借助和学习西方文明,从军事工业到民用工业。这,才有了中国的洋务自强运动。

太平天国平定之后,大清的官员们可以放手搞洋务自强运动了,经济改革搞得不错,但政治改革却没有动手。

这个被历史称为"洋务自强运动"的运动,其实就是大清的一场经济改革,而且真有不少的成果。这场洋务自强运动,从技术和经济的层面展开,基本上分这样几步走来:先是购买外国的产品,比如兵舰大炮,比如电报设备,比如火车轮船;然后是从进口产品到进口生产设备,比如矿山设备,比如钢铁厂设备,比如武器生产设备;再然后是整体地引进工厂,比如汉阳钢铁厂、汉阳兵器厂,比如上海的造船厂。这种过程,有它合理的地方,就是从产品进口到进口生产产品的企业。

洋务自强运动,如果从太平天国平定的那一年算起,到 1895 年甲午战争结束,时间大约为三十二年。如果算上平定太平天国过程中的洋务自强运动,时间大约为三十五年。三十五年的洋务自强运动,提升了大清的国力,提升了生产力。洋务自强运动搞下来,中国的国民生产总值,也就是现在说的 GDP,在全世界排名是很靠前的。

关于当时中国的生产力水平,外国人有专门的研究。

美国著名学者保罗·肯尼迪写有《大国的兴衰》一书。英国著名经济学家麦迪森写有两书:《世界经济千年史》、《中国经济的长远未来》。在这些书中,他们把中国与当时世界的第一强国英国、崛起的大国美国和日本进行了 GDP 和军力的比较。

先比较 GDP 占世界的比例。到 1870 年时,中国占 17.3%,而日本、英国、美国仅分别为 2.3%、9.1%、0.9%。到了 1900 年时,中国的比例为 11.0%,落后于美国的 15.8%,但依然领先于日本的 2.6% 和英国的 9.0%。至少,中国的经济实力远高居日本之上,是世界至少是亚洲强国之一。

再从军力上作比较。1890 年,英国、美国、日本的兵员总数分别为四十二万、三万九千、八万四千,而中国兵员则超过一百万。在海军战舰吨位上,中国海军战舰吨位七万八千吨,英国八十九万吨、美国十二万吨,日本只有四万四千吨。中国远远领先日本!可见,当时中国兵员规模世界靠前。而且,中国通过进口和自制,拥有不少先进的武器,如英国的马梯尼、法国的哈乞开司、德国的毛瑟枪和克鲁伯炮等,其先进程度超过日本的军备。

这个成果,真有中兴之象。史称同治中兴。

粮多了些,钱多了些,军备先进了些,国库有了些钱。这些繁荣的假象,压住了政治变法的呼声,也遮盖了政治变法的急迫。但是,同治皇帝那几年的所谓"同治中兴",时间很短,很快又有了西方人的几次入侵,又打了个大败。变法、革新,朝廷中人时断时续地说着。只是,他们似乎不知道怎么变、怎么革。

同样,洋务自强运动,因为不停地从西方引进设备,同时也引进了新的思想观念,给中国带来了新的思想、新的方法,培育了变革的土壤。

经济改革到了一定的时候,必须进行政治改革了。不进行政治改革,经济改革的成果,也将断送。因此,洋务自强运动,挽救不了政治制度上的失败。中法战争、中日甲午战争,终于将洋务自强运动的强国梦想打成了灰。

洋务自强运动进行的过程中,对是否进行政治改革,大清的许多皇帝家人认为,如果进行政治改革,是会速死的。但是,如果不进行政治改革,那只会是等死。大清的有识之士,不愿意看到好好的一个国家、好好的数亿人民,在那儿等死。他们要改革,从经济改革到政治制度改革。

直言学习西方民主政治制度的,有一个人,他是湘军出身,湖南人。近代史上,还是湖南人了不得,真的了不得。出了曾国藩,出了左宗棠,出了大大小小无数人物,非但有识,而且有胆;非但有胆,而且有胸怀;非但有胸怀,而且有担待;非但有担待,而且真能成事。

这个人,是郭嵩焘。此人1818年出生于湖南,二十九岁中过进士,后来参与曾国藩的湘军,很有些作为。随曾国藩平定太平天国后,他出任过许多要职,不一一列举了。1875年,正休闲在家的郭氏,被召到北京,委以重任——到英国当谢罪使臣。原来,英国驻华外交官员马嘉理,跑到云南游玩,被杀害了。英国人厉害,大清惹不起,只好找个人上门赔罪。郭氏就这么到了英国,成了驻英大使。驻英三年,他很认真地考察了英国的先进之处,向朝廷提了很多好建议。对教育、对经济等的建议,咱就不说了。他第一次提出,要学习英国的民主制度,就是学习议会制度,不要再搞皇帝一人说了算的专制制度了。他的这一建议,让许多人很不适应,于是,一片骂声,他只好悄然回来。回来的时候,许多守旧的人,恨不得挖他家的祖坟,他因此再没有得到重用。悲剧啊悲剧!

你看看,这个郭嵩焘,比那个后来提出改革维新的江苏常熟的所谓书香门第出来的翁老头子,岂不是有见识得多了?

可是,你有他没有的见识,你却不会做官。他没有你所有的见识,他却很会做官。做官嘛,有时候不一定非要成什么事。

好了,甲午海战来了,大清号称亚洲第一的海军,被一个小小的日本打没了。

1840 年,咱们被一个小小的英国打败;1895 年,咱们又被一个小小的日本打败,而且这一回败得更惨。

变法的呼声,也就谁也挡不住了!

变法,其实已有一批坚定的支持者。我们的史学一直是说,只有那些到北京想考官的举人们提出变法。其实呢,变法,相当多的高级官员,都是很支持的。尤其一开始,支持的人,老多啊!连老佛爷也说,她支持变法。哪像一些史学家说的,好像就只有翁老头和康有为几个人在搞!

大势所趋,变法,其实只要顺理成章地做,就会成功的。只要你别太贪,别太急功近利,别太小人见识。

二、大儒担大纲

前面说过,事情的引发,是公车上书。

公车上书,是不是康有为的事情?其实不是,至少不全是他的事情。他康有为非得说是他一人主导,那也没有办法,我们只好说他这是贪天之功为己有,是政治投机者。

先说公车上书吧。1895 年四月，大清被日本海军打败，被迫签订了《马关条约》。这时候，正好赶上了大清的考试，就是举人们考进士。考试期间，这么大一场败仗，这么个耻辱的条约，让举人们很难接受。于是，大伙儿很是气愤，嚷嚷着要向皇帝上书。大家嚷嚷是嚷嚷了，但是，好像并没有人真的开什么会，大家写了信，直接放到官府就完了，没有组织，也没有领袖。上书很多，最多的一天，都察院就接到了八批上书，签名的人有三百四十二个。统计表明，全国的举人，上书三十一件，参与者一千五百五十五人。举人们的嚷嚷，在北京城影响很大，因为来自各地的举人，是全国的知识分子，是精英。精英们嚷嚷，很容易形成政治风波的。这，还真的成了政治风波。至少，后来康有为的回忆录中，是将其作为政治风波来说的。

三年后，皇帝同意变法了，康有为晋身做了大官，成了变法领袖。康有为很好地利用了这次政治风波，说是他自己组织策划的，还说是在什么地方开了会，到会的有一千二百多人。其实，这根本是没有的事，就凭他和大伙一样是举人，他就没法子号召大家。文人，可是一向相轻的，谁服谁啊？

康有为是广东人，书香门第，很有学问的。他将历史描写成三个进程，以配合自己的改革主张。首先是"据乱世"，也就是天下由一个完全专制的君主来统治；第二个是"升平世"，这时候，天下由一个立宪法规定的君主来统治；然后是第三阶段，叫"太平世"，天下由人民来统治。

康有为还一直视自己为圣人。他写的《大同书》，很有理想色彩，很不错的。本来嘛，有学问的人，应当知道什么荣什么耻的，可是，康有为不知。他一直以这次运动的领袖自居，其实不然，这个人，人品、德行，太差了。

康有为这么说，主要是为了提升自己在维新变法中的地位，以保持自己的领袖形象。为了这个目的，他可以篡改历史，硬是编出一个公车上书事件，硬说自己组织和领导了这次政治风波。政治品质如此低下，日后又能成什么大器呢？

康有为还有个毛病，就是绝不团结同志，群众关系和领导关系都很不好，一心只想自己出名。凡是变革的事情，唯有他说了的才行，才对。高级官员们，如果参与，一定被他赶走。参加变法的大官，组织了强学会后，湖广总督张之洞、两江总督刘坤一、直隶总督王文韶，各送来五千两银子作赞助费，还有大官丁日昌等，都很积极地参加了。但是，康有为到处说这些人的坏话，说他们有私心，有个人目的，是"混进革命队伍的坏分子"。结果，这些手握大权，本来可以大大地支持变法或者在地方先行变法的人，一个个离他而去，他自己也就成了孤家寡人。

变法失败后，其人品之差，表现无遗。康有为一向视自己为圣人，却完全不拘生活小节。一是小老婆多。他四十岁时，纳一名十七岁少女为妾；五十岁时，纳一名美国十七岁少女为妾；五十四岁时，又在日本纳一日本女子为妾；五十七岁时又纳一妾，六十一岁时再纳一妾，六十二岁时又纳一妾。妻妾真的成群了。

生活也很豪阔。在变法挫败后流浪的日子，他完全靠海外华侨的捐资过日子。他对海外的人说，捐的钱会用于国内的改良运动，实际上，他大多用在自己的享受上了。他家的打工者很多，五个小女子，五个老妈子，三十多个男长工。这么多人，全为他服务，全吃他的喝他的。他还喜欢很多人陪他一起吃饭，每天在家吃饭的人，多达八十多人，买粮买菜得开汽车才行。这么大的支出，全部是海外华人捐给他用于国内的变法大业的啊。他在海外拉赞助，有时也会有海外朋友问他：康先生，你拉这么多赞助，到底用到哪儿？康有为回答："用于不可言之事！"那就是说，我用到哪儿，不能说，说不得！他曾真的用一些钱赞助一名军人起义反对老佛爷，想用兵事让光绪皇帝重掌大权，但是，此军人也是康有为一类人，成事不足，败事有余，只几天工夫，钱花了，热闹过，兵也败了。从此，康有为不再说起兵的事。起兵，这种很具体很繁忙的工作，不是他可以做的，这是他的短处啊。从此之后，海外华人的赞助钱，全部成了他的享受费和出名费。唉，海外华人如果知道这钱全被他这么花了，一定会吐血的。

生活品格不好，也是他的一大硬伤。

如此自私，如此贪婪，如此小气，如此如此的人，怎么可以担国家变革这样的大纲呢？康有为的一切一切，都不像大儒的做法，倒有些小人的做法，很有些小丑的行为。可是，人家是大人物啊，怎么能让我们在百年之后说是"小"呢？要不，还称他为大儒如何？就这样吧，大儒担大纲，这样说不会让人家起诉我吧？

嘿嘿，如此大儒担大纲，是国家的大悲剧啊。

三、大师何许人

变法另一领军人，是翁同龢。

翁老师，那会儿可是了不得的人物。在北京城的朝廷里头，有谁比他更厉害？除了皇室，没有第二个人！为什么这么说，看看他的官职就知道了。

翁老师身兼数职，每一个职务，都是实职，要命得很。他是军机大臣。朝廷，军机大臣一共只有三个，他是其中之一，而且在三人中名列第二。名列第一的，是恭亲王奕䜣，是皇帝家的人，那谁也比不了的。排在翁老师后面的，是大名远播的李鸿章。翁老师还是户部尚书。在大清朝，也就六大部，户部，管着朝廷的钱粮，那可是财神爷呀！他还是皇帝的老师，这又不得了，能做皇帝的老师，和皇帝家的关系岂能一般？全中国，全大清朝，皇帝的老师可就他一个人，举世无双啊。还有，他是总理各国事务衙门的协办大学士。

他身上的这些官职，用现在行情比较，应当是：他当着国务院的副总理，而且是常务的，因为他排名第二嘛；他还兼着财政部长的差；他还兼着外交部常务副部长。至少如此。这么多要职在身，那真的牛得不得了。

扛着这么多的职务，这么重要的职务，就是扛着大清的大半个江山啊！担子真的不轻！

可是，大清也真的是倒了血霉了！他们重用的这个翁老头儿，以及翁老头的家族，都在干些什么呢？

这老头儿是江苏常熟人。那地方，是很秀美的，有山，有水，虽然山并不高，水也并不深。古人说过了，山不在高，有仙则名；水不在深，有龙则灵。京剧《沙家浜》，其故事就是发生在常熟。直到如今，常熟人，也还是常常以这个翁家为自豪的。因为翁老头一家三代，在大清的咸丰、同治、光绪三朝,出了几个进士,两个状元,出了两个皇帝的师傅。看看这地方,文脉真的不错。

地方文脉是一回事,但具体到某个人,则是另一回事。某个人做事怎么样,与地方的文脉没有什么必然关系,尤其是治国这等大事,可不是闹着玩的。翁老头的父亲,大名翁心存,早年并无多大志向,只想做个教师,混口饱饭。后来,他考进士做官后,当了咸丰和同治两任皇帝的师傅。机会来了,真是门板都挡不住。翁心存的三个儿子,读书都不差。大的翁同书,是道光二十年的进士。老二翁同爵,做过陕西、湖北巡抚和署理湖广总督。小的,就是这个翁老头自己,在咸丰六年中了状元。七年后,翁同书的儿子翁曾源又中了状元。会读书的人,不一定会做事情。古人们用人,就看会不会读书这一个标准,太可怕了。翁同书中进士后,一直做到了安徽巡抚。但这人也真的不会做事,而且是属于败事有余的那种。在安徽,农民军四处袭击,他一点办法没有,丢城失地,十分狼狈。叛军首领发现,此人还能守住一两个城市,全凭手下有两员大将,于是叛军首领喊话:只要你姓翁的杀死你手下的那两员大将,我们立即向你投降!这种鬼话,这小子也听,也信,而且立马就在城头上让人捉拿自己的两员大将,其中一人悲愤难当,自杀了,另一人真的让姓翁的残酷杀害。叛军目的达到,再次猛烈进攻,姓翁的也只好再次弃城跑掉。犯了如此杀头的大罪,他回到北京,立即就给"双规"了。好在父亲翁心存是皇帝的师傅,一时没有人敢说怎么处理。翁心存心痛儿子,正想找关系大事化小,可是,李鸿章这家伙讨厌,偏偏给皇帝写信,说是罪大恶极,必杀之!看到这信,翁心存一下子急火攻心,死在了工作岗位上。父亲死了,儿子总不能再杀吧?于是朝廷从轻处理,将他发配边地,永不再用。也因为此,翁老头将李鸿章记在了心底里,恨到了骨头里!李鸿章搞海军,我翁某人当着户部的差,管着国库的钱,我不难为你才怪呢!

从1892年开始,这位老师就上奏朝廷,说是要节约军费,结果就停了北洋水师的一切经费。

老佛爷慈禧太后,想过六十大寿了,想修个好园子,可是,总是和洋人打败仗要赔钱,国家穷啊。翁老头儿有招,拿海军的军费给老佛爷修园子。军舰嘛,炮弹嘛,别买了;军饷嘛,训练费嘛,别发了!谁让人家翁老头儿管财政呢?人家有权,人家说拿钱干吗就干吗!你管得着吗?

翁老头儿这招,是一箭双雕啊,一是报李鸿章给皇帝写信的仇,二是拍马屁,拍太后老佛爷的马屁!

翁老头儿的马屁,美了老佛爷,却害苦了大清。1895年甲午海战,中日海军一决雌雄,结果是大清的海军一败涂地,有的军舰跑不快,有的鱼雷打不准,有的炮弹没火药。

以后又发生几次败仗,于是有了变法运动。

日本海军早就想干掉大清的海军,亚洲之一山,岂能容二虎?李鸿章是早就知道了的。他好多次找翁老头让给点银子,买新的军舰,买些新的炮弹,可是,翁老头就是摇头,看你怎么办?甲午海战失败,原因是很多的,以清军的腐败,以清廷的混乱,总之是要失败的。但是,没有新的军舰,没有新的炮弹,没有训练经费,也是很重要的原因。如果有这些,至少在失败时还可以挣扎一下吧?火力和吨位相当甚至超过别人的一支军队,怎么仅仅几天就给打完完了?不正常,太不正常了!

海军之败,翁老头子是日本人的"内应"啊。

种种情形看来,这翁老头儿不会做事,只会做官,做死官,死做官。中国最怕的,就是这种人,这种死做官做死官的人,害国害人哪!

当时担任兵部尚书(国防部长)的荣禄曾在一封密函中评说其人品:"常熟(翁同龢)奸滑性成,真有令人不可思议者,其误国之处,有胜于济宁(孙毓汶),与合肥(李鸿章)可并论也。合肥甘为小人,而常熟则仍做伪君子,刻与其共事,几于无日不应公事争执。"

荣禄的话,虽然带有个人成见,但也从一种侧面显示出当时高层官员对翁的看法。

可是,历史,却选择了他去做改革派的首领!也许,不是历史选择的他,而是他钻进了历史的机会之中。投机钻营,可不就是这等货色!

四、大势似所归

戊戌变法提到桌面,得到老佛爷慈禧太后和皇帝同意,已是大势所归。

变法人物的权力，也是够大的。史学家总是说，戊戌变法的时候，可怜的维新党人，也就是变法人等，没有什么权力，权力都在反对派的手上，所以，事到临头，什么都干不成，就只有抱着脑袋哭的份儿。其实，不然啊不然！

变法第一号人物，是光绪皇帝。光绪皇帝当时二十多岁，虽然胆子小，但是却很喜欢新鲜事物，很想要改革图强。作为国家元首，他已经亲政，不管是不是名义上的，反正他已是全国第一号人物，大权在握。

变法的第二号人物，是老佛爷，她可是自己要当变法顾问的，而且还觉得这事儿好玩得很啊。她在变法之初，很明确地说过，你们搞吧，只要好好搞就行了，别搞砸了就行。有这话，那多鼓舞人心啊。怎么样，她算不算第二号人物？如果硬说她后来表现不好，不算也行。那咱们就不算她吧！

那么，变法的第二号人物，也可以说是领军人物吧，应该就是翁老头儿。至少，在变法的早期，他是领军人物。首先是他作为皇帝的师傅，可以单独面对皇帝，因此常常对皇帝谈变法的事情，给皇帝推荐日本明治维新成功的书籍，还亲自向皇帝推荐了康有为这个力主变法的中级官员。这会儿，翁老头儿的官有多大，权有多大，前面已说过了。大清帝国设有总理各国事务衙门，相当于现在的外交部吧，翁老头是这个衙门的大臣；大清又设有全国最高领导机关，即军机处，相当于现在的政治局常委会。这个军机处实行的是集体领导制度，由三个人组成，翁老头排第二位，是常务的。权，有的是。位，有的是。

变法的第三号人物，就是那个康有为了。

其实，如果算上热心变法的人，算上热心变法而又大权在手的人，他康有为真的排不上第三，起码也会在第三之前加个十。

满朝文武，谁不想变法？就是那个很保守很反动的荣禄，是老佛爷的红人，是协办大学士，是北京的军区司令，是后来镇压变法的第一人物。他，那会儿也时不时跑到变法指挥部的强学会来看一看，听听讲座，出点银子什么的。

还有一个人很重要，他是三位军机大臣中的第三位，即李鸿章。李鸿章为军机大臣,是全中国三人领导团成员之一,很有政治经验,很有操作能力,很想参与变法,也从心中支持变法。严格地说,全国三人领导团中,亲王没多大本事,翁老头书生一个,也没什么用,真正能办事的,能成事的,就是李鸿章。有这等人参与,变法还怕什么呢?

全国人民,谁不想变法?除了大权在握的,还有大势所归的。参加变法的人,支持的人,海了去了。有给钱的,有给出主意的。就连那个在天津小站练兵的袁世凯,也跑来要参加。还有那个在北京天桥耍大刀的民间人士王五,也时不时地跑到变法指挥部来喝口茶。

那时变法的国内环境,几乎没有人反对的,几乎没有人不同意的。

大权在握,大势所归,大家支持。

那应该是可以大功告成了吧。

这么多的支持,这么多的同意,那就看看你们几个变法的人,到底能运作成什么样子了。

五、大政如儿戏

维新党人,是处在顺境之中的。

人呢,往往就是在逆境中容易明白,在顺境中却犯迷糊。按说,太后老佛爷是大权在握的人,她也亲自批准了变法宣言,那就让她一起干,岂不更好?但是,康有为认为,不能让她参加,只要有皇帝一个人支持,就完全可以搞定。唉,中国的事情,哪有这么简单!

维新党人中,有个王照,是聪明人,他当时也在中央机构当秘书一类的官。他提出,变法的报告、方案,我们可以在送皇帝时,同时送一份副本给太后,以示尊重,以求支持。这个主意,真的是个好主意。一是尊重了慈禧太后,二是可以维护好慈禧太后和光绪皇帝之间的关系,便于他们及时地同时了解情况,以免作出不一样的决定搞坏了关系。那时候,光绪才二十多岁,经验还不足,威望也还不高。老佛爷的支持,是很重要的。许多时候,对老人们来说,要的就是个尊重,至于你怎么干,他还不一定有那么多精力管呢。尊重了,什么都好,不尊重,什么都不好。王照,真是个聪明人。

王照的这个好主意，说给康有为和梁启超听时，两个人的头，摇啊摇的，就是不同意。问他俩为啥不同意，康有为说了，没这个必要，变法这等国家大事，怎么能向一个女人报告啊？我们以后只向皇帝报告就行了，不用向太后报告。梁启超也这么说。

康与梁，是这次变法的领导人物。他两人不同意，谁还能有什么办法？

王照只好说："得，就按两位领导的话办吧，以后出了什么事，可不要怪我没提醒。"

康有为老大的不高兴，说："就这么办，有什么事我担着就是了！"事情是这么办了，可是到后来，慈禧要杀人，他老先生却跑得比谁都快！

从此之后，所有变法的报告、方案、设想，都直接给皇帝光绪，而光绪后来也不向慈禧通报，想怎么批就怎么批。这么一来，慈禧在北京西边的那个颐和园里，住着可不高兴，一下子失落得很啊！管过了大事的人，天天上班的人，一下子没事做了，还真的受不了这份清闲！慈禧开始从心里由支持变法转向讨厌变法的维新党人。就是你们这帮小子，让我没事干了！咱就爱管事就爱决策，咱就这么点爱好，就这么点特长，你们非不让，就是不让咱快活！不让咱快活，那还了得！等着吧，看看老娘怎么收拾你们！慈禧站在颐和园的豪华石头船上，对着水面的飞鸟，狠狠地说。

不让老佛爷参加，维新党人自己给自己树了一个大敌，一个最厉害最可怕最可以主宰成败的大敌。

大臣们呢？那个一直站在旁边带着笑脸想帮点忙的李鸿章呢？李鸿章，此时是总理衙门的大臣，是军机处成员，是大学士，是大清国三人总经理团的成员之一。他力主洋务运动，力主从经济改革到政治改革，也就是变法。康有为看看这个人，怎么看都不顺眼。其实，他是觉得，这个李鸿章办事的能力太强了，如果让他也参加变法，那要是干成了，功劳一定是他的，那我康有为吃什么喝什么？不行，不能让他参加。而且，翁师傅还和他有大仇！于是，他们想尽一切办法，让皇帝讨厌李鸿章，让皇帝免去他的职务，让他到天津去，到一边看热闹去。李鸿章没办法,热脸贴了个冷屁股,只好灰头土脸地走开了。他这一走,变法维新立时又少了一员好将,少了许多胜利的可能。

本来嘛,就是出了以上的这些错,如果运行得当,也还有胜算。但是,错误继续发生,而且愈演愈烈。对像总督级的人物,如张之洞等,维新党人康有为,不是积极争取他们的支持,而是常常防范他们,怕他们知道了太多的事情,怕他们参与太多分了功劳。于是,湖广总督张之洞烦了,两江总督刘坤一烦了,直隶总督王文韶也烦了。排挤大干部参加变法,失去了搞统一战线的优势,而这些大干部,恰恰是具备官场运作能力的人。他们任何一个人办事,都比康有为、梁启超几个人加起来强啊!

非但不会搞统一战线,而且自相残杀。翁老头本来是支持变法的,康有为本来是喜欢他的。可是,两个人搞得水火不容,互相攻击。特别是这个翁老头,利用可以与皇帝独处的机会,说了康有为好多的坏话,而且还说自己是受了康有为的骗,才推荐他的。这么一来,皇帝也不高兴了。你们想干吗?你们自己怎么搞不团结呀?史书都说,是慈禧太后免了翁老头,其实,免掉翁老头的,是光绪皇帝自己亲手写的诏书。皇帝亲手写诏书罢免官员,这在大清,是很少见的,这说明皇帝对他这样在背后指责康有为,已十分不满了。就在翁老头亲手起草皇帝宣告变法诏书的第四天,他,被皇帝亲手写诏书免职,发回老家常熟,交给地方官好好看管,实行“双规”!后来,老头儿不开心啊,郁闷了一些时候,就那么死掉了。看来,翁老头、康有为,均非英雄。英雄,是不会自剪羽翼的,更是不会自相残杀的。

维新党人孤立无助,但还不自知。军机处曾经请康有为谈话,问如何才可以推动变法。康有为牛得不得了,开口就说:怕什么啊,如果推不动,杀几个一品大官就可以推动了!此言一出,军机处的大官们好害怕!你还没掌权呢,就要杀一品官了!而一品大员,在全国可是数得着的啊!康有为这么说话,简直就是儿戏,不,连儿戏都不如,而是白痴。国外一些研究中国近代史的学者认为,正是康有为如此等等的激烈言论,促进了所谓反对派们的团结,强化了所谓反对派们的反对!

改革还没开始,就先要杀人,就要搞得人人自危,那谁还陪你玩?!

你张口就要杀人,谁不怕你?离你远点吧,姓康的。

康有为的这种话，是让很多支持他的人冷了心的，是让很多拥护他的人伤了心的。心冷了，心伤了，那你就成了一个孤单的人。英雄也好，狗熊也好，一个孤单的人，想做事，想做大事，不可能了。

变法失败，康有为跑到了海外，到处写书，全是一面之词，将责任推给了张三李四王二麻子，就是不说说自己错了没有。他是心虚呀，好端端的一次变法，他们硬是玩砸了，没有脸见江东父老啊。于是，只好说是别人不对，比如老佛爷不对了，袁世凯这小子出卖了，荣禄这个什么也不懂什么也不会的家伙坏事了，等等等等，乱七八糟的理由一大堆。一方面是推脱责任，另一方面还是为了向好心的又不明白缘由的海外华人骗点银子花。

其实呢，是他们自己搞砸了，别怪他人。可是，他们连认错的勇气也没有。

中国历史上，从来没有哪一次变革，会如这次变法这样，从上到下那么的一条心，朝野内外那么多的支持。可是，好好的一次机遇，硬是让康有为和翁老头子搞砸了。

六、大义拼一死

要失败了，就出现了谭嗣同。

谭嗣同是湖南人，父亲是大官，自己考了几次功名，感觉不怎么样，就干脆不考了，1884年跑到新疆巡抚刘锦棠那儿，当了幕僚，后来到处游历。谭嗣同曾到古战场井陉关游览，这地方是古时大将韩信出奇兵大败赵军的地方。谭嗣同写下了铿锵的诗篇：

> 平生慷慨悲歌士，今日驱车燕赵间。
>
> 无限苍茫怀古意，题诗独上井陉关。

《马关条约》签订后，谭嗣同忧国忧民忧君，诗云：

> 世间无物抵春愁，合向苍冥一哭休。

四万万人齐下泪，天涯何处是神州！

后来谭嗣同到北京，认识了维新党人康梁，从此成为好朋友。经推荐，光绪决定重用他。光绪皇帝电催他"迅速来京，毋稍迟延"。八月二十一日，谭嗣同抱病来到北京，住进济阳会馆。九月五日，光绪皇帝召见并破格赏谭嗣同、杨锐、林旭、刘光第四品卿衔，在军机章京上行走，参与新政。

由此可见，变法诸公中，谭嗣同，是个小人物，不是领军的。不是领军人物，为什么到最后却要选择比领军人物更悲壮的命运呢？

变法失败，开始并没有大规模地"双规"人的，没有。否则，他们怎么可以从容跑掉？

还有，既想变法，那么，他们从 1895 年提出上书，到 1898 年变法开始，这两年多的时间，变法的领导人，康有为、翁老头这些人，当时都在北京，都有饭吃有工资拿，那他们在做什么？他们在做官？他们在搞钱？他们在玩乐？不知道。两年多的时间，他们没有人事上的准备，没有经济上的准备，更没有军事上的准备。到了皇帝说变法，他们手忙脚乱地出主意、发通知；到了皇帝说不行了，他们又手忙脚乱地到处跑。中国历史，许多次的宫廷斗争，都是从军事开始，由军事结束的，"枪杆子里面出政权"嘛。这个理，他们不明白？不会的。这两年，他们在做什么，我也一直搞不明白，是个谜。

变法失败，是这样发生的。

九月四日和五日，光绪向慈禧挑战，一次性将六名部级干部免职，并任命六名维新党人到了军机处任职。九月十四日，光绪要开设一个新的机构，以这个新的机构来指挥全国的所有工作，慈禧不同意，两人公开闹翻。九月十五日，光绪让杨锐带出密诏，说明自己位置可能不保。其实，慈禧这时并没有想动他。九月十八日，国家监察官杨崇伊向慈禧提出，光绪皇帝不仅仅纵容康有为和孙中山胡搞，而且勾结了日本已退位的首相伊藤博文，要让伊藤来做大清朝的总顾问。这个伊藤，可是与李鸿章谈判，夺走了台湾的啊，中国人恨他，恨到了骨头里的！这还了得，身为皇帝，还想当日本的汉奸?！慈禧气得不得了，一张老脸，气成了猪肝的颜色。她要求光绪赶走康梁等人,光绪不干。于是,慈禧决定,将这个不听话的皇帝关起来!之后,大杀维新党人。变法就这么失败了。

变法失败之前,也就是九月十五日,光绪在密诏中向康有为求救。十八日晚,刚刚得知密诏内容的谭嗣同,决定找人出兵相救。正好袁世凯当时在北京出差,于是,他找到了袁世凯,请袁世凯出兵相救。袁世凯受命在天津小站练新军,手下有七八千人,装备精良,也很有点实力。但是,与北京周围的十数万大军比,这点兵,要想攻下北京或者攻下后守卫北京,都很难。谭嗣同说了要求后,袁世凯可能口头同意了,也可能只是应付一下。第二天,袁回到了天津。二十一日,慈禧发动政变,关起了皇帝。

谭嗣同与袁世凯的这件事情,后来是各说各的,无法分清真假。谭嗣同事败被关被杀,维新人士梁启超后来到了海外,凭自己的想象和谭嗣同临时提供的一些信件等,写出了十分生动的故事,说是袁世凯开始答应了谭嗣同的要求,准备出兵杀掉慈禧和荣禄,帮助光绪皇帝取得大权。可是,袁世凯当天就向荣禄告密,致使变法失败。袁世凯呢,对这个指责觉得很冤枉,很不服气。后来,他也写了日记,说明当时就没有答应谭嗣同的要求,而且劝他们不要伤害慈禧,要和谐变法。历史的真相,可能是袁世凯真的没有完全答应,也没有在慈禧发动政变之前告密。否则,康梁等人为什么可以从容跑掉呢?否则,慈禧开始下的命令为什么只是赶走康梁,而不是杀掉他们?

我曾到河南安阳市的袁林,也就是袁世凯墓。袁死之后,就任大总统的徐世昌曾受过袁世凯的许多恩惠,因此,决定给袁世凯修建陵墓。但是,如果称为袁世凯陵园,那只有皇帝才可称啊,袁世凯臭名太大,怎么可以称之为"陵园"呢?徐世昌是读书人,自有过人之处,大笔一挥,将陵字写了林字,音似字不同,也很过得去。袁林,就这么成了。

我来之时,这里在建的袁林博物馆已有些规模。博物馆的负责人员讲起戊戌变法那件事情,很有些想为袁世凯翻案的意思。按他们的说法,袁世凯就没有出卖过变法人士。可是,他们也真的找不到太多太过硬的史料能够证明这一点。我只好建议他们找到袁世凯当年在报纸上发表的日记,看看能不能说明点什么。

我个人的看法，以袁世凯的老到，以袁世凯的精明，他不至于在胜负未分时得罪任何一方，因此不可能事先告密。而且，慈禧政变之初，是没有想到要杀人的。可能是慈禧政变成功后，袁世凯害怕已经被"双规"的维新党人供出自己，拖自己下水，于是主动对荣禄进行了坦白，荣禄又报告了慈禧。这样，促成了慈禧下决心杀人！

不管怎么样，袁世凯在这件事情上，虽然事先告密的可能性不大，但事后落井下石，却是铁证如山的。

变法失败，皇帝被关，谭嗣同这个湖南老乡，还真的是条硬汉。人家跑得飞快，只有他坚决不跑。

当日，谭嗣同将自己多年来所写的诗文稿件、来往书信装了一箱子，送到梁启超避居的日本使馆。梁启超对他说："留得青山在，不怕没柴烧，一起到日本去吧。"

谭嗣同却说："不有行者，无以图将来；不有死者，无以酬圣主。"他希望梁启超充当"行者"，保存有生力量，"以图将来"为皇帝出力，而自己以死来报答光绪皇帝。然后，自己回到住地，等待被捕。

九月二十四日，谭嗣同在"莽苍苍斋"被捕。在狱壁上，他写有这样的诗句：

> 望门投止思张俭，忍死须臾待杜根。
> 我自横刀向天笑，去留肝胆两昆仑。

诗中的张俭，东汉人，因为弹劾宦官侯览，被迫害逃亡。杜根，东汉安帝时郎中，因上书要求临朝听政的邓太后还政于皇帝，触怒太后，被害险些致死。谭嗣同相信康、梁等人逃出后会有人接纳，自己则愿做忍死的杜根。他们的去和自己的留，是肝胆相照的，犹如那巍巍的昆仑山一样。

九月二十八日，古老北京城的菜市口刑场上，谭嗣同、刘光第、杨锐、林旭、康广仁、杨深秀于下午四时受刑。在行刑前，"六君子"面不改色，横眉冷对。谭嗣同高声朗诵：有心杀贼，无力回天，死得其所，快哉快哉！

真正的好汉,非谭嗣同莫属啊。

谭嗣同在变法过程的最后时期,表现的是忠勇有余,但智慧却显不足,对江湖人心的推断,还不老到。试想袁世凯何许人啊,他要当骑墙派,你那么容易说得动他?不到最后胜利见分晓,他老袁是不会冒险的。许多时候,并不是只有忠诚可以成事的。

维新党人,可能大多是勇气可嘉但办法不多的人。李鸿章就曾写诗,嘲笑翁老头:平时袖手谈心性,临危一死报君王。什么意思啊?就是没什么真本事呗!翁老头如此,康有为如此,梁启超如此,谭嗣同也如此,维新党人,个个如此。

谭嗣同死后第二年,骨骸运回原籍湖南浏阳,葬于城外石山下,后人在他墓前华表上刻上一副对联:

亘古不磨,片石苍茫立天地;

一峦挺秀,群山奔趋若波涛。

七、大劫是中华

戊戌变法失败,维新党人的命运诚然可悲,但是,国家的命运,更让人悲愤难平。

变法失败之后,中国近代史上,大清最后岁月,还有一次"君主立宪"。这,几乎就是国人们在日本打的一场嘴仗。而对于清政府来说,基本上没有实行真正的君主立宪的任何诚意。或者说,他们即便有些诚意,也显得很不情愿,很是愚笨!在日本打这嘴巴仗的,一方是变法失败后跑到日本的康梁等人,另一方是激进的革命党人孙中山等人。

提到日本这个海上的小国家,作为一个中国人,感情是极为复杂的。我曾经和我少年的儿子探讨过日本。提到日本,我的儿子咬牙切齿,眼中充满了仇恨。那时候,我的儿子才十岁。一个十岁的少年,也会对日本这个名字如此憎恨,让我惊诧!我想,这不能怪我的儿子。不仅仅我们这一代人憎恨日本这个名字,我们这一代人的父辈们也憎恨日本这个名字。憎恨日本这个名字的,现在还有许多是80后90后的孩子们。他们,为什么对日本这个名字没有好感?这,只能怪日本!近代中国的历史,哪一次不是日本这个小小的国家,让我们痛苦不堪!近代中国的历史,我们哪一次发达的机遇,不是让日本这个小小的国家击得粉碎!同治光绪时代,中国清王朝历经三十五年的洋务自强运动,国民经济、军事工业、文化事业、政治理念,都在发生巨大的变化,中国这个古老的国家正在向着世界大潮不断追赶。可是,日本人发动了甲午海战,中国海军的北洋水师全军覆灭,因此直接导致了洋务自强运动的失败,而因经济改革的成果极可能顺利推进的政治体制改革,也演变成了康梁等人急不可待、毛手毛脚的变法运动,结果,变法也宣告失败!随后是北洋政府时代日本人提出的二十一条协议,中国从此四分五裂,成为徒有统一之名而无统一之实的国家。而当蒋介石和中华民国刚刚统一了全国时,日本这个小小的国家,又发动九一八事变,让全中国又一次陷入长达十多年的抗战!近代中国的历史,每当我们有了一点点兴起和振兴的机会时,日本,这个小小的国家就会立马跑来捣乱,彻底破坏你的强国梦!面对近代史上这样的一个日本,中国人,只要还有一口气,只要还有一滴血,能不咬牙切齿吗?!

当然,我们自己也在错失良机。就比如变法失败后的君主立宪运动吧,完全就是一出戏!

1894 年夏天,早在变法运动数年之前,孙中山上书李鸿章,阐述自己的改革观念,结果被拒,立即走上了激进的革命道路。同在日本的梁启超,一直反对激进革命,反复论述暴力将带来灾难性后果,极力主张温和改革。双方在日本大打嘴巴仗。

双方论战不休,只好等待政府的选择。结果,清廷到了 1908 年秋天,才公布了《钦定宪法大纲》"君上大权"十四条。这个东西,虽然是抄袭了日本"明治宪法",但却远不如日本的宪法。日本宪法规定,议会闭会期间,君主所发布的紧急敕令可代替法律,但下次会期在议会提出时若得不到议会的承认,则政府应公布敕令失效。而清政府的《钦定宪法大纲》则改为"惟至次年会期须交议院协议"。"明治宪法"规定:"天皇宣告戒严。戒严要件及效力,由法律规定之。"《钦定宪法大纲》则明确改为皇上有"宣布戒严之权,当紧急时,得以诏令限制臣民之自由"。

对于"臣民权利义务","明治宪法"共列有十五条,而清廷的《钦定宪法大纲》却根本未将其作为正式宪法条文,仅将其作为"附录"。即使在附录之中,清政府又删去了"明治宪法"中"臣民"有"居住及迁徙之自由"、"书信秘密不受侵犯"、"信教之自由"、"遵守相当之礼貌并遵照所定规程,得实行请愿"等条款。在这种"君权"比"明治宪法"扩大、"民权"比其缩小的"宪法"框架下,再加清政府的立宪实际步骤一拖再拖,连以温和的士绅为主的立宪派都指其为"假立宪"、"伪立宪"。梁启超不得不说:"现政府者,制造革命党之一大工场也。"

变法和立宪双双失败后,清政府失去了最好的一次改革机会,从此,中国从大一统走向了实际上的大分裂、大混乱。先是北洋军阀十多年的轮流统治,这些军阀们在中原大地和北京四周杀来杀去,中国的社会生产力水平再次降到最低点,道德人伦再次降到最低点。其后,国民党统治没有多久,小日本再次从东北打了进来,给中华民族带来空前的灾难。更要命的是,中国的政治改革,几乎从那时起完全没有什么进步,什么民主、什么科学,没有多大的发展。而这时期,正是世界各国民主制度走向成熟、技术水平走向高峰的时期。我们,因为戊戌变法失败,再一次失去了可以与世界同步的机会。

中国的历史上,有许多次的改朝换代,每一次的改朝换代,都是以大规模的流血为代价,以大规模的生产力破坏为代价。我们从来没有过一次和平的改革,没有过用和平的手段达到政治的目的。戊戌变法,本来是一次可以用和平手段达到目的的政治改革,但是,我们没有做到,我们没有达到。我们再一次错失了良机。

中国的历史上,从来没有如这一次这样,从上到下一致支持和平变革。这一次,我们本来可以一举而成,创造一次和平变革的范例。但是,由于这一次失败,后人们只好再一次转向武装斗争,用枪杆子创立政权。

戊戌变法失败,几个维新党人的命运诚然可悲可叹,但中华民族的大劫大难,更让人如鲠在喉,直至今日!

戊戌变法的失败,我们实在无法评说什么了,因为评说的人已经很多。

作为一次大的政治运动中的政治家、领军者，其必须具备极好的人格，没有人格，又哪里有什么人格的力量？中国人很注意德行和品行，品不正，德不正，如何有力量团结人、号召人、鼓舞人？古今以来，成大事者，总得要有大德。至少，在做事的时候，在成败攸关的时候，你总得克制自己的毛病，表现出一些大德行来。

作为一次大的政治运动中的政治家、领军者，其必须具备极强的操作能力，没有能力，又哪里能做成什么事情？中国人是很注意技术性操作的。既要具有新思维，又要具有旧手段，这样才可以在官僚群体中操作想要操作的事情，达到变革的目的，否则只会阻力重重，一事无成。就像俗话说的，秀才造反，十年不成。

作为一次大的政治运动中的政治家、领军者，其必须具备极强的团结能力，没有团结，又哪里有什么和谐的可能？中国人是很注重和的，和，则生，不和则死。在和气中，在和谐中，才有可能推进自己的政治目的。

有人说，改革就是利益的重新分配，这话对不对，我不好说，不好下断定。但是，历史上的这些改革的目的，真的就是为了重新分配利益吗？如果只是为了重新分配利益，改革是很难成功的。如果你是为了重新分配利益，那国家和民族的利益你又怎么分？还有，你既然要重新分配，就是要对不同阶层的利益进行重新分配，这就一定会有许多人的利益受损，就一定会有许多人反对的。

改革，应该是双赢，是多赢，是全民赢，是全国赢！我觉得这几年，中央领导提出，要让全国人民分享改革开放和经济发展的成果，这个提法真的很好。因为这个提法很明确地指出改革的目的是让全国人民受益，让全民受益，而不只是让某些人受益。用这样的目的去推进改革，是全民之幸，也是改革之幸。只有中国古代的暴力革命，才是对社会财富的重新分配，才是对社会阶层利益的重新分配。对社会财富和社会阶层利益的重新分配，才是对社会最终利益的重新分配。这，不是和平改革，是革命，是暴力革命。这样的革命，恐怕已经不合潮流，也不合人心。

我们过去的错，也许就错在这儿。戊戌变法中维新党人的错，也许也错在这里。

清

末

清末：信用破产后的强颜变法
——清王朝最后日子留下的深刻教训

清王朝最后的十年，其实是很挣扎的十年，是很想做点什么的十年。毕竟，谁也不想坐以待毙啊！

但是，它最后的十年挣扎，却极具讽刺。它每一次挣扎的目的都是想振兴，每一次挣扎的时候都提出了改革和变革，国人因此都寄予了许多的期望。然而，它却偏偏用出其不意的方式，给国人以莫大的失望，好像不如此就不能表现出统治者的非同凡响！它一边这么挣扎着，国人一边这么失望着，一直到大清政府的信用彻底破产！

清王朝最后的十年，是走向信用破产的十年。因为信用完全破产，大清，不需要费多大的劲，就可以一推而倒！

一、宣战各国，中央政府最大败笔

1900 年，农历庚子年。是年春天，刚刚经历了大洪灾的山东大地，连续干旱，赤野千里，饥饿横行。"义和团"，一个特殊的名字拔地而起，裹挟着大量饥饿的农民和城市流民，如一阵狂风，由东而西，向北京城席卷而来。这个"义和团"，被更加客观的史书称为义和拳。

义和拳，本来是反对清政府和反对洋人的一种流民运动，本来是为了解决饥饿而发起的一场流民运动。但是，当清政府高层给他们支持给他们小米后，他们转变了斗争的方向，申明"扶清灭洋"，并将北京作为自己灭洋的主战场。

老百姓这么闹事，也就罢了。可是，政府，甚至政府的最高决策者，居然也要参与其中。准确的史料表明，清政府经过四次的御前会议，最后，由最高决策人慈禧太后，也就是戊戌变法的终结者，作出最后的也是最高的决定：于五月二十五日，同时向世界各国宣战！

　　慈禧太后，这老太婆是不是脑袋进水了？是不是脑袋让皇宫的哪道门给夹了？以一国而单挑世界各国，大清简直是在开玩笑！以当时大清的国力，以当时大清的能力，以当时大清的腐败，根本不是任何一个近代西方国家的对手。想要一次性挑战各国，那就是找死！

　　慈禧太后的脑袋并没有进水，也没有让门夹。她作出这样的决定，还是因为戊戌变法的事情。她扼杀了戊戌变法后，关起了光绪皇帝，自己一手操持政府，多次想另立年纪更小的新皇帝。没有想到，西方国家的公使们讨厌，咱大清国自己的内政，他们非要干预，他们屡屡提出反对咱镇压变法，屡屡反对另立新皇帝，屡屡要求保证光绪的安全，屡屡不准太后自己称帝执政。这些洋鬼子，为什么就喜欢干涉咱自己的内政啊？大家搞外交，不是说好了互不干涉内政的吗？慈禧太后对洋公使们是很反感的。这不正好，全国出现了反洋人的群众运动，那就顺应民意吧。于是，大清，以一副弱不禁风的身子骨，向强壮如牛的西方列强们宣战了。为了一个人的喜恶，为了一个人的利益，慈禧，可以拿一个国家一个民族的命运去赌博！这样的国家领导人，真的让人害怕，让人失望！

　　在西方各国面前，大清真的不顶什么用。

　　到七月二十日，清政府派董福祥的军队出战，连同几万义和拳战士，加在一起，少说也有十万人。这十万人马，拿着他们的引魂幡、混天大旗、雷火扇、阴阳瓶、九连环、如意钩、火牌、飞剑及其他法宝，仅杀了一个德国公使，连东交民巷的公使馆都攻不破。

　　防守东交民巷公使馆的洋人军人，到底又有多少呢？

　　美国人提供的数字是：当时，在北京城保卫使馆区的外国军人，一共四百五十一名，外国侨民，一共四百七十三名。区区几百名军人，就成功地阻止了十万人两个月的进攻。义和拳是什么东西？这还用回答吗？

当北京政府宣布向世界各国开战的时候，南方各省的许多大员，也就是清政府的封疆大吏们，显然比最高决策者要明白得多，但他们拒不承认中央政府的对外宣战诏书，拒不协助北京城里的义和拳灭洋之战，甚至宣称：中央政府的宣战诏书，根本就是一份"伪诏"，是有人假借朝廷的名义发布的假圣旨！

朝廷的诏书，公然让各省大员视为"伪诏"，此前是从没有过的事情！各省大员敢于视朝廷的诏书为"伪诏"，这只能说明一件事情：稍有头脑的官员们，对朝廷的权威大失所望！对这份诏书的不明不智，也是大失所望。朝廷的诏书，各省官员是必须执行的，可是，他们明知道这诏书是错的，无法执行，那么，大伙儿只好一齐说这是"伪诏"。既然是"伪诏"，当然就不能执行啊！

宣战各国的诏书，让官员们一齐对朝廷失望了。

同时，受到大清挑战，八大国家组成联军，史称八国联军。他们由大沽口进攻，占天津，逼北京。于是慈禧太后带着已成为摆设的光绪皇帝逃到西安。

慈禧惹的祸，是几乎使国家毁灭的滔天大祸。滔天大祸的结束是《辛丑条约》，除惩办祸首及道歉外，《辛丑条约》有三个严重的条款：第一，赔款白银四亿五千万两。因为中国当时有人口四亿五千万，所以，西方国家要求中国人每人赔偿白银一两，以示对全体中国人民的羞辱。第二，各国自北京到山海关沿铁路线驻兵。第三，划定并扩大北京的使馆区，由各国留兵北京以保卫使馆区的安全。

1895年中日甲午战争，大清以完全失败收关，让国民对大清的军事能力感到了失望。

1898年戊戌变法运动，大清以完全镇压收关，让国民对大清的改革诚意感到了失望。

1900年义和拳闹事，大清以完全赔款收关，让国民对大清的是否清醒感到了失望。

这种国民对政府的普遍失望，政府决策人是否感受到了？他们，是不是感觉依然良好？

一个让国民如此失望的政府，其实已在悬崖边上！

二、强颜新政,政治包袱难以解脱

八国联军进入北京,慈禧仓皇出逃,有如丧家之犬。

这时候,她迭下罪己诏、保荐人才诏,最后不得不宣布变法。她知道,如果不变法,她可能连回到北京的机会都没有了!于是,清朝末年的最后一次改革,也就是我们所说的强颜欢笑之下的新政,开始上演了。

然而,慈禧要宣布变法,却有一个很大的历史包袱,那就是两年多前对维新党人的痛下杀手!在西北流亡的路上,慈禧看看自己的双手,残杀维新党人六君子的鲜血依稀尚在。早知今日,何必当初?!自己杀害变法人士,仅仅两年时间,又由自己提出变法,怎么着也说不出口啊!

可是,不变法,自己又无路可走。张之洞给慈禧写信,说:"变法则事事开通,各国商务必然日加旺盛。"又说,"非变西法不能化中国仇视外国之见,不能化各国仇视朝廷之见。"新授军机大臣鹿传霖、当权的荣禄,都希望变法。这时候,变法,成了挽救他们共同利益的唯一法子!

可是,慈禧总觉得自己是个有前科的人,是镇压了维新党人的人,由自己宣布变法,那就是打自己的嘴巴。

其实,慈禧这种人,清朝政府高层的那种人,都难成什么改变历史创造未来的伟人。你既然有这一个历史的包袱,为什么不直接承认你的过错?你既然可以下罪己诏承认治国无方,为什么不可以再下一道罪己诏为戊戌变法来个彻底平反?!不这么做,你的公信力在哪儿?

就此时的大清王朝来说,要拯救这个面临崩溃的中央政府,首先要拯救这个中央政府的公信力。中央政府的前一个历史原罪没得到清算和平反,那就是一个让人民毫无信心的可疑的中央政府,结果是什么,不言而喻。要恢复中央政府的公信力,就必须彻底清算历史的原罪。这,需要政治家的大智慧、大勇气!

然而,慈禧既无政治家的大智慧,又无政治家的大勇气。可是,没有大智慧和大勇气的慈禧,却偏偏要占着至高无上的政治家的位置,这不是自己找难受吗!

正当慈禧不得不变法,却又没有办法为自己的历史包袱进行解脱时,有人出主意了,告诉她这么说这么说。于是,慈禧总算找到了一个说法,一种说辞。

有人上书说:老佛爷啊,你别把过去的事当回事。变法自变法,康有为谋逆自谋逆。他姓康的,做的是谋反,不是变法!好家伙,硬生生又给康有为扣了一顶新帽子!

这个说法,慈禧觉得,也算可以凑合,可以解嘲。于是,1900年十二月一日,命内外大臣督抚提供改革的报告和建议,提出改革朝章、国政、吏治、民生、学校、科举、兵政。

1901年一月二十九日,又以光绪的名义,正式颁布变法诏。

这道诏书,分为几个层次展开。

首先得说变法的重要性吧。诏书说:世无一成不变的治法,近数十年积习相仍,因循粉饰,以致成此大衅。现正议和,一切政事,尤须切实整顿……取外国之长乃可补中国之短,惩前事之失,乃可作后事之师。这是表示振作,取法洋人。

接着要解除慈禧自己的历史包袱了吧。诏书说:康逆(有为)之谈新法,乃乱法也,非变法也……皇太后何尝不想更新,朕何尝概行除旧?……今者恭承慈命,一意振兴,严禁新旧之名,浑融中外之迹。这是为慈禧洗刷戊戌政变罪名,表示她亦非顽固者。

接下来,诏书又说:中国之弱,在于习气太深……误国家者在一私字,祸天下者在一例字。近之学西法者,语言、文字、制造、器械而已,此西艺之皮毛,而非西政之本源。居上宽,临下简,言必信,行必果,我往圣之遗训,即西人富强之始基。

庚子年的冬天,西太后尚在西安的时候,她就下诏变法。以后在辛丑到甲辰那四年内,她裁汰了好几个无用的衙门,废科举,设学校,练新兵,派学生出洋,许满汉通婚。戊戌年康有为要辅助光绪帝行的新政,这时慈禧太后都行了,而且超过了。后人史料记载,见于文字的变法上谕大抵与戊戌年相似,不过非集中颁布,而系于数年内为之。涉及的事项,也与戊戌年无大出入,仅新机构的添置较多。

慈禧一方面要拿起康有为前两年的方案进行变法，另一方面又说康有为是谋反而不是变法，确实不能自圆其说，无法得到变法人士的谅解和支持，只会令人失望。

三、官制调整，人事方案各方失望

在慈禧的安排下，1901年四月，添置督办政务处，主持者为荣禄，辅佐者有鹿传霖及稍后加入的瞿鸿玑，列名的有奕劻、李鸿章、昆冈、王文韶、刘坤一、张之洞及袁世凯。

大清中央成立了督办政务处，并具体执行改革大计。这个部门设置之初，还真的颁布了许多改革政策。比如，1902年出台政策，准许满汉通婚，劝汉人妇女除缠足积习。两年后，又出台政策，规定陆军官制要兼用汉人，满族旗人一律用新刑章，满籍御史一体考试。1905年，又宣布讨论法规以清除满汉成见。

历朝改革，都会从领导机构入手，进行组织人事上的调整。清末的这次改革，也提出了厘定中央官制。1906年九月，慈禧宣布，要厘定中央官制，更好地推进变法。

清代的中央机关，主要部门有：内阁、军机处、六部、九卿。所谓九卿，多半是无用的衙门。内阁是清代中央政府的最高决策机构，下设军机处。后来军机处分了出来，成为清中央政府最得力的机关，实际辅佐皇帝处理大政。此后，内阁变成一种装饰品。

接下来的六部，每部有满、汉尚书（相当于部长）各一，满、汉侍郎（相当于副部长）各二，一个部，共有六名主官主政，这些主官实行委员会的办法，有什么事大家一起讨论决定。于是，人多不洗碗，鸭多不生蛋，龙多不治水，所以，这些部领导往往责任不专，遇事推诿。

新的改革方案，保存了军机处，此外设立十一个部。1901年七月，因各国要求，将总理衙门改为外务部。主动设立的还有1903年九月的商部，1905年十月的巡警部，十二月的学部及练兵处。

每部以一个尚书为最高长官。这种改革，比旧制实在是好多了。一是明确了军机处为最高执行机构，去掉了已无意义的内阁，二是明确了各部长的责任。

然而，改革方案中具体的人事名单一经公布，立即引起一片反对。十一个部的部长，也就是尚书，汉人只占五人，比以前六部满、汉各一的比例还少了许多。这种改革，不但未曾缓和汉人的不平，反而增加了汉官的失落情绪。

清政府比较可观的新政，一为设立北洋警察。八国联军占领北京期间，这些军队多于所管区置"安民所"，其中日本军队还招华人为巡捕，以维持治安，修缮街道。此后，清政府沿用这个办法。后来，袁世凯于天津、保定举办警察局，让手下赵秉钧负责，从此形成中国现代警察的前身。1902年，清政府诏命各省仿行。二为禁烟。光绪年间，每年进口鸦片多达十余万石，加上国内自己生产，一年多达四十万石。农村嗜食者十之六，城市十之九，吏役兵丁几乎无人不吸。整个中国，吸食鸦片的人数，无法计数。1906年九月，朝廷下诏，规定十年禁绝。1908年，又与英国达成协议，自当年起，英国输入鸦片每年递减十之一，但必须中国禁绝自种。1909年二月，由美国总统建议，在上海举行万国禁烟会议，对于中国禁烟成就，各国颇感满意。

四、仿行宪政，慢慢悠悠失去人心

清朝末年的日子，风多雨疾。

当日本和俄国在中国东北的土地上打仗时，英国军队于1904年七八月间入侵西藏，先占江孜，后取拉萨，与西藏当局签订《拉萨条约》。同年八月，德国军舰进入鄱阳湖，赖在那儿不肯走。同年九月，美国人要求获得陕西榆林、延安两地采矿权。与此同时，法国要求取得上海至绍兴的内河航行权，俄国出兵侵占新疆伊犁等地。

外患之下，内忧不断。1905年九月，孙中山在日本整合多个反清团体，成立中国同盟会，创办《民报》，公开宣布誓约为："驱除鞑虏，恢复中华，创立民国，平均地权。"以反清为直接目的的武装起义，此伏彼起，给清政府极大威胁。

1906年，老迈的慈禧，已经感到了大清帝国的风雨飘摇。她召见了张之洞。这个时候,清廷之中,唯一可以倚重的,似乎也只有一个张之洞了。想到只有一人可以倚重,慈禧一定是悲凉的。想想数年前,想想康有为、梁启超提出变法的日子,京城之中,人才济济,文武大臣,龙腾虎跃,大清真有重新腾飞之象。现如今,外敌环视,内患连绵,眼看着江山不保。这时候,只有召见张之洞,看看这位老臣,有什么好办法。

文人出身的总督张之洞,又能有什么太好的法子呢?每一个王朝终结的时候,恐怕都不是某几个人的能力可以回天的。如果个人的力量可以回天,那南宋的文天祥、明末的史可法,为什么如此的大忠大勇却无回天之术呢?张之洞,面对清王朝的末路,也没有什么好法子。

他对年迈的慈禧说:"只需立宪,此等风潮自然平息。"

立宪,慈禧是知道的。自从日本在中国的东北战胜了俄国,国内的立宪要求,就已经一边倒了。大清到了这个份儿上,唯有立宪,也许会有一线生机。可是,立宪,意味着国家权力交与议会,那皇帝的权力怎么办?那我的权力怎么办?权力面前,慈禧是十分不舍的。一个贪恋权力、享受权力、玩弄权力一生的人,权力就是命根子啊!

面对立宪,慈禧的办法是拖拖拉拉。

早在1905年八月,清王朝的八位总督中,就有五位给慈禧上疏,请求尽快立宪。他们提出,不立宪,则朝廷难保。慈禧将这些上疏搁在一边,她希望还有另一条可以走的路。

非但中国提出要立宪,全世界都在变化着。在阿富汗,人们发起君主立宪运动,成立了"少年阿富汗运动"组织。在俄罗斯,神甫和工人发起的立宪请愿形成全国风潮,沙皇尼古拉无奈之下,发表"十月宣言",允许言论、出版、集会、结社自由,批准成立国会。在印度,民众发起全国大规模抗议活动,反对英国殖民统治。

1905年七月,清廷决定派出五位大臣,"分赴东西洋各国,考求一切政治,以期择善而从"。1906年九月,清廷终于决定:"时处今日,惟有及时详晰甄核,仿行宪政。"

但是,慈禧手中的大清,对立宪并非主动。朝廷在文告中又给自己找理由拖时间,说因"民智未开",立宪之事不能"操切从事",需要从"官制入手……次第更新……以预备立宪之基础"。

与朝廷的说法和态度大相径庭的,是人民要求尽快立宪。清政府在巨大压力下,缓缓走向立宪,于 1908 年六月批准《各省咨议局章程》和《咨议局议员选举章程》。1908 年十一月十四日,年仅三十八岁的光绪去世。第二天,慈禧去世。

国家领导人的突然变化,再一次迟滞了立宪改革的步伐。

对此,张之洞曾失望地说:"京朝门户已成,废弛如故,蒙蔽如故,秀才派如故,穷益加穷,弱益加弱……饷竭债重,民愈怒。"

五、请愿浪潮,百般拖延尽失民望

慈禧临终之前,宣布几件国家大事,一是立溥仪为嗣皇帝,由二十五岁的摄政王载沣(光绪异母弟)监国。二是国家大事均由摄政王裁定,必须请示隆裕太后(光绪皇后)的懿旨。决定了这一切之后,慈禧也死去了。这个中国近代史上骂名远扬的女强人,终于走下了历史的舞台。

然而,中国近代史的大戏,却要开始上演了。她,这个过时的老女人,没有机会再看到了。

因为清政府推迟立宪,拖延召开国会,各地官民纷纷反对,请愿风潮激荡全国。正是这些激荡全国的请愿风潮,再一次将清政府中央首长的无能和无知暴露无遗,加重了人民的失望。

第一次请愿,发生在 1909 年十二月。此前,中国与日本签订丧权辱国的新条约,社会各界认为,此种条约的出现,就是因为没有国会,没有责任内阁。为此,各界人士请求迅速组织国会和责任内阁,凝聚民众力量抵御外侮。江苏咨议局议长张謇迅速联系各地,提议在上海召开各地代表会议,商讨请愿事宜。十二月六日,湖南各界推选代表,决定八日赴沪。长沙修业学校教师徐特立谈到时局危机,激动万分,"乃觅刃自断左手小指,濡血写'请开国会,断指送行'八字",表达决心。在上海会议上,湖南代表展示了徐特立的血书,十六个省的代表感动流泪,决意立即向中央政府请愿。

1910 年一月十六日,请愿代表列队来到清政府的都察院,呈递请愿书,要求一年之后召开国会。

政府对待代表,还是很客气很宽容的。他们派高层官员接见了请愿代表,收下了请愿书。不过,摄政王载沣对请愿团提出的明年召开国会一事发表谈话,他说:"行远者必求稳步,图大者不争近功。"如果就召开国会,因为国民程度不整齐,因为国民还不知道什么是民主,一定会搞不好的,这样仓促行事,搞砸了怎么办?还是等等吧,等九年就可了,九年后,中央政府一定召开国会。

摄政王载沣的这个回答,宣告了第一次请愿的失败。代表们说,你这不是明摆着要拖时间吗!

于是,很快有了第二次请愿。

代表们在北京不愿离去,他们组织并成立了"国会请愿同志会",将徐特立的血书印成红色传单,广为散发。还有人把徐特立的故事编成新戏演出,鼓吹国会的各种宣传画贴满大街小巷,咨议局议员们也纷纷下乡,用演说激励民气。

商人也参与其中。北京商人提出,"不出代议士不纳租税"。天津商务总会提出,如国会不开就不交印花税。签名行动也快速开展,直隶地区签名的达两万五千多人。据一项统计说,立宪派在全国共征集了三十万人签名。

1910年四月,国会请愿代表团在京成立。六月十六日,请愿代表前往都察院,递交各省及海外的十份请愿书。请愿书说,筹备事宜用一年就够了,不必浪费九年时间。东三省的请愿书说,东北在俄、日等列强侵夺之下,利权日亡,财力日竭,人心思变,实在等不了九年了。

然而,在中央政府掌握大权的载沣,实非政治家。时代潮流已经浩浩荡荡,他完全不知道。他说,你们这么闹事,充分说明国民的资格不齐,素质不高,这怎么能召开国会呢?还是等九年之后,等大家民主素质提高了再说吧!虽然不同意请愿者的要求,但他作为最高决策人,也还有些仁慈之心,坚决不允许镇压请愿活动。第二次请愿,就这样被拒绝了。

民主烈火已燃烧起来,这时的清政府,只有顺应一法,别无他路。然而,他们自我感觉太好,也太低估了人民的力量和决心。

请愿代表团在北京不愿离开,电告全国:决意开始第三次请愿。他们说:"决为三次准备,誓死不懈。""国会一日不解决,则一日不再回乡。"中国近代的改革运动,学生总是先锋。十月七日,学生牛广生等十七人来到请愿代表居住的地方,牛广生手持利刃从左腿上割下一块肉,另一学生赵振清割下右臂一块肉,在致代表书上涂抹血迹,表示愿意为召开国会而先死。目睹此情此景,请愿代表潸然泪下,决心请愿到底。

　　十月九日,请愿代表团向资政院递交了请愿书。与此同时,直隶、河南、山西、陕西、福建、四川、贵州、湖北、奉天等地先后组织了群众大游行,要求召开国会。大多数地方的都督、巡抚等大员,不顾军机大臣的威胁,公开上书,请求早日召开国会。他们还联名提交奏折,要求"立即组织责任内阁","明年开设国会"。这篇奏折立刻被报刊转载。

　　巨大的压力之下,载沣作出让步:确定于1913年召开国会,比原定计划提前了三年。第三次请愿活动的目的,并没有如期实现。

　　中央政府表态提前三年召开国会,有的代表表示满意,但是,许多人表示不满。比如东三省就很不满意。1910年十二月二十一日,东北请愿代表团来京,向资政院递交了请愿书。

　　载沣见状大怒,他说:"一再渎扰,实属不成事体。着民政部、步军统领衙门立即派员将此项人等迅速送回原籍,各安生业,不准在京逗留。"

　　由此,第四次请愿开始上演。

　　东北学生来到天津,组织全国学界同志会,推举温世霖为会长,学生们仿效徐特立的做法,断指明誓,倡议罢课。十二月二十日,天津学生游行请愿,遭军警驱散。天津当局将温世霖逮捕,发配新疆。保定、四川、湖北学生闻讯相继罢课支持天津学生,但都被镇压下去。

　　第四次请愿就此失败。

　　温世霖发配之后,直隶各界集资白银一千两送给温世霖,供其沿途使用,北京学生也捐助银两给他。温世霖途经河南、陕西,均被视为上宾,受到盛大欢迎。可见,立宪与民主,已成大势。

六、皇族内阁,贪恋权力激起民愤

按照清政府的安排,立宪要有一个过渡期,因此,要成立一个过渡机构。1910年九月,过渡性机构资政院成立了。皇室贵胄溥伦任总裁,著名法学家沈家本任副总裁。

资政院一成立,立即行使职责。1910年十月,第一届会议通过三个重大议案。

一是速开国会案,要求尽快设立上下议院,不能再拖到1913年。

二是弹劾军机处案。湖南巡抚发行公债,不交当地咨议局审议,直接上报中央获得批准。资政院认为这样做是侵夺权限,要求将公债事宜重新交还湖南咨议局审核。

三是赦免国事犯案。资政院既要求赦免康有为、梁启超等人,也要求赦免以孙中山为首的革命党人,总之是赦免戊戌变法以来所有政治犯。

三个议案,颇有惊天动地之举。朝廷,当然是不高兴的。

中央政府负责人载沣,对这一切不以为意。他决定:一、召开国会的时间不能提前;二、湖南发行公债的事就这么算了,不要追究;三、不批准赦免革命党,连康、梁也不能赦免。

晚清中央政府在政治上的无能和愚蠢,表露无遗。

接着, 他们又上演了一出皇族内阁的闹剧, 彻底激起了国人的公愤!

1911年一月十七日,清王朝中央政府在各种压力之下, 批准了立宪筹备方案, 决定1911年设立内阁,1912年颁布宪法,1913年开设议院。

1911年五月十八日,内阁成立。

内阁成立后,所有成员总得出面见记者什么的吧? 比如一起搞个新闻发布会。清末时候,报纸已经很多,而且新闻也还自由,所以,内阁成员一起与媒体见面,也算不上什么新鲜大事。

问题在于,内阁成员的名单,惹得全国人民很不高兴! 惹得后果很严重!

看看这个名单吧。

总理大臣奕劻(皇族),协理大臣那桐(满族)、徐世昌(汉族),这三人都是军机处老臣。以下十个部大臣中,七个满族人(六个皇族),三个汉族人。

这样,内阁总计十三名成员,九个满人,四个汉人。九个满人中,皇族又占七个。立宪原则不是不允许皇族充当国务大臣的吗?你们公然这么做不就是要搞出一个皇族内阁吗?你们这么选举内阁,那还要立宪干吗?!

英国《泰晤士报》对清政府的这个内阁评介说:这个新内阁,不过为旧日军机处之化名耳,实在是愚不可及!

1911年五月十八日,《时报》报道说:内阁名单公布之后,"一般稍有知识者,无不绝望灰心于政府"。

五月十八日《申报》说:"人民之怨于国家者当益烈","恐内阁甫成立,而推翻之动机已伏矣"。

当人们要求皇族退出内阁时,清王朝中央政府的回答很果决:"决不可允!"

北京的议员们对朝廷失望了,他们发表给全国人民的公开信,痛斥朝廷,批评内阁。全国报刊,几乎全都刊发了这些信件。

全国的立宪派对朝廷失望了,他们直接诉诸社会力量,组织反对内阁的活动,一大批政党组建成立,如政学会、宪政实进会、辛亥俱乐部、宪友会等。

清王朝中央决策人对时局的错判,制造了大量的反对者,他们为了保住眼前权力,却丧失了人民信任。一场失去全民信任的改革,还能走多远?

七、时代变局,人民唾弃失信政府

清朝最后的岁月,天下大变,而政府首脑浑然不觉,仍然做着自己的清秋大梦,仍然以为天下是他清王朝的天下,军队是他清王朝的军队。他们没有注意到,最后的这些年,所有中国近代的新事物,几乎都在快速出现,改变着当时人们的价值观,并成为未来中国的主流。

这些新事物,主要有这些——

新军队。中国陆军用洋枪、练洋操已三十年。可是,甲午海战,中国军队仍然一败涂地。于是动议赶练新军,清政府将练新军的任务付诸袁世凯,成立新建陆军,诸事模仿德国、日本规制。袁世凯将训练与指挥权责合一,统兵者与练兵者为一人。他本人亦无寒暑,躬亲考校。戊戌政变后,全军增至一万人。义和拳运动后,兵力扩大至二万人。袁世凯亲身经历了多次重大变故,深知枪杆子里面出政权的硬道理,所以,对新军队一直抓得很紧。与他相反,同时代的张之洞终是文人,始终没有抓住军队。结果,张终无所成,袁一枝独秀。在新军队中,同情革命,宣传反清,参与革命,已成为公开的秘密。这样的新军队,还会死心塌地为清王朝卖命吗?

新教育。以往政府设置的学堂为数不多,学习内容,仅限于外国语文、技艺、军事。1900年之后,刘坤一、张之洞向朝廷提出变法奏折,其中第一折,就提出分设学堂、改科举、停武科、奖游学四项主张。1903年,张之洞、袁世凯认为科举是发展学堂和发展教育的障碍,奏请递减科举。日俄战后,袁世凯、张之洞及两江、两广总督周馥、岑春煊等请立停科举。1905年九月二日,朝廷终于宣布自明年始,乡试、会试、科考一律停止。官办、公办学校之外,私人兴学先已蔚为风气,以江苏、湖南为盛。中国今日许多知名的大学,也大都在此时创立。留学教育随着变法兴学而大盛,尤其是留学日本。1905年学生达数千人,并有女生;翌年近一万人。新教育的出现,有其划时代的意义。二千余年的私塾教育与一千余年的科举制度,从此告终,五百余年的八股考试,从此取消。自今以后,教育成为国家要政之一,学科种类与内容大为扩张。新教育开拓了青年学生的视野,培养了青年学生的思考能力。新教育培养的学生,包括留学生,绝大多数已经视清王朝为中国复兴的第一大障碍。这样的学生,还会为清王朝效力吗?

新企业。练新军是为救弱,兴教育是为救愚。同时,各地官员们提出,还要大力发展实业以救贫。从1905年开始,各种民营企业不断出现。以棉纺织业来说，1900年至1905年并无新厂，是后五年之内，增加十一厂，四在上海，一在宁波，一在河南安阳，余五厂分设于江南无锡等地，生产量增加二分之一。面粉工业也以长江流域为发达，大小约十余厂。水泥工业首推周学熙的天津启新洋灰公司，广州的士敏土厂，湖北的水泥厂。此外有造纸、制茶、玻璃、火柴各种轻工业。自1902年至1911年，中国自行设置的厂、矿三百三十余家，资金七千余万两白银（军事工业除外）。工厂多在长江下游，次为直隶、山东，然绝不足与外人竞争。新兴的民营企业，代表着新兴的资产阶级，他们，会为已经腐朽的清王朝卖命吗？

新银行。中外通商后，外国银行已喧宾夺主。1896年盛宣怀创立中国通商银行于上海，设分行于各大口岸，但官款仍多存入银号、票号、钱庄，商款仍多存入外国银行。1904年，定试办银行章程，官商合资。1905年，成立户部银行，1908年改称大清银行，资金增为一千万两白银。继之而起者，以1907年邮传部交通银行、浙江兴业银行为著。截至1911年，中国自办银行共十二家，以发行纸币、存放款为主，不重视工业贷款，民间亦不愿将款存入中国自办银行。

新报刊。中国这一时期出现了约一百七十种新闻出版物，而读者的数量达到了两百万至四百万人。这些新闻的内容涉及"狭邪小说"、"侠义、公案故事"、"谴责小说"和"科幻"等方方面面。这些作品大多对当权者持一种敌视的态度，尽管很少有像狭邪小说《九尾龟》中的妓女对她的顾客所说的"现在的嫖界，就是今日的官场"那样直言不讳。

新风气。在清王朝的最后五年时间里，中国出现了一个资产阶级，这个阶级是由一批现代或半现代的企业家、商人、金融家、工业领袖，出于物质利益、共同的政治志向、对集体命运的共同认识、共同的思想状态以及习惯等因素，而结合到了一起来。同时，在这一时期，中国的城市工人阶级也开始出现，出于对恶劣的工作条件的愤恨，他们常常举行罢工。同样，在城市里，就使得家庭制度也失去了一部分经济基础，而接受看待事物新观点的大众数量也在不断发展。

新的风气之下，人民，对失信政府已然唾弃。

八、股票事件,绝望引发政治崩盘

虽然政府已经风雨飘摇,虽然民间已经积薪如火,可是,统治者感觉十分良好,完全错判了形势。

统治者的错判,似有一定依据,关键看站在什么立场和角度看问题。从朝廷的角度来看,洋务自强运动搞了几十年,新的宪政运动也在展开,经济越来越好,民主越来越多,十几个口岸城市与世界接上了轨,大量的洋人洋机器进入中国,上海天津武汉广州等大城市的繁荣达到空前的状态,数不清的合资企业、合资银行、合资矿山、合资商业贸易等公司(洋行)在各地如雨后春笋般地建立起来。从政府的角度来看,真的是一切大好!

就在朝廷认为形势大好、比以往任何时候都好的时候,事情发生了!

事情发生之初,仅仅是一场涉及股票的维权运动,并没有什么政治目的。

经朝廷批准,中国人自己集资成立股份公司,兴建粤汉、川汉两条铁路。由于中国没有像外国资本家那样雄厚的个人资本,因此,必须向社会各界广泛集资。各地主要从四个方面筹集股款:一、认购之股(来自官僚和商人);二、抽租之股(来自普通农民和地主);三、官本之股(地方财政);四、公利之股(基金投资)。后来的事实证明,正是由于这种牵涉到官、商、民,几乎涵盖社会各阶层的切身利益的筹股方式,才导致了难以平息的保路运动。

修铁路这事,不那么好办成。拿到集资的钱,负责的官员并没有认真办事,而是带着钱跑到上海泡女人打麻将,花掉了不少,而且铁路的事情,进展很慢。如果让这些贪官们继续办铁路工程,非出什么大贪不可。正好这时候,外商想参与铁路的事情,想进来分点油水。他们游说高层,向外国银行借钱修铁路,然后拿铁路的经营权抵押给他们就行了。

朝廷和洋人一拍即合,达成协议,通过股票共同谋利益。但是,朝廷你可以和洋人共同在中国玩股票谋利，但是，你必须考虑百姓，考虑你的国民，万不可通过出卖国民利益来饱洋人钱包。如果你敢这么干，你，就一定会面临政治崩盘的！

清政府就敢这么干。王朝末日，还有什么不敢干的呢！

清政府命令邮传部部长盛宣怀(实为盛家集团公司董事长)与四国公使谈判议定了借款合同，只等待各国政府批准后就要正式签字了。

要批准这个出卖路权的合同，过去的股东怎么办？股票怎么办？你起码得将流通股(民办)收归国有股(官办)吧？你起码得补偿股民们的出资吧？

可是，清政府没有考虑到股民的利益，他们于五月九日颁布了"干路均归国有"的"国几条"政策，五月二十日正式在借款合同上签字，公然漠视股民收益。他们认为，你出股的人是有钱人，让你有钱人亏损怕什么！好浑蛋的政府！

本来，借外债搞建设，是一种开明的政策，是一种开放的政策，而且铁路国有也是无可非议的。咱们现在的中国铁路，不就是国有的吗？但是，经办此事的高级干部盛宣怀的官声不好，贪腐出名，满清政府已丧失人心，就是行好政策，人民也不会信任。何况国家出台政策时，根本就不考虑股民利益！

湖南人敢为天下先，他们首先发难，湖北立即跟进，两省境内，四万多人参与了抗议集会。运动一开始，就发生了暴力冲突，宜昌筑路工人打死了二十余名清兵。几乎同时，广东也爆发了千余人的集会。

六月十三日，出卖国民利益的"四国借款合同"寄到成都，四川民众群情汹汹，要求抵制。

四川保路运动的最初，仅仅是持有铁路股权的人发起和鼓动的，参与者几乎全是股东和股民。但是，当政府信用已经破产时，一场股民的维权运动，很快会演化成政治运动。

1911年六月十六日，立宪派在成都组织会议，只有两千四百余人，而且全是股东代表、咨议局议员、法团人士。

到了第二天，四川保路同志会召开成立大会，一下子聚集了四千余人，人群中的主流转为无直接利益关系的学生和市民。运动已经有意无意地从单纯维权向民族主义情绪主导的群众运动转移了!

这时,保路同志会的领导者们,适时展现了政治才能,改变了斗争政策,提出"无论股东非股东均可入会"。

风潮不断扩大,清廷惊恐万分。如果这时候清政府公允处理,保护好股民的利益,再下个罪己诏什么的,也许事情还会有转机。但是,清政府又一次感觉良好,他们认为自己拥有军队,拥有枪杆子,可以随意镇压股民闹事,于是,下令四川总督"切实弹压,毋任嚣张"。四川总督赵尔丰奉命逮捕了以蒲殿俊、罗纶为主的十几名运动领袖。当蒲殿俊、罗纶被捕的消息传出后,上千群众头顶光绪牌位云集总督府抗议。于是,恶性的暴力循环开始了:赵尔丰下令对示威群众开枪镇压,当场死者,经查明的三十二人,伤者无数,史称"成都血案"。

"成都血案"发生,一直在寻找革命机会的同盟会党人们,立即赶往四川,策动革命,策动推翻政府的行动。"成都血案"的标志性意义在于:一、保路运动已经从一场利己的维权运动发展到利他的革命运动;二、保路运动从和平抗议彻底走向了暴力革命,立宪派也被迫从原来的"只反贪官不反皇帝"的温和姿态转为了反清;三、保路同志会随着哥老会和同盟会的大量渗入,发展成了"保路同志军"。

职业革命组织同盟会的加入,立即为运动带来了新的玩法。怎样让保路运动成为一场武装斗争?同盟会的职业革命家们有办法,他们向四川全省发出起义总动员令。但是,清政府已封锁了邮政和交通,信号和命令传不出去,那会儿又没有手机和互联网。这,没有难倒职业革命家们。同盟会发明了"水电报"的办法,用来广泛发布起义命令和信息。水电报,就是在木牌上写上信息。比如,他们在木牌上写着:成都保路同志军惨遭杀害,各地同志军立即攻打成都相救!为了防止流水冲洗掉木牌上的字,他们又将木牌抹上桐油。然后,同盟会员们将这些写有紧急命令的木牌投入江水中,任其随波逐流。四川水网十分发达,木牌很快流到各地。各地保路同志军成员,甚至普通群众,在接到"水电报"后,又如法炮制,不断复制传达。"水电报"所到之处,立即引起了人民的关注。人们拿着"水电报",组成起义的军队,如两千多年前的陈胜吴广那样,首先攻打当地的州县,在占领当地州县后,获取武器和给养,然后向成都进军!

小小"水电报",点燃了四川大地的燎原之火! 全省武装起义快速发展:仅仅七八天时间,逼近成都的起义军达二十万之众。赵尔丰狼狈不堪,急切通电求援。警电传至北京,清政府决定:饬派鄂、湘等六省援军赴川。但是,鄂军入川,削弱了湖北的兵力。

同盟会的起义方向,本来是在广东。但黄花岗失败后,陈其美、宋教仁、谭人凤等就想利用长江流域作为革命策源地,他们在上海设立同盟会中部总会。四川、湖北、湖南的铁路维权运动,为他们提供了起事的机会,他们就决定在辛亥年(宣统三年,1911年)秋天起事。同盟会将发难的日期原定旧历八月十五日,后因准备不足,改迟十天。意外的是,八月十八日,革命党的机关被巡捕破获,党人名册也被搜去,朝廷即将展开镇压。于是,革命党人仓促之间定八月十九日,即阳历十月十日起事。

因为一切十分仓促,所以,起义几乎没有系统的准备,也没有系统的指挥。辛亥武昌起义的领袖,是新军的下级军官熊秉坤。他以朝廷将要杀害众兄弟们为理由,策动士兵们起义,然后率队直入武昌,进攻总督衙门。总督瑞澂当即不抵抗出逃,新军统制张彪也立即逃跑,于是,清政府在武昌的文武官吏们均弃城逃走,武昌很快被革命军占领,成为全国首义之城。

武昌起义以后,一个月之内,湖南、陕西、江西、山西、云南、安徽、江苏、贵州、浙江、广西、福建、广东、山东十三省相继宣布独立,并且没有一个地方发生激烈的战争。清朝的灭亡,不是革命军以军力打倒的,而是清朝自己瓦解的。各独立省选派代表,制定临时约法,并公举孙中山先生为中华民国的临时总统。

在改革新政中慢慢行走的晚清,终于在一场革命中完结了!

九、时不再来,梦醒时分悔之已晚

股票事件引发武昌起义。这时候,大清王朝,其实已不堪一击。武昌新军仅两千人。武昌枪响,朝廷与起义者胜负未决,十四个省就兵不血刃,宣布独立,不再接受清王朝中央政府的领导。

大势已去,作为清王朝中央政府负责人的载沣,这才大梦醒来,但后悔太晚。

当年十月三十日,他颁布了"罪己诏"。

他说,自己执政三年,"用人无方,施治寡术,政地多用亲贵,则显戾(侵犯)宪章,路事(铁路事)蒙于金壬(下属花言巧语),则动违舆论","川乱首发,鄂乱继之。今则陕湘警报迭闻,广赣变端又见,九夏沸腾,人心动摇","此皆朕一人之咎也"。"此特布告天下,势与我国军民维新更始,实行宪政。凡法制之损益,利病之兴革,皆博采舆论,定其从违,以前旧制旧法有不合于宪法者,悉皆罢除"。

为了挽救命运,清王朝不得不作出史上最大的改革让步:

立即组织新的内阁,皇亲国戚不再充当国务大臣。

十一月一日,载沣授袁世凯为总理大臣,命其进京组织内阁。下令释放发配新疆的学生领袖温世霖。

资政院研究了新宪法纲领,即重大信条十九条,获一致通过。当天,朝廷批准,立刻将信条宣示天下,同时确定在二十六日宣誓太庙,以示隆重。

《十九信条》内容如下:

第一条　大清帝国皇统万世不易。

第二条　皇帝神圣,不可侵犯。

第三条　皇帝之权,以宪法所规定者为限。

第四条　皇位继承顺序,于宪法规定之。

第五条　宪法由资政院起草议决,由皇帝颁布之。

第六条　宪法改正提案权属于国会。

第七条　上院议员,由国民于法定有特别资格者公选产生。

第八条　总理大臣由国会公举,皇帝任命。其他国务大臣由总理大臣推举,皇帝任命。皇族不得担任总理大臣及其他国务大臣并各省行政长官。

第九条　总理大臣受国会弹劾时,非国会解散,即内阁辞职。但一次内阁不得为两次国会之解散。

第十条　陆海军直接归皇帝统率,但对内使用时应依国会议决之特别条件,此外不得调遣。

第十一条　不得以命令代替法律,除紧急命令应特定条件外,以执行法律及法律所委任者为限。

第十二条　国际条约非经国会议决,不得缔结。但媾和宣战不在国会开会期中者,由国会追认。

第十三条　官制官规,以法律定之。

第十四条　本年度预算未经国会议决者,不得照前年度预算开支。又预算案内不得有既定之岁出,预算案外不得为非常财政之处分。

第十五条　皇室经费之制定及增减,由国会议决。

第十六条　皇室大典不得与宪法相抵触。

第十七条　国务裁判机关,由两院组织。

第十八条　国会议决事项,由皇帝颁布之。

第十九条　以上第八、第九、第十、第十二、第十三、第十四、第十五、第十八各条,国会未开以前,资政院适用之。

《十九信条》中,皇帝已无实权,一切权力归于国会。

五日,载沣批准资政院奏折,迅速制定议院法、选举法,一旦议员选定,即召开国会。准许革命党人按照法律改组为政党,公开活动。六日,释放因刺杀载沣入狱的革命党人汪精卫,表明对革命党的让步。

然而,此时的中国,人民和革命党已认为,清王朝是全民族振兴的全部障碍,是一切改革的反对者。此时的中国,只有一个声音:让他下台!下台!

1912 年二月十二日,清帝退位,清王朝灭亡。

晚清的强颜新政、强颜改革,结局是晚清的不得不彻底灭亡!这一切的变化,并没有给我们太多的思考空间,因为答案已经明确。

晚清的最后十年说明:不改革、假改革、拖改革,都只有一条路:被历史的后浪无情淘汰,连后悔的机会都没有!

民国:谁谋杀了中国早期的政党政治

——腹背受敌的年轻英雄宋教仁

很多年以前,我在上海求学的时候,上海许多老城区几乎没有什么变化,更没有现在如火如荼的浦东新区。因此,上海老火车站,依稀还有原来的样子。

上海火车站,从建立之日起,经历和目睹了中国近代的诸多大事。宋教仁被枪杀,就发生在此。

中国历史上,暗杀、谋杀,实在发生得很多很多。宋教仁被杀,只是中国历史上诸多暗杀事件中的一起。然而,宋教仁被杀,却与历史上诸多的暗杀事件不同。这起事件,在杀死宋教仁的同时,完全改变了民国以来中国的走向,谋杀了中国早期的政党政治构想!

一、枪声:子弹与命运

1913 年三月二十日,夜晚十时许,上海的春天。

上海的春天,多雨,潮湿,阴冷。宋教仁穿着深色的西服,西服外套着长长的风衣。正值而立之年的他,英俊而潇洒。著名的革命党人黄兴、上海的帮会老大陈其美,还有中华民国的几名国会议员,陪着他缓步来到上海火车站的站台。

站台上,路灯早已点亮。

几天来,他在上海开展扩大国民党的工作,劝说一些有实力的企业家、官员加入国民党,成果还不错。宋教仁走在通向车厢的站台上,信心十足。和平扩党,和平政治,和平斗争,照这个思路做下去,用不了多少年,中国的民主政治,就可以与欧美相比肩了。想到这儿,宋教仁的脸上,露出一丝难以察觉的微笑。

此去北京,真的是天高任鸟飞,海阔凭鱼跃了!

就在这时,站台上,枪声突然响起:

叭!叭!叭!

枪声短促而突然,划破春天夜晚的宁静。

宋教仁一下子倒在地上。他大声喊:"有人刺我!"

众人反应过来时,凶手已经跃下站台,逃向附近的小巷。

宋教仁倒在血泊中,一手紧紧地捂着自己的腰。显然,一粒子弹打在了他的腰上。

"送医院!"有人喊。

宋教仁当即被送往附近的上海沪宁铁路医院。

弹头很快取出来了。流血也止住了。但是,宋教仁的身体,却越来越虚弱。医生告诉陪同他的人们:子弹带有剧毒,剧毒已进入血液,治疗已回天无术!

是夜,宋教仁即告不治。临死之前,宋教仁大呼:"死不瞑目!"

三颗子弹,其中之一打倒了宋教仁。

更重要的是,三颗子弹,还打倒了中国刚刚起步的现代政党政治。宋教仁作为政党政治的主导者、组织者、实施者,主帅死去,谁主政事?民国早年刚刚动议、正在运行的政党政治制度,随着宋教仁身体的冷却一同冷却,随着宋教仁身体的埋葬一同埋葬!

三颗子弹,改写了中国的历史进程。

想想看,就在几年前,台湾地区领导人选举时,就是两颗莫名其妙的子弹,改变了台湾选举的结果,让陈水扁再次当选,改变了台海之间的格局。

几颗子弹,对我们这个民族的伤害,已经多次了!

宋教仁,1882年出生,字遁初,号渔父,湖南桃源县上坊村湘冲(今八字路乡渔父村)人。六岁入私塾,十七岁入桃源漳江书院,光绪二十八年(1902年),他以优异成绩考取武昌普通中学堂。十一月四日,宋教仁与黄兴、刘揆一、陈天华、章士钊等在长沙黄宅筹创华兴会。光绪三十年十二月十三日,宋教仁到达日本开始革命活动。

湖南桃源县,也就是陶潜所写的《桃花源记》的地方。那儿,真的曾经是世外桃源,人们不闻外间事,不知有秦,不知有汉,完全是一个与世无争、干干净净的好地方。然而,宋教仁从这儿走出,却走向了政治,走向了被西方人认为最不干净的政治舞台。

他死后,孙中山悼念宋教仁说:"作公民保障,谁非后死者;为宪法流血,公真第一人。"

二、争吵:国体与政体

1911年十月,武昌革命爆发。仅仅一个月,革命风潮席卷天下,各省纷纷宣布独立于清政府。中国几千年的封建制度,眼看从形式上快要结束了!

十二月,孙中山一行到达上海。回想前尘往事,孙中山何其感慨!为了这一天,同盟会多少同志血洒沙场;为了这一天,孙中山本人多少次历经风险!这一天,真的到来了,而且到来得如此之快速,如此之突然,几乎完全没有给革命党人任何准备的时间,也完全没有给他个人任何准备的时间!当他和他的同志们还沉浸在一次次失败的悲痛中时,胜利,突然摆在了面前!他来不及悲伤,也来不及兴奋,立刻结束流亡生涯,起程回国。国内,要求他担任临时政府大总统的呼声,已是一浪高过一浪。他要回来,回来组织新政府。

到达上海的当天,孙中山召开革命党人的高层干部会议,讨论建国模式。孙中山遍游各国,他希望建立美国式联邦,同时又希望总统大权独揽。

然而,宋教仁有不同意见。他主张,政府要采取内阁制,以防止总统权力太大,出现新的独裁。

对此,孙中山断然否定。他说,内阁制是平时用来防止寡头政治的,现在是非常时期,总统必须独揽大权。眼看总统之位就要到手,他,当然不希望有一个什么内阁来染指他的权力。但他同时保证,自己是不会自居神圣位置的,一定会表现出民主精神的。

从这开始,孙中山与宋教仁,对于立国的设想,对于立宪的想法,就很不一致。

十二月二十九日,孙中山当选为中华民国临时大总统,定于元旦到南京上任。

但是,情况再一次发生了变化。南方革命党人的革命,受到来自北方的军人袁世凯的进攻。打,南方是打不赢的。他们只好与袁世凯讲和。北方讲和的条件,是让袁世凯当总统。南方讲和的条件,是要推翻满清。最后,南方革命党人与北方军人袁世凯达成协议,共同要求满清政府退位,共同建立中华民国,由袁世凯担任总统。

总统大位将要让与他人,革命党人怎么应对?1912 年三月三日,大伙儿又在南京开会,讨论国家体制问题。

孙中山本来是主张总统大权独揽的。这时,由于自己不可能当上总统了,所以,他突然转变观点,反对总统独揽大权,反对中央集权体制,主张地方分权,主张分省自治。这样,你袁世凯当了总统,也只不过是北京的总统,地方的事,还是地方管。政治斗争,无不以自己的利益为出发点。如果按照这个办法,那么,中国各省独立自治,会不会让外国列强各个击破而分完了?没有人关心这个问题。革命党中的老大胡汉民,坚决支持孙中山的想法,要求地方分权。

宋教仁坚持主张中央集权。宋教仁认为,起义以来,各省纷纷独立,中央形同虚设,如果不改变这个状况,天下会大乱的,外敌会乘虚而入,分裂了中国。只有中央集权,才可以振兴国家。日本就是这么做的。

胡汉民等坚决反对。他们的理由是,袁世凯当了总统,大权在手,他会干出什么呢,谁知道啊?

宋教仁对此已有准备,他提出:这个咱不怕。中央集权的同时,我们可以改总统制为内阁制,就是总统是国家元首,但总统的权力并不是至高无上,内阁可以决定重大事情,这样可牵制总统,没有必要为了对付人家老袁,而搞什么分省自治。

胡汉民又提出,内阁制是依靠国会行使职权的,但是,中国百姓水平太低,中国基层素质太差,怎么可能搞出一个好国会?怎么能选好国会议员?这样的国会怎么搞得好治国的事情?国会真的能对付得了总统的独裁吗?

看看胡汉民的嘴脸,你才有多大个学问啊,就张口闭口地说中国老百姓不行,说中国底层群众不行。这些政客,不想给民众民主时,就说是民众水平太低,给了民主就会搞出乱子来;不想给基层自治权力时,就说是基层素质太差,给了自治一定会把天捅破了。

对胡汉民这些问题,宋教仁一一回答,很是得体,很是有理。

无奈中,孙中山提出,在中华民国的临时约法上加一条:中华民国主权属于国民全体。以防止有人盗国之权。临时约法,就是中华民国的宪法。有了这一条,争论结束了。

但是,孙中山写上的这一条,太过模糊。说中华民国主权属于全体人民,那全体人民如何行使主权?怎么行使主权?用什么方式什么制度什么机构行使权力?!孙中山不说,也说不明白,对于建设还真的没有想好。

所以,孙中山这一条,说了等于没说,说了还是白说。

三月十一日,以孙中山为首的革命党人,在南京公布临时约法,提出中央集权和内阁制。内阁制和总统制,有所不同。如果是孙中山当总统,革命党一定会选择总统制的。但袁世凯当总统,那就只好搞内阁制来防他一下。内阁制,是将国家行政权力交由内阁决定。

国家体制是大事,但是,革命党人在制定大事时,也是从个人出发的。

两天后,袁世凯就任临时大总统。

三、毁党:革命与和平

一开始,南京的革命党人,要求袁世凯到南京就任总统。但是,袁世凯是何许人啊?你们那点小把戏,哪能对付得了他?他,只需要一个小小的手段,就让革命党人放弃了念头,同意他在北京当总统,同意首都放在北京。

1912年四月一日,孙中山下台,带人南下。他表示,要专心修铁路。而此时,他内心所想,是要找机会发动革命,让自己上台。带着这样的想法,他就会这么做的。

平平安安地白捡了个总统,袁世凯马上表现出大人物的胸怀来。他不停在发出邀请。八月下旬,孙中山、黄兴等人,应袁世凯邀请,到北京见面。

会面的时候,据说有一段故事。孙中山、黄兴看到袁世凯远远走来,马上高喊口号:"袁世凯万岁!"袁世凯也喊口号:"孙中山万岁!黄兴万岁!"可等孙、黄两人走了,袁世凯对手下人说:"这两个家伙,只会捣乱,别的什么事也不会干!"这,就是袁世凯对孙、黄的印象。

会面过了,又是宴请。宴会上,孙中山说:"愿大总统练二百万精兵,我修二十万公里铁路。"他还说,我要用十年时间,完成这一工作。铁路全部由公司借钱修,运行四十年后送给国家。这一做法,相当于现在公路收费的做法。

如果孙中山能修铁路,那可真是民族大幸。

见面之后,孙、黄等人离开了北京。孙中山唱着歌儿要修铁路,造福民族。黄兴唱着歌儿要功成身退,留名万世。有史料表明,黄兴唱着歌儿要功成身退,是真心的。也有史料表明,孙中山先生唱着歌儿要修铁路是假象。他,正在等待一个机会可以开始第二次革命,可以打倒袁世凯。

只有一个宋教仁,固执地留在了北京。

革命党中,是有许多人劝宋教仁离开北京的。朋友们和同志们劝他离开北京,随孙、黄两人南下,一是游历各地,二是等待东山再起。但是,宋教仁不愿意,他有他的想法,他要改革几千年来中国的政治体制!

于是,革命党中的各位,继续了在南京时的分歧和争论。

胡汉民代表孙中山提出要求,革命党一定要完整保留,同盟会要完整保留。同盟会,是民国革命的基础组织,不可以改变。

然而,宋教仁和大家的想法不一样。讨论会上,他对大家说了:革命已经成功,同盟会不必存在了,同盟会的暴力革命的使命已经完成,应当退出历史舞台了。宋教仁的这一提法,被同志们称为毁党!

宋教仁很自信。他对同志们说:"我既要毁党,更要造党。"

毁党与造党,是怎么回事?宋教仁解释,让同盟会这样的革命党,经过再造而再生!他的想法,是将其改造成为一个公开的政党,从事宪法与国会的活动,代表人民来监督政府的行为。同时,这个党将放下武器,放弃武力革命。

公正客观地说,宋教仁的主张,在当时,在中国,是非常进步的。第一,国家久经战争,如今天下已定,政党可以公开,也必须公开,不要再搞什么地下党,不要再搞什么武装斗争。第二,政党的工作,是政治工作,国家的政治工作,是和平的政治斗争。第三,政党要对政府进行监督。第四,政党要代表人民。

在宋教仁的眼中心底,政党分为两种,一种是列宁式的政党,通过武装斗争夺取政权,同盟会、中华革命党,就是这样的组织。这样的组织,在夺取政权之前,是必需的。第二种是欧美式的政党,与暴力分开,完全从事和平政治。革命已经成功,中国,绝不能再走列宁式政党的路了。

但是,同盟会中,陈其美是帮会的头子出身,许多成员也来自秘密帮会。秘密帮会的那些做法,他们熟悉,他们也喜欢。这些人反对公开政党的提议,认为,同盟会还应当秘密活动,不能公开一切,因为革命还没成功啊。为此,同盟会内部出现了两派:以宋教仁为代表的右派和以帮会头子为首的左派。老资格的同盟会会员胡汉民,是左派的首领之一。而胡汉民的背后,是孙中山。

好在孙中山等人都已离开北京。争论归争论,现在大老板孙中山已经走远,就一个宋教仁在北京,他想怎么干,就可以怎么干。于是,他开始了自己的毁党造党工作。

民国早年,政党政治,这个像刚出生的小孩子一样的新事物,走上了中国的政治舞台。它没有任何的抵抗能力和自我保护能力。只有宋教仁,是它的父亲又是它自己。

政党政治、和平斗争、民主选举,这些民国早年宋教仁的设想,也许是对几千年封建王朝的一个完全的脱胎换骨,是一次真正的洗礼,一次真正的大革命、大改革。但是,在封建社会几千年的中国,在封建思想几千年的中国,在封建人物主掌大权的中国,它,还没来得及生长,就会被扼杀。其潜在和明在的巨大风险,年轻的宋教仁,并没有意识到。

四、游说:北方与南方

没有意识到风险的宋教仁,只知道工作,只知道拼命地工作。他,一定要将新的政党尽快建成,好让孙中山先生担任这个党的领袖,好让这个党在和平的政治舞台上扮演好反对党的角色。

宋教仁留在北京,开始他的孤军奋战。

此时的北京,诸党林立,封建官员,自由人士,企业老板,都搞起了自己的政党。好像随便什么人,都可以跑到政府,注册一个党,成为一个党的领导。北京一城,各党林立,有什么统一共和党、国民进步党、共和实进会、国民公党、同盟会等。组党,在民国初年的日子,是最容易的事情。党多了,也就鱼龙混杂了。鱼龙混杂了,也就起不到什么政治上的作用了。对此,宋教仁很清楚。

宋教仁留在北京,除了组党,还有几个原因值得他留下来。一是袁世凯对他不错,早在革命之前,袁世凯就曾邀请他到自己的府上做参谋什么的。这个袁世凯,对宋教仁如同儿子一样疼爱。二是宋教仁真的希望搞成政党政治,对中国的国家体制进行改革,形成真正的民主政治。

在北京的宋教仁,成了吃饭喝酒最多的人。他今天和这个党的老板谈,明天和那个党的老板谈,建议他们合并,建议他们弃小抓大。有的党的老板不听,那就算了,不是一个笼子的鸟,总是不能勉强的。有的党愿意,他就许以位置,比如帮助这个党的老板进入国会等。

利益的诱惑,加上巧妙的游说,到了秋天,宋教仁的努力有了结果。什么统一共和党、国民进步党、共和实进会、国民公党、同盟会,这五个大的党派,同意宋教仁的方案,成立一个新的大党,名字就是国民党。统治中国若干年,又跑到台湾若干年的国民党,就是从这儿正式定下名号的。

宋教仁的努力,形成了五党合一。

宋教仁在北方努力工作的时候,南方他的那些曾经的战友们,又在做什么呢?

孙中山先生,正在全国各地考察工作,忙着规划修铁路,忙着规划建水库。这些事情,当然也是刚刚平定下来的民国所需要的。民生,民生,一直是孙中山先生关心的大事情。不过,孙中山先生的规划,也一直停留在纸上,也许他太忙,也许历史没有给他机会,也许他根本就在等待别的机会。历史上的许多伟人,总是会在需要的时候,借点别的什么事情打发时间,掩藏志向。黄兴也在到处游玩,享受着革命功臣的荣耀和花环。胡汉民、陈其美这些人,则在积极地准备壮大他们的秘密帮会组织,筹集资金,扩大人员,准备有一天可以东山再起,让孙先生可以重掌大位。

宋教仁在北方忙碌组党的时候,南方的同志们,也没有闲着。

五、旁观:轻蔑与等待

努力总会有结果,结果还真的不错。

宋教仁的这个大杂烩的国民党,真的成立了。

1912 年八月十三日,宋教仁起草了《国民党宣言》。同年八月二十五日,各党正式同意合并为国民党。

经过选举,大家一致推选孙中山为党的总理事长。

宋教仁为这个党作了定义:这是一个如欧美一样的政党,是以政见相合而走到一起的政党。这个政党,没有完整的纪律,没有统一的登记,没有地下的活动,更没有暴力的斗争。这个政党,就是一个在政府议政的党,一个代表人民利益监督政府行为的反对党。

孙中山被选为了总理事长,但是,他并不到北京就任。当过临时大总统的他,对一个在野党领袖的位置,是看不上眼的。于是,他发了一个电报,轻描淡写地说:宋教仁啊,这个党的事情,就由你来代理吧。这是南方同志对宋教仁辛苦努力的一个回答。我们说不上这个回答是轻蔑还是什么倚重!

从此以后,国民党将"总理"这个称号,一直保留给了孙中山先生。孙中山先生去世后,新的国民党一号人物上台,仍不敢以总理自居。党的总理,成为孙中山一个人独享的尊号。

很快国家议会选举。国民党合五党之力,议员人数占了大多数。

宋教仁与袁世凯,关系本来很好。他还曾请袁世凯、杨度加入国民党。但是,袁世凯已是总统,何必入这个国民党?杨度执迷于君主立宪,怎么会入这个国民党?三十来岁的宋教仁,热情有余,经验不足。

有一次,袁世凯正在家中,和杨度喝茶。袁世凯是否想当皇帝,那时还说不清。但是,力主君主立宪的杨度,却一直就是他的座上客。这天夜里,袁、杨两人,正谈得开心,突然有一名部长级的干部,急火火地跑来。

"报告总统,宋教仁拉我加入国民党,怎么办?"部长级干部报告说。

此时,宋教仁的国民党,在北京刚刚整合完成,正在四处招揽人员。

袁、杨两人听罢,哈哈大笑。刚才,他们正在谈论这件事。

袁世凯说:"他们拉你,这是好事啊,那你就加入国民党吧。"

"这,这⋯⋯"这位部长一时语塞,不知道总统到底是什么意思。

"告诉你吧,小宋这几天,也在拉我加入国民党呢。"袁世凯说。

"告诉你吧,小宋这几天,也在拉我加入国民党呢。"杨度说。

说罢,三人哈哈大笑。

部长问:"那两位是加入,还是不加入?"

袁世凯说了:"我是总统,还要加入吗?"

杨度说了:"我是主张君主立宪的,我会加入吗?"

宋教仁拉他们入党,反而让他们当做笑柄了。

袁世凯等当权派对在野派宋教仁的轻蔑,由此可见一斑。

国民党大起来了,在国会中的议员增多了,宋教仁的感觉也变化了。他的感觉,大事已成,大局已定。作为国会的最大党,一是可以组织内阁,二是可以制约总统,三是可以实现民主,四是可以消除用战争达到政治目的的做法。这么多的好处摆在面前,任谁也会飘飘然的。

可是,他美好的感觉,实在太早了点。对袁世凯这样的军人,特别是对袁世凯这样的旧军人,他太不了解。还是孙中山在革命成功之初的评价,更为准确。孙中山认为,袁世凯是具有新思维和旧手段的人。只有这样的人,才可以在中国掌握大权,治理国家。孙中山的这个评价,是客观的。

同样地,宋教仁对于自己的老领导孙中山,也不了解。孙中山是职业革命家。一个职业革命家,就是一个好事者。没有革命,他的职业还有什么用?那不是失业了吗?袁世凯在共和之初也有个评价:孙中山这个人,除了闹事捣乱,什么也不会。

宋教仁以他的年龄和阅历,对这些人,都很难真正了解的。

因为感觉好了,宋教仁也改变了组党时的做法。现在,他不再到处求人了,而是到处发表演说,到处批评袁世凯的不良做法。北京的报纸上,天天有宋先生的演讲报道,天天有宋先生对袁世凯的指责。此时的袁世凯,应该说是有几分民主精神的,他不停报馆,不封报纸,你们爱写什么就写什么,爱发什么就发什么。拿枪的人,还怕你们几个拿笔的人?秀才嘛,翻不了天的!不过,他还是坚持天天让手下人找报纸,自己在家中看,看到报上不管怎么骂,他决不动气。儿子们和老婆们看不下去,让他管管这些报纸。他说,民国了,言论自由了,给人家些说话的自由吧。就此了之。后来袁世凯当皇帝,也坏在这个问题上,也是当时要搞君主立宪的"筹安会"人员在报纸上的言论,误导了他。此为后话。

你宋教仁可以演说,可以骂街,可以用骂我袁世凯来博名图利,但是,你不能出格。出格了,我得收拾你!

果然,宋教仁出格了。作为一个在野党的领袖,作为一个有雄心大志的人物,作为一个在国会拥有大多数席位的党首,他能不出格吗?

宋教仁公开提出:政府必须采用内阁制。只有内阁制,才适合中国的国情,只有内阁制,才可以制约总统的大权。内阁制,就是由国会组织内阁成员,形成国家的行政指挥中心。

听到这些,袁世凯是不高兴。屡屡听到这些,袁世凯更是从心底不高兴的。我是总统啊,总统不能安排内阁人员,不能决定行政大事,你们想让我这个总统成为一个空架子吗？没有权力，不能发号施令，这个总统，不是个摆设吗？那干脆让你宋教仁来做总统好了！

到了这个当口上，袁世凯对宋教仁是又爱又恨。

袁世凯对于宋教仁，曾经是钟爱有加的。他曾私下对人说："孙、黄诸人，均不足畏，所可畏者，唯湖南人小宋而已。"因此，他曾请宋担任国务总理。对这样的邀请，宋教仁是明确谢绝的。

孔子曾对自己的学生们说过："邦无道，富且贵焉，耻也。"宋教仁是否认为袁世凯无道而不愿意到他那儿求富贵？也许并非如此。如果这么认为，那我们这些人真的太小看宋教仁了。在宋教仁看来，袁世凯并不是什么大奸大恶之人，一直到死，他不曾怀疑过袁世凯的。我以为，宋教仁明确谢绝，是因为他不愿意做国务总理，是因为他有更高的志向，那就是救国救民，为此，他不愿意去做古代的那些良将名臣。如果愿意，相信以他的才能，决不在张良孔明刘基等人之下。宋教仁的志向，是推进政治的现代化，推进政治民主制度，并以此来保障国家的太平和人民的幸福。

宋教仁是个真正的谋国谋民的人物。他曾手书道："直道文章在，交情肝胆披。"直道，在他看来，就是救国救民，并为之寻找一条真正有用的道路。

袁世凯喜欢宋教仁的才干，甚至将他当做自己的儿子一样。如今，宋教仁公开作对了。哼哼，小宋啊，难怪你不肯来我府上工作啊，原来，你在想和我作对啊！袁世凯已经老大不高兴了，宋教仁似乎还不知道。

1913年三月二十日，宋教仁从上海就要返回北京时，在上海火车站被刺。二十二日凌晨，宋与世长辞，年仅三十一岁。

六、反响：意外与意料

宋教仁遇刺，是个意外吗？或者在意料之中？

躺在上海沪宁铁路医院的特护病房，宋教仁气息奄奄，毒液正在他的血液中向全身蔓延。他知道自己不行了。他的同志们，黄兴、胡汉民、陈其美围在病床前，等待他临终的交代。

宋教仁没有提出让他的同志们报仇，没有提出让他的同志们武装斗争，没有。至死，他还在坚持他的政党政治，还在坚持他的和平斗争。

当然，他百思不解。他说："我为南北和解的苦心，被人误解，真是死不瞑目！"

是被南方误解，还是被北方误解？他没有来得及说。

袁世凯很快知道了宋教仁的死讯。那天，他正在家中用餐，秘书拿来电报，告诉他，宋教仁在上海遇刺，已经身亡。袁世凯放下餐具，叹了一口气。这是真的，有历史证据表明，袁世凯确实叹了一口气。然后，他对手下人说，早知道会搞成这样，何必当初啊！宋教仁可惜了！这是袁世凯的反应。他，也许早就意料到了这个结果。因为后来所有的资料，都宣称是他让人杀害了宋教仁。

杀人的凶手，很快就抓住了。江苏都督程德全连夜审案，并将案情向报纸公布：此人曾在同盟会中混过，后来投靠了他人，跑到北京政府的内务部做了官。既然凶手是内务部的官员，而内务部又是袁世凯的亲信掌管的，那么，这小子就一定是袁世凯派出来杀人的！这个推理，首先由在上海的革命党人作出并公布了。于是，社会舆论也就开始一边倒了。

为什么当时就没有人说：这家伙曾是老同盟会会员，是不是他仇恨宋教仁毁党造党，所以杀害了宋教仁？抑或是革命党内有什么大佬级的人物，对宋教仁不满，指使他下了杀手？！

调查的情况，还只是个初步的结果，真正的原因，真正的主使，还需要进一步地查明。

说来令人感伤：两名杀害宋教仁的家伙中，其中一人名武士英，是个老兵痞，此人由江苏巡查长应桂馨收买，并为之杀害宋教仁。而收买的价钱，仅仅只是三十个银币！

刚刚诞生的民国，刚刚提出法制的民国，面临一场空前的政治危机。这场危机，如何渡过，将决定民国的命运，也将决定以后若干年中国的命运。

如果按照宋教仁生前的做法，他一定会用法律来解决这个问题，用法律来制裁犯罪。如果真是总统主使，按民国初年的情况，是可以让总统下台的。对此,许多人是期许的。

政法学堂毕业的陈炯明,当时正是广东军队的领导人。他出席宋教仁的追悼大会,提出了解决这次危机的想法。他说:"现在为法制之国,政府倘有违法行为,皆得以法律范围之。所望此案与政府无关系。如果有关系,吾人须以法律对待之。凡属国人皆应表示同情,以维持国民权利。"陈炯明的话,很明确,让法律解决吧,别搞什么武装斗争了。

黄兴也还理智。他在愤怒之后,很快冷静下来。他说,现在是民国了,案件发生,不要用武力解决,应当由法律解决,建议北京成立特别法庭,公开审理。

上海检察厅也很配合,他们两次发出传票,要求国务总理到庭受审。社会媒体公开报道,要求法律公开作业。一时之间,袁世凯也没有办法,准备接受法律的审理。也许,老袁就真的没有指使人去做这么件蠢事呢。

如果事情就这么发展下来,中国会怎么样?

袁世凯一生的污点,世人认为有四:一是出卖维新变法的领导人,致使维新失败,六君子被杀害;二是签订与日本的"二十一条",卖国求荣;三是谋杀宋教仁,破坏了中国早期的现代民主,破坏了政党政治;四是当皇帝。四大污点,历史自有分说的。但我以为,出卖维新党人的事情,并非是他在事前出卖,很可能是事后的坦白。签订"二十一条",具有许多悲剧情节,那不是他个人的事情,也很难说是他的错。袁世凯与日本,苦大仇深。早年他作为中国政府驻朝鲜国的全权代表,就与日本势不两立,后来又经历与日本的战争,恨日本入骨。他,是不会卖中国给日本的。"二十一条"由日本提出后,袁世凯在不得不签订的情况下,做了两件事情,一是修改一些条文,实际签订的并没有"二十一条"那么多。二是当晚通知全国高级干部,要以是日为国耻日,将来一定要与日本一战,洗雪今日之耻。有此两个做法,说明他是万般无奈才签订"二十一条"的。具体细节,不多说了。他死之前,自知来日无多,亲手为自己写下挽联:"为日本去一大敌,看民国再造共和"。既如此,他是仇日分子。只有杀宋教仁和当皇帝,真的是千古难脱的干系!杀宋教仁,不管这事是不是他指使的,但我认为,他当时已是国家元首,大权在

手,军队在手,他不至于做这种吃亏不讨好的蠢事。而且以他那时候的
"民主"作风,也不一定会做得出来。但是,作为国家总统,作为军队的
领导人,他至少没有保护好宋教仁,也许他还真的叫人帮他教训一下
宋教仁。在这一点上,后人骂他,无话可说。当皇帝,不管是被迫的还是
主动的,他更是永远不能说清楚,千古之罪,跑不了的。袁世凯啊,你死
定了。

宋教仁死了,这,标志着以政党治国的设想完结了,以强人治国又
重新开始了。前者是西方式的民主,后者是东方式的专制。

专制,在三颗子弹之后,战胜了民主。

宋教仁被杀害,这个结果,是南方的革命党人没有意料到的。但
是,这个结果,却来得十分恰当! 孙中山革命成功,失去权力,游乐够
了,正窝着一肚子火呢! 好啊,你袁世凯终于干出这件让天下人痛骂的
事情,那么,咱们可以反了!可以师出有名了!可以重新夺得大权了。哈
哈! 天赐良机啊!

在宋教仁的追悼会上,孙中山悼宋教仁的挽联是——

三尺剑,万言书,美雨欧风志不磨! 天地有正气,豪杰自牢笼,数十
年季子舌锋,效庄生索笔;

五丈原,一抔土,卧龙跃马今何在? 冠盖满京华,斯人独憔悴,洒几
点苌弘血泪,向屈子招魂!

章太炎所写挽联是——

愿君化彗孛,为我扫幽燕。

七、国家:统一与分裂

宋教仁上海遇刺时,孙中山正在日本。本来,他的访日行程安排很
满的。但是,得知上海滩枪响,宋教仁被杀,孙中山立即结束访日行程。
他用最快的速度,于三月二十五日到达上海。

到达上海,孙中山先生立即召开党内高级干部会议,研究应对方案。其实,在乘船到上海的路上,孙中山已打好了腹稿,下定了决心。

会上,有人提出用法律的途径来解决危机。此说者认为,从清末以来,中国战争不断,人民受苦太多,如今满清已除,国内和平来之不易,应当与政府一起共同化解危机。

但是,孙中山对此说法,根本就不同意。这是什么主意啊?法律?中国什么时候用法律办事了?什么时候可以用法律解决问题了?不行,绝对不行!

孙中山对大家说:"必须发动二次革命!这是唯一的办法!"

他又对他的同志们说:"事已至此,只有起兵。因为,袁世凯是总统,总统指使暗杀,则断非法律所能解决。所能解决者,只有武力!"

孙中山一生,是以革命为全部事业的。

孙中山的提议,党内仍有不少反对意见。怎么办?孙中山希望由江西、湖南、安徽、广东和福建五省联合发表通电,一同举兵讨伐袁世凯,同时,联合袁世凯的夙敌日本,请日本压迫袁世凯下台!这样,孙中山先生可以名正言顺地上任总统了。

算盘虽然打得如意,但却到处碰钉子。

首先是湖南、广东两省不同意,说是没有钱打仗。没钱,是个最好的理由了。

孙中山身为国民党总理,虽然在国民党成立时,自己不曾到北京上任,但现在,大事还得总理拿主意!

面对党内的反对,孙中山对大家说,你们都不同意起兵,但我意已决!如果你们都没什么起兵的表示,那我只好到日本,请日本出兵帮忙!

听到大总统这样的气话,黄兴马上出来劝说:"总理啊,千万不能请外国人来帮忙!那日本可是我中华民族的大敌啊。如果请他们来帮忙,我们国民党可是要成为千古罪人的!"一句话,惊醒了梦中人孙中山先生!否则,还真不知道局面会是什么样子。

孙中山作为党内的起兵造反派,作出让步,答应不找日本人帮忙。那么,党内的法律解决派,也必须作出让步,摆出武力解决问题的态势来。协议就此达成，共同开始工作吧。

广东首先发出通电，告诉全国人民，也威胁北京的袁世凯——

"粤省兵尚充实，械亦精利，军心团结。谁为祸首，颠覆共和，当与国民共弃之！"意思是，咱们马上要出兵了，你袁世凯小心点！

胡汉民也跑到广东，要求广东军队领导人陈炯明组织讨伐袁世凯军队。

事已至此，袁世凯也不是什么好东西。他宣布：南方暴民专政，土匪横行，必须马上镇压！他的军队，马上南下。全国统一的和平局面，立时打破了。

七月五日，袁世凯的北洋军队进入江西，南北战火点燃。

七月十五日，黄兴来到南京，就任江苏讨袁军总司令。广东的陈炯明也宣布广东独立了。上海的陈其美以他的帮会成员为骨干，宣布讨袁了。一时间，战火遍江南。

但是，革命党人的军事斗争，根本不是袁世凯的对手。不到半个月时间，八月上旬，讨袁各军全部失败，孙中山再一次流亡日本。

袁世凯虽然取得了战争的胜利，但是，南北对峙再一次加重，北洋内部开始分裂。统一的中国，眼看就要走上军阀割据的痛苦道路了。

这一切，绝不仅仅是某一个人的错。

八、倒退：白天与黑夜

南方国民党的军事失败之后，在北京还有一批国民党人。

北京的这批国民党人，这时候终于又想起了宋教仁的主张，想起了他的政党政治，想起了他的和平斗争，想起了他的内阁议政。

八月七日，南方的国民党人军事完全失败，北京的国民党人，凡是在国会中的议员，集中开会了。他们作出了决定，宣言不变更组织，不从事军事，维持现状，从事政治活动，经由法律途径。

这个宣言，真的可笑。战争失败了，才想起这些，岂不太晚？

果然，袁世凯决定并宣布：国民党起兵叛乱，立即解散。

打败了国民党，袁世凯还怕什么呢？原来，南方的军队，竟是如此不堪一击！中国，还有谁会是我老袁的对手？天下无敌了。

解散了国民党，袁世凯还怕什么呢？原来，民主和法制，竟是如此不堪一击！中国，还有啥会是我老袁的障碍？天下无敌了！

天下无敌，那还有什么不可以做的？

历史开始了大倒退！从前的开放、从前的宽容，全部收了起来。老袁要自己玩了！

想当年，革命党武昌起事，孙中山慨然回国，袁世凯应时出山，清王朝被迫退位，举国欢庆，大得民心，大合时宜。袁世凯应清王朝之请出山时，向清王朝提出的要求，历历在目。其中一条，是开放党禁，允许各党自由活动，允许言论完全自由。后来民国成立，政党在北京成立，人们以为，中国的天真的亮了，中华民族几千年的长夜终于过去了，美丽灿烂的大白天终于来到了！

如今，大伙儿明白了：原来咱们做的是青天白日梦！

现在，国民党第一个被他解散了。解散国民党之后，他又规定：国民党员在北京的，不得离开北京，不得从事反对政府的活动，必须写下保证书，必须要有人担保，否则，全部关起来！

解散了国民党，袁世凯还觉得不够。这个宋教仁搞出来的国会，看着就让人不舒服。军人出身的政客，如果他看到什么东西让他感觉不舒服，他的选择就是拔枪！

袁世凯拔枪了。

1914年一月十日，袁世凯大总统命令：解散国会！

历史大倒退，倒退到了清政府时期！刚刚开始出现曙光的白天，一下又回到了黑暗之中！

至此，宋教仁建立民主政治体制的全部努力，全部扔进了水中。来也匆匆，去也匆匆，一切都成空！

宋教仁一直希望由一个政党来治理国家，而不是由一个强人来治理国家。现在，政党结束了，强人专权了。宋教仁在天有知，真的死不瞑目！这，应了他临死前的那句话！

民族的悲剧继续上演。杨度等"六君子"，以"筹安会"的名义上场，要求袁世凯晋位为皇帝。袁世凯当真也是昏了头！据说袁世凯是个大脑袋，这老家伙是不是真的因为昏才大了脑袋啊？他当真称皇帝了！中国，倒退到了最黑暗的王朝时代！而后，暴力革命一浪高过一浪，民主政治、政党政治，再也没有人提起了！

孙中山的功过、袁世凯的是非，让我们怎么评说？宋教仁的努力、宋教仁的失败，又让我们怎么咀嚼？这一切实在太过苦涩！

我们只能说，宋教仁真的太年轻了，太天真了，太固执了，太过于想象了。政治体制这么大的事情，可不是你一个三十来岁的年轻人可以孤军奋战而成功的啊！

话说回来，做大事的人、谋国谋民的人，还非得有几分天真，非得有几分固执，非得有几分想象。有天真才会有纯真的理想，有固执才会有坚持的韧性，有想象才会有无畏的公心。

中国，不是这样的人太多，而是太少。

过去，现在，将来，这样的人，多多益善！

后记：和谐养无限天机

　　中国历史上的改革为什么多有失败？过去一些学者、历史学家，喜欢将改革失败归罪于保守派、反对派的反扑、反攻和阻挠。以这种观点来看，历朝改革的失败，原因在于保守派、反对派的反对。

　　其实，事情并不这么简单。纵观历史上的改革，许多次改革，都是轰轰烈烈地开始，无声无息地结束。葬送改革、断送改革的直接原因，有时候就来自改革阵营的内部，来自改革领导人本身。从历史上看，许多改革家自身存在的缺陷、改革方案存在的缺陷，以及改革推进实施过程中存在的缺陷，叠加起来，造成改革过程中的激烈冲突，造成改革的必然失败。改革家的个人缺陷，主要表现在人品、性格、才能等方面，他们有的贪财好色，有的心胸狭隘，有的急功近利，其自身的缺陷，培养和壮大了改革的反对派。其次，改革方案本身所存在的缺陷，往往会伤害很多人的利益，因此促成某些利益集团的联合反对。北宋范仲淹，在诸多改革家中，无论人品，无论文品，都是令人景仰的。但其改革方案和执行方法过于激烈，伤害的利益集团过于庞大，最后，改革遭到大批中央官僚、地方官员和朝廷太监的联合反对。当改革树敌太多时，皇帝只好让你走人。再次，改革方案推进实施过程中的缺陷，也会造成官员们的恐慌、怀疑，迫使许多人群起而攻之。历朝历代，改革者如商鞅车裂、张居正掘坟、谭嗣同杀头，比比皆是。以上三个方面的缺陷，使整个改革不能和谐地实施。正因如此，中国历史上的改革一次次破产了，一次次流产了。

中国历史上，除了和平改革，就是暴力革命。也许因为我们历史上和平改革的成功率太低，所以促成了大量的暴力革命。几千年争斗的血腥史，是周而复始进行的，没有多少政治意义上的进步，更没有什么体制上的创新。而且，一次次政权更替之后，政治、体制、法律，并没有多少变化，并没有多少新鲜的东西，无非是江山换了一个主人，朝廷换了一批官员，陈旧的制度和僵死的体制，仍然一成不变。孟子说，春秋无义战。岂止春秋！两千五百年来，哪一次改朝换代，又有多少意义？暴力下的中国历史，其实是非常血腥的，是非常残酷的，是非常暴力的，政权更替，每一次总以暴易暴。每次王朝变更，人口减少过半。暴力革命给一个民族带来的无穷灾难，难道还少吗？！

推进改革，贵在和谐。若要和谐推进，我以为还得从改革本身下工夫。首先是改革的设计者、主导者、领导者，必须有良好的人格力量，有充分的智商情商，有优秀的个人品德。改革，是主导甚至改变国家和民族的命运，承担如此重任的人，最好就是圣人一类的人，退而求其次，也应该是贤人一类的人。否则，生命不能承受如此之重，人格也不能承受如此之重！同时，设计改革的目的，应该是以全民利益为根本目的；推进改革的手段，应该是以全民参与为重要手段。前些年，一些学者堂而皇之地提出一种说法，说改革就是利益的重新分配。对此，我不以为然。如果改革是要重新分配利益，那么，怎样重新分配？减少哪个社会阶层的利益？又增加哪个社会阶层的利益？还有学者提出，改革是权力的重新分配。对此，我更不以为然！我倒是觉得，改革，无论是经济层面的改革，还是行政层面的改革，或者是政治层面的改革，科学合理地讲，应该不是对利益的重新分配，也不是对权力的重新分配。改革的目的，是全民获得更多的利益，是行政资源和社会资源的科学配置，而不是在不同的阶层和人群中的重新分配！如果用改革重新分配权力和利益，那与暴力革命又有多少区别？和谐的改革，是对社会资源的科学配置，以实现科学持续的发展，进而实现全民共赢的最终目的。此外，改革的推进，应该温和而有序，避免大的起伏，避免更多的人失去他们的工作和饭碗。如果某项事业，在推进的过程中造成人民收入减少，造成人民更多地失业，造成人民看病难上学难这也难那也难，那么，这项事业只会造成社会的动荡和不安,不会带来全局的和谐,不会带来全局的发展。这样的事业,我看不推进也罢!

改革,是民族的唯一出路;和谐,是改革的终极保障。

和谐养无限天机。